高薇 著

网络空间争议解决的制度分析

北京大学出版社
PEKING UNIVERSITY PRESS

图书在版编目（CIP）数据

网络空间争议解决的制度分析/高薇著. —北京：北京大学出版社，2022.1
（北大法学文库）
ISBN 978-7-301-32900-9

Ⅰ.①网… Ⅱ.①高… Ⅲ.①计算机网络管理—科学技术管理法规—研究—中国 Ⅳ.①D922.174

中国版本图书馆 CIP 数据核字（2022）第 030660 号

书　　　名	网络空间争议解决的制度分析 WANGLUO KONGJIAN ZHENGYI JIEJUE DE ZHIDU FENXI
著作责任者	高　薇　著
责 任 编 辑	许心晴　王　晶
标 准 书 号	ISBN 978-7-301-32900-9
出 版 发 行	北京大学出版社
地　　　址	北京市海淀区成府路 205 号　100871
网　　　址	http://www.pup.cn
电 子 信 箱	law@pup.pku.edu.cn
新 浪 微 博	@北京大学出版社　@北大出版社法律图书
电　　　话	邮购部 010-62752015　发行部 010-62750672 编辑部 010-62752027
印 刷 者	天津中印联印务有限公司
经 销 者	新华书店 650 毫米×980 毫米　16 开本　14.75 印张　241 千字 2022 年 1 月第 1 版　2022 年 1 月第 1 次印刷
定　　　价	42.00 元

未经许可，不得以任何方式复制或抄袭本书之部分或全部内容。
版权所有，侵权必究
举报电话：010-62752024　电子信箱：fd@pup.pku.edu.cn
图书如有印装质量问题，请与出版部联系，电话：010-62756370

序

高薇是位聪颖、端庄而不失活泼的女学者。

我是在高薇入职北京大学法学院的博士后时认识她的。大概是2010年,她向北大法学院学术委员会提交了博士后出站报告,报告讨论的是网络空间争议解决问题,这一话题引起了我的兴趣。在高薇的博士后出站答辩会上,我提到,在线诉讼将来会越来越多,是未来处理争议的一种方式。在线诉讼有许多问题值得关注,比如线上开庭审理与线下开庭审理两者的选择问题、电子证据的效力问题,等等。之后,我特意跟高薇说,线上解决争议代表了未来争议解决的一种方向,许多问题都是值得研究的,持续地研究下去,一定会取得学术上的突破,希望她能就这方面继续研究下去。我想,这也许是高薇这本《网络空间争议解决的制度分析》请我作序的主要原因吧。

高薇的研究领域之一是国际商事仲裁,因此,她关注互联网争议解决是从互联网对国际仲裁的影响开始的——她在北京大学法学院从事博士后研究的主要方面之一也是互联网对国际仲裁的影响。也许是限于当时的社会发展状况,当时的研究多只能就制度谈制度。但阅读《网络空间争议解决的制度分析》一书后发现,制度变迁的实际路径有时与学人的先验假设或期待是迥然不同的。在本书的相对应的部分可以看到高薇对在线仲裁发展初期遇到的障碍及其解决方法的思考。本书从社会嵌入角度将传统的仲裁与最近几年网络私人纠纷解决机制的建立和发展进行了对比,并对这种不同的状态给出了有趣且具有说服力的解释。而新冠疫情的发生,客观上促进了在线仲裁的发展,本书也对这一种新的变化进行了分析。

本书对网络空间中私人秩序的价值给予了特别的关注,高薇不仅对互联网平台在争议解决中的重要性进行了深入分析,还对互联网争议解决所涉及的特别领域,如"众包网上纠纷解决"与"区块链司法"等ODR新实践进行了讨论。这些新的发展,代表了新生产方式和技术对争议解决的影响。这些讨论,不仅对研究争议解决的学者有启发,相信也会引起其他专业学者的思考。

谈到线上解决争议,人们很容易联想到互联网法院。不过,即使到今天,提到互联网法院,大部分人的印象就是"互联网上的法院"。但是,"互联网上的法院"到底是什么样的法院?在社会治理过程中,互联网法院发挥了哪些特别作用?这或许就不大容易解释清楚了。在我国三家互联网法院的实践中,我观察到互联网法院正在突破人们对中国司法的想象力,在以互联网加速度实现"网上案件网上审理"的技术流程再造和规则破立的同时,通过技术手段实现社会治理的突破,与社会各方力量形成网络社会共治的"生态圈"。但如何从学术的角度去认识这些实践的价值,并进一步去指导实践,值得学人认真思考和阐释。高薇在该书"互联网与法院"部分,总结归纳了技术如何影响司法,描绘了我国法院系统近年来"智慧法院"建设和"一站式多元解纷工作"的更多细节,指出了互联网法院以及我国其他3000多家法院在数字化过程中的不同定位和发展路径,这些讨论,对我上述关于互联网法院的问题做出了回答。高薇告诉我,之所以有这样的思考,得益于其自2020年开始在我国最高人民法院立案庭担任法律研修学者,并直接参与推动我国法院一站式多元解纷、诉源治理以及法院ODR机制建设的工作。这种从"局外人"到"局内人"身份的切换使她转变了研究视角,收获了一般学人因没有实践经历而无法获得的认知。

我常想,对于每个个体而言,包括对于每个学者而言,最难以描述的是其所处的时代——社会的迅猛发展令人目不暇接,来不及深入思考。但也正因为我们身处制度变迁的历史之中,可以对身边发生的一切都拥有一种感性认识,学者们可以以其感受和智慧去对现实做出最真实的描述。我相信,研究互联网世界中法律如何形成的学者以及读了本书的读者恐怕也都会有这样的感受。这方面,高薇在本书中以独特的视角,做出了她自己的观察和贡献。

总之,这是一本具有相当高的学术价值的著作,它立意新颖,结构严谨,分析透彻,代表了高薇十年来对互联网争议解决的深入思考和研究。与单纯的法学研究不同,本书从制度分析角度,结合经济学和社会学方法,针对互联网争议解决领域出现的纷繁复杂的实践和现象,提出了完整的研究框架,并就网络空间主要争议解决机制的来龙去脉和国际上的最新发展进行了探讨,是一本不可多得的从制度分析角度完整描述ODR机理及演化的论著。

我相信,读过此书,读者会有更多、更直接的体会。

以上,是为序。

潘剑锋

2021年12月9日

自　　序

近年来,随着互联网产业的发展以及在线争议解决制度逐渐成型,越来越多的人开始认识、理解并致力于发展在线争议解决。而我对互联网领域争议解决的关注始于 2009 年,当时我刚从德国、瑞士完成学业回到国内。我注意到中国国际经济贸易仲裁委员会(贸仲)在 2009 年发布了《网上仲裁规则》,意识到这应该是国际仲裁的一个崭新领域,我们可以期待技术变革将为国际仲裁带来新的发展。但在线仲裁后续的发展并未马上证实这一判断,至少在线仲裁在我国真正发展起来是十年之后的事情了。同样引起我兴趣的还有电子商务平台特别是淘宝平台的私人秩序,特别是其纠纷解决机制。由此我形成了对在线争议解决(Online Dispute Resolution,ODR)的初步印象并提出如下问题:国际商事仲裁作为一种解决国际争议的有效机制,长久以来为商业社会所使用,为什么其在网络上的变体却发展不好?平台组织的私人纠纷解决是如何发挥作用的?ODR 到底指什么?我们应该从什么角度和用怎样的分析框架去认识不同 ODR 机制的成功与失败?

我后来的研究是围绕着一个接一个的问题展开的。用时下流行的说法,我是带着问题意识开始研究的。对于研究者而言,大约如果不能提出问题或者没有哪怕一丝丝的困惑或是不解,应该都是无法开始研究的,更不用说让研究始终带有一种趣味和新鲜感地持续下去。这些问题以及对它们的思考和回答逐渐构成了十年来我对 ODR 的整体想法。

全书第一、四、五章为新写,第二章和第三章为在我已发表论文的基础上进行的重写。

本书第一章对 ODR 在世界范围内的发展进行了回顾,但这一章并不意在全面回顾 ODR 的发展(鉴于每时每刻在全球发生的技术与法律间的互动,这也是不可能的),而是选取一些角度和内容突出其发展的重要节点。本章介绍了以 eBay 为代表的私人 ODR、以在线法院为代表的公共

ODR以及欧盟的平台建设模式,也回顾了国内外的研究进展。

本书第二章来自我于2014年发表在《中外法学》第四期上的《互联网争议解决的制度分析——两种路径及其社会嵌入问题》一文。这篇文章基本奠定了我研究ODR的一个框架。一直以来,我很少回顾已经完成的论文,且尽可能避免重复利用已有材料。但在完成本书的过程中,我重新思考了这篇论文的分析框架和支撑材料。结合近年来的一些研究和实践推进,我发现这一框架仍然具有相当的解释力,仍然可以作为本书以下部分的一个概括性分析框架。

本书第三章为网络争议解决中的私人秩序,吸收了我已经发表的一些论文:《非约束性网上仲裁解决电子商务争端的法律分析》(《中州学刊》2012年第2期);《网络交易中的私人纠纷解决:类型与特性》(《政法论坛》2013年第5期);《论在线仲裁的机制》(《上海交通大学学报(哲学社会科学版)》2014年第6期);《互联网争议解决中的执行问题——从司法、私人到去中心化数字执行》(《法商研究》2018年第6期);《众包网上争议解决——群体智慧如何解决网络争议》(《北大法律评论》第19卷第2辑)。它们反映出我对网络空间私人秩序的总体认识和持续的研究兴趣。

第四章为在线仲裁。在ODR发展的早期,仲裁作为解决商业争议的最重要方式之一被寄予厚望,很多研究也集中于对在线仲裁的研究。抛开理论的复杂性以及在线仲裁在各国的制度差异不谈,在实践层面,在线仲裁在一定时期内确实并未显著地发展起来。本章对这一问题的成因、疫情对在线仲裁的推动以及消费者仲裁的问题都进行了分析。

第五章为在线法院的发展。这章的写作很大程度上得益于我在最高人民法院立案庭做研修学者的工作经历。经过一年的研究和工作,我既获得了对我国法院诉讼现代化的全新认识,也终于能够把在线诉讼补充进我ODR研究的整体图景之中。

本书仅仅是一个阶段性的思考,因为互联网领域发展太快。在整理资料的过程中,我已经预料并最终得到印证的是,一些文献讨论的情况已经发生变化,一些ODR服务的提供者已经不再提供服务,很多早期判断必须被修正,新的情况每时每刻都在发生。同时,本书也是一个阶段性的总结,是我对迄今为止ODR发展的认识和总结。我努力以我的视角告诉读者,ODR是什么。本书的主题是制度分析,因而在本书成书的过程中以及在具体行文中,我更努力抓住制度变化的动因,而不是事无巨细地描述和分析所有法律细节,虽然本书不乏具体的法律分析。无论如何,法律细节,那些法条、案例,总是支撑法律制度的血肉。虽然互联网业态发展迅速,但所幸构成本书的很多内容和想法在今天看来确实能够捕捉一个阶段的制度特性,提出的分析框架能够在一定时期内经得住制度变迁的考验,具有一定的前瞻性。这些对我而言,对我目前所进行的研究而言,已经足够。

我还必须要感谢一直以来给予我支持的人们。感谢我的博士后合作导师以及老师邵景春教授,他使我有机会在北大进行研究和教学。感谢潘剑锋教授、陈兴良教授、梁根林教授、王锡锌教授、张守文教授、傅郁林教授、郭雳教授、许德风教授、叶必丰教授、顾维遐教授、张永健教授、寇丽编审、冯珏编审、朴文丹博士,他们在我的成长和学术道路上都给予过我最宝贵的鼓励和帮助。

感谢最高人民法院立案庭的钱晓晨庭长、王锦亚副庭长、徐德芳主任,他们的专业、热情、友善还有对我研究给予的帮助和启发、为我提供的宝贵学习机会,使我在有限的时间里对中国法院的数字化发展有了崭新的认识。

感谢我的家人,他们是我幸福和力量的源泉。

感谢朱笑芸同学、赵雪杉同学、欧阳捷同学、许露雨同学、谢昌立同学、卢亦吟同学、田恒宇同学、任天婵同学,他们为本书的研究提供了大力协助。

本书的出版,受惠于北京大学法学院"学术著作出版资助计划"。本书的最终成型及付印,则得益于北京大学出版社王晶编辑、许心晴编辑的专业帮助。在此也表示衷心的感谢!

高 薇

2021年9月4日星期日 陈明楼

目 录
CONTENTS

第一章　在线争议解决的起源与发展　/001
　　第一节　对ODR概念的认知变化　/001
　　第二节　自发性ODR的代表：eBay的争议解决机制　/008
　　第三节　公共ODR的代表：在线法院　/020
　　第四节　以平台整合资源：欧盟模式　/030
　　第五节　ODR的理论研究　/037
　　本章小结　/050

第二章　网络空间争议解决的制度分析框架　/052
　　第一节　问题的提出　/052
　　第二节　两种制度观下的内生和外生制度　/053
　　第三节　内生和外生制度的嵌入问题　/057
　　第四节　互联网争议解决机制的发展趋势　/070
　　本章小结　/072

第三章　网络空间争议解决中的私人秩序　/074
　　第一节　私人争议解决的特性与类型　/074
　　第二节　执行问题：从司法、私人到去中心化数字执行　/086
　　第三节　在线争议解决的一种新实践：众包　/104
　　本章小结　/130

第四章　在线仲裁：定位、困境与发展　/131
　　第一节　在线仲裁的机制设计　/131
　　第二节　对仲裁可执行性问题的突破：非约束性仲裁　/141
　　第三节　仲裁程序的新尝试：异步在线庭审　/147

第四节　近期发展：疫情对在线仲裁的影响　/152
　　第五节　消费仲裁的问题　/167
　　本章小结　/179

第五章　互联网与法院：诉讼成为一种服务　/180
　　第一节　互联网与法院　/180
　　第二节　互联网法院　/184
　　第三节　诉讼服务现代化和一站式多元解纷　/195
　　第四节　实现正义与诉讼服务现代化　/217
　　本章小结　/223

第一章 在线争议解决的起源与发展

第一节 对ODR概念的认知变化

一、从"在线ADR"到ODR

互联网产生于美国,但1992年之前美国禁止将互联网用于商业活动。1995年左右,互联网争议仍然很少,但那时已经出现了在线争议解决(Online Dispute Resolution,ODR)服务。随着互联网商业利用禁令的解除,特别是电子商务活动大量出现,互联网争议大量增加,科研机构、专业人士、企业和政府部门开始尝试与互联网对接的争议解决方案。最早在美国启动的ODR试验项目有1996年3月的虚拟仲裁庭项目(Virtual Magistrate Project)[①]、1996年6月的在线监察办公室项目(Online Ombuds Office)[②]及1999年的马里兰家庭调解项目(Maryland Family Mediation Project)[③]。1999年之后,ODR发展加快,相关学术研究和实践都逐渐增多。电子政务的发展,也将ODR的适用范围延伸到了公共领域。

虽然ODR已经发展了二十多年,但直到今天,ODR对很多人来说仍然有些陌生。人们对ODR的感觉就像盲人摸象,法官谈论ODR时在说

[①] See Robert Gellman, "A Brief History of the Virtual Magistrate Project: The Early Months", http://www.umass.edu/dispute/ncair/gellman.htm, last visited on 25 August, 2021.

[②] See official website of "Center for Information Technology and Dispute Resolution: Online Ombuds Office", http://www.ombuds.org/center/ombuds.html, last visited on 10 July, 2021.

[③] See official website of "Community Mediation Maryland", https://mdmediation.org/about-us/, last visited on 10 July, 2021.

在线诉讼,仲裁员在谈论在线仲裁①,使用互联网平台的用户会说,这是eBay 或者淘宝上的消费者争议解决。

一直以来,无论是在概念表述还是内涵界定上,人们都缺乏对 ODR 的统一认识,在不同的应用场景中其被赋予不同的含义。总体而言,人们对于 ODR 有三种认识:ODR 是传统替代性争议解决(Alternative Dispute Resolution,ADR)在网上的演化形式;ODR 是所有传统争议解决模式在网上的对应物(包括诉讼);② ODR 不限于传统争议解决模式,是争议预防、争议解决等多种在线争议解决方式的总合。联合国国际贸易法委员会(UNCITRAL,联合国 贸法会)2014 年在《跨境电子商务交易网上争议解决:程序规则草案(一轨道)——秘书处的说明》的第 2 条中采用了较为宽泛、简洁的定义:"ODR(Online Dispute Resolution)指网上争议解决,是借助电子通信以及其他信息和通信技术解决争议的一种机制。"③以上这些早期概念,也许曾经引起了概念上的分歧和争论,但在今天回顾 ODR 的发展,一些认识上的差异与其说是一种分歧,不如说是人们从不同侧面对 ODR 进行的观察,而当这些观察被汇总到一起,它们捕捉到的就是 ODR 的整个发展过程。

从 ODR 的起源看,最初进行在线解决争议的目的并非是要取代或是挑战现有的法律制度或我们所熟悉的 ADR。相反,它的目标是在司法缺失或是传统方法不适合解决线上争议的时候,去填补这种空白,并且能够提供一种新的和更好的方法来解决与网络活动相关的争议。

早期的在线争议解决的设计者往往试图去模仿传统的 ADR 程序。人类总喜欢根据对既有事物的认知和想象在新事物上寻求相似点,这一

---

① 本书中同时使用"在线仲裁"和"网上仲裁",内容上没有区别。
② Thomas Schultz, "Does Online Dispute Resolution Need Governmental Intervention? The Case for Architectures of Control and Trust", 6 North Carolina Journal of Law & Technology 71,72-73(2004).
③ 联合国贸法会于 2015 年第四十八届会议决定应以无约束力的说明性文件的形式反映在线争议解决程序的各项要素,并于 2016 年最终审定通过《关于网上争议解决的技术指引》,其中反映了《跨境电子商务交易网上争议解决:程序规则草案(一轨道)》等程序规则草案及后续工作组会议中已达成共识的成果。See UNCITRAL, "Online Dispute Resolution (2010-2016)", https://uncitral.un.org/en/working_groups/3/online_dispute, last visited on 25 August, 2021; "UNCITRAL Technical Notes on Online Dispute Resolution", https://uncitral.un.org/sites/uncitral.un.org/files/media-documents/uncitral/en/v1700382_english_technical_notes_on_odr.pdf, last visited on 25 August, 2021.

点在人们处理法律和互联网技术之间的关系时依旧表现得很明显。人们希望将传统的法律观念应用于网络空间,将工业时代的法律经过修补继续适用于互联网社会,而这经常被证明是痛苦而徒劳的。在互联网争议解决领域,这就表现在,当网络技术被创造出来的时候,人们最初的冲动是创造一个线下事物的线上镜像。这种情况下,一些机制设计者的目标是在网上完全复制 ADR 的线下过程。

而现实中,试图在网络环境中复制 ADR 将逐渐被证明并不那么容易。简单讲,传统争议解决与已有的社会经济环境相适应,而网络空间是一个崭新的环境,对既有争议解决机制进行改造并将其移植至新环境,将出现本书后续将分析的"嵌入"问题。并且,ODR 本身也开始发展出明显不同于传统争议解决的特点,例如无须面对面的交流,自动记录所有数据,依靠机器而非人脑智能。这些特点曾一度被认为是 ODR 的短板,是一些我们所不习惯、不适应,甚至是需要予以克服的问题。然而,现在它们都成为 ODR 的优势。例如,缺乏面对面交流一直被认为会牺牲当面交流的丰富性,但异步通信同样有其优势,例如在答复之前人们有时间去研究和采取对策。同样,数据记录有助于帮助控制争议解决的质量并预防未来的争议。最后,机器智能可以通过自动化提高工作效率,使 ODR 系统能够处理数量惊人的小额争议。

二、系统与工具

eBay 的在线争议解决系统是在线争议解决领域的先行者,也是在机制设计和争议解决效果方面最令人印象深刻的系统。争议预防一开始就是 eBay 文化的一部分。eBay 最早建立了一种用户评级系统,通过在线声誉机制建立起用户之间的信任,防止纠纷出现。eBay 打算为其用户创建一个在线社区,强调大多数用户的良好意愿,并强调一旦出现问题首先要进行沟通。在无法完全预防争议发生的情况下,争议的快速高效解决是 eBay 一直努力的方向。eBay 在与马萨诸塞大学进行了在线调解的试验之后,与初创企业 SquareTrade(SquareTrade Inc.)签订合同,开发一个 ODR 系统以解决网站上大量出现的各类问题。这个系统首先利用在线表格让申诉人提出索赔和需求,如果双方无法就解决办法达成一致,则升级为由调解人参与的在线调解。

SquareTrade 的系统是革命性的,因为它代表了人们对数字媒介态度的转变。人们不再认为必须去模仿劳动密集型的离线过程,转而接受了面对面交流和在线交流之间的差异,并意识到已经诞生了一种新的 ODR 形态,这种争议解决类型在物理环境中是不存在的:通过软件代替人工,将调解过程分解成小的模块,由技术辅助谈判来完成许多以前由调解人完成的任务,而且这可以扩展到数量异常庞大的案件。调解的组成部分包括:确定争端类型;明确当事人利益;询问立场;重新确定需求;提出解决问题的备选方案;允许一定的发泄;确定时间框架;随时向各方通报情况;对问题进行分类;匹配问题的解决方案以及起草调解协议书(agreement)。这种从有关各方提取、分析和处理信息的做法使 SquareTrade 能够创建一个基于网络的系统,以调解人在面对面调解中处理单一争议的同样方式,迅速应对网上出现的大量争议。在 2003 年 eBay 聘请科林·鲁尔(Colin Rule)开发内部纠纷处理系统时,SquareTrade 每年已经可以处理数百万起争议,而在鲁尔(他也为 PayPal 开发了一个系统)和他的同事奇图·纳加拉詹(Chittu Nagarajan)于 2011 年离职去创办网站 Modria.com 的时候,eBay 每年处理的争议已经超过了 6000 万起。[1]

  eBay 对在线争议解决领域的一个重要贡献在于,它引入了"系统"的概念。ODR 不再仅仅是一种工具,平台上产生的数据可以揭示争议的类型,因而这种 ODR 是一种数据处理系统,为争议预防和争议解决提供了机会。同时,争议预防、争议解决以及执行全部集成在平台之上,是一个争议解决机制的集合系统。

  当然,人们也利用技术不断开发出各种新的 ODR 工具,可以用于解决线上和线下产生的争议。许多人认为,在线争议解决的未来在于不断扩大此类工具。这些工具中最著名的应当是 20 世纪 90 年代末出现的两个在线解决应用程序——Cybersettle 和 SmartSettle。Cybersettle 采取"不公开报价"(blind bidding)模式。争议的一方向 Cybersettle 的系统提交申请,并在保密的前提下输入该方愿意支付的金额。系统收到申请后将向另一方发送电子邮件、传真或函件,告知其可以进行在线协商。如果收到通知的另一方愿意进行在线协商,应同样在保密的前提下输入其愿

---

[1] Orna Rabinovich-Einy and Ethan Katsh, "A New Relationship between Public and Private Dispute Resolution: Lessons from Online Dispute Resolution", 32 *Ohio State Journal on Dispute Resolution* 695,712(2017).

意接受的赔付金额。如果系统认定双方报价落入事前约定的百分比或具体金额范围之内,则案件自动达成和解,差额部分由双方当事人平分。如果不在范围之内,双方进入下一轮报价。如果最终不能通过 Cybersettle 达成和解,双方当事人可以重新进行线下和解。在此过程中,Cybersettle 不会向任何一方透露对方的报价。① 不公开报价是一种简单但具有创造性的方式,它利用了机器的计算和通信能力,遵循程序规则来决定是否会得出一个解决方案。这种机制最初针对的是医疗事故索赔,但在任何涉及金钱的谈判中也都可使用。另一个程序 SmartSettle 由工程师欧内斯特·泰森(Ernest Thiessen)开发。② SmartSettle 软件利用博弈论提供的洞察力,让各方列出自己的利益,并给它们分配数值,从而形成各方可以谈判的加权问题范围。根据双方的输入,软件生成各种可能使双方满意的问题"包"或组合。此外,它还能建议其他优化组合,这些组合可能比双方所谈判的协议更能满足双方的需要。③

SmartSettle 由于可以运用比 Cybersettle 复杂得多的技术而被用于更为复杂的场景。但二者的共同之处在于,它们可以在当事方不会面的情况下提供解决问题的方案。这些应用程序可以作为调解人的辅助程序,甚至直接成为人工调解的替代方案。不过,它们仍然缺少一个后来在 ODR 的特性中变得司空见惯的组成部分:捕获数据并对其进行分析,以洞察某一特定机构的争议环境,帮助事先预防未来的争议。

三、ODR 与实现正义

"接近正义"(access to justice)是法治的基本原则之一。④ 在 ODR 的

---

① See Ian Springsteel, "Case Files: E-Legal Activities", https://www.computerworld.com/article/2797658/case-files--e-legal-activities.html, last visited on 11 July, 2021; "Online Settlement and Payment Solutions", http://www.cybersettle.com/, last visited on 25 August, 2021.

② See "Ernest M. Thiessen, PEng, PhD", https://info.smartsettle.com/about-us/ernest-m-thiessen-peng-phd/, last visited on 11 July, 2021.

③ Orna Rabinovich-Einy and Ethan Katsh, "A New Relationship between Public and Private Dispute Resolution: Lessons from Online Dispute Resolution", 32 *Ohio State Journal on Dispute Resolution* 695, 714(2017).

④ UN, "Access to Justice", https://www.un.org/ruleoflaw/thematic-areas/access-to-justice-and-rule-of-law-institutions/access-to-justice/#:~:text=United%20Nations%20activities%20in%20support%20of%20Member%20States%E2%80%99,Delivery%20of%20justice%20should%20be%20impartial%20and%20non-discriminatory, last visited on 25 August, 2021.

研究领域内,"接近正义"的要求,可以被理解为争议解决者拥有解决争议的"工具箱",并且这些工具具有切实的可利用性,能够为个人提供争议解决的机会。而就某一争议解决工具或具体制度(如仲裁、诉讼或私人自治)而言,由于本身的特点、价值取向等本就存在差异,对它们实现正义的要求也应有所不同。

首先,在仲裁领域有必要区分涉及消费者的仲裁与商人之间的仲裁。美国许多大公司在用户签署协议时要求其通过仲裁解决纠纷,这种仲裁条款通常阻止了消费者进行集体诉讼。在中国,小黄车(ofo)APP的强制仲裁条款,起到了同样的效果。通过网上合同限制消费者救济的做法,可能最终被证明是一种"数字不公正",特别是当仲裁实际上并不可行(代价过高),却因有效的仲裁协议阻止了诉讼的时候。到目前为止,用仲裁的方式去解决消费争议仍然是一个值得探讨的问题,不同司法辖区对此有不同的规定。而在大型的国际仲裁中,受2020年新冠肺炎疫情的影响,很多国际仲裁机构都制定了在线仲裁的特别规定。我所认识的国际仲裁员、仲裁机构的工作人员对这种方式有不同看法。有的仲裁员表示可以接受在线方式,在线仲裁确实令仲裁可行,且仲裁员可以选择更方便的时间和地点进行仲裁,但他们也提到,现场开庭仍然是一种很好的体验。也有人提到,对于复杂的国际争议,便利性本身不是问题,除非特殊情况,比如证人因被某个国家禁止入境而无法到庭。可见,至少开庭成本对于大型、复杂的国际案件而言不是决定性的因素,未来的国际仲裁会是线上线下混合式的。对于复杂的大型国际商事纠纷,仲裁能够实现公平正义并达到双方所希望达到的目标,这首先取决于仲裁制度固有的价值和特性,其次才是技术变革本身。

其次,就司法而言,数据收集、通信和在线争议解决软件的结合为提高效率和公平性开辟了可能性,这可以转化为增加获得正义的机会以及最终实现公正的可能性,具体表现为当事人解纷渠道的拓宽、诉讼成本的降低、智能化诉讼风险研判和诉讼策略的指引等。此外,法院在线调解等纠纷解决机制的运用促使提交至诉讼环节的小型纠纷减少,法院诉讼的质效得到提升,也体现了"接近正义"的要求。

最后,网络平台所组织的争议解决最初是一种私人自治的表现。但对于一些具有垄断力量的大平台而言,他们本身的性质和作用越发体现出一种公共性。正如我在最近的一篇文章中所指出的,我们应当将部分影响最大的大型互联网企业定义为公用事业。①淘宝、微信和滴滴，Google、Amazon、Facebook 和 Uber，它们不再仅仅是普通的私人企业。如何对具有垄断力量的大企业进行法律上的重新定位以及如何进行反垄断规则的重建，到目前为止仍然充满争议，仍然是各国正在努力解决的极其重要的问题，本书不展开讨论。但对目前我们所研究的 ODR 领域而言，这种重要的变化使我们需要重新考虑应该如何给平台组织的争议解决提出新要求。

在一开始研究平台私人秩序的时候，人们较多关注私人自治的有效性。从私人 ODR 和公共 ODR 的制度发生角度来说，二者无疑存在重要的区别。在参与公共事务的活动中，政府机构和私营企业，二者的行动目标和行动准则不同。按照韦伯的法律理性模式，政府机构的权威及其统治应建立在法律、理性、声望以及理性的执法之上，而私人企业的首要关切也是其存在的原因是获取利益。②那么即便平台行使的私权力"具有单方性、命令性、强制性"，也只是平台自治权的体现。这也就意味着理论上不能要求平台满足对公共机构的要求。平台组织的争议解决不需要满足司法机构所应达到的那种公平正义要求，其价值在于提供一种迅速、成本低廉、可行的争议解决的选择。而互联网法院和在线诉讼逐渐发展起来，制度选择更多元化，也更能满足公正性要求。但同时一个新的问题已经产生，就是，如果大企业被定性为公共事业，那么对其 ODR 的要求是否应当有所变化？

另外，随着技术引入争议解决，争议解决的格局也在不断扩大，其核心将从"解决"活动本身向解决前阶段的软件设计、解决后阶段的数据分析和争议预防工作倾斜。争议解决是受害方可以采取的一种被动机制，而预防争议依赖的是追踪争议并纠正它们。虽然预防争议可能不会直接促进"接近正义"，但它可以减少不公正的发生和将争议诉诸司法的障碍。在这种情况下，我们对技术、对 ODR 的理解已经从强调便利性、保密性转变为强调收集、使用和再利用数据以防止争议发生。争议预防不再位于争议解决活动的边缘，而正在成为争议管理的一部分，成为 ODR 的核心

---

① 高薇：《平台监管的新公用事业理论》，载《法学研究》2021年第3期。
② 〔法〕克里斯托夫·德费耶：《君主与承包商：伦敦、纽约、巴黎的供水变迁史》，唐俊译，社会科学文献出版社 2019 年版，第 264 页。

内容。既然数据记录和对这些数据的研究和利用是争议预防的核心,关键问题就在于谁获取了数据以及谁负责争议预防工作。

平台在利用算法进行争议预防时可能会产生一些问题,当数据的使用是为了公司的利益而牺牲用户的利益时,情况尤其令人担忧。2010年,Facebook进行了一项试验,通过将特定的候选人信息推送给特定的用户群体,观察能否以此逆转一次选举的结果。[①]这个例子说明了掌握着数百万用户大量数据的大平台所拥有的权力,以及这种权力可以被使用和滥用的领域和程度。这就回到了如何对私人平台进行监督的话题。考虑到从事这些活动的平台的私人、营利性质,以及争议预防比争议解决领域更加缺乏透明的规则和监督此类活动的措施,在线争议预防这个新的、不断扩大的领域面临的一个主要挑战将是为争议预防活动制定适当的准则并监督其实施。总之,平台对争议解决和争议预防的设计和执行方式将决定用户接近正义的程度。

第二节　自发性ODR的代表:eBay的争议解决机制

一、eBay的早期在线调解试验

自创建以来,eBay一直处于创建和开发在线争议解决程序的最前沿。其争议解决中心是世界上最大的在线争议解决系统之一,被认为是在线争议解决最成功的例子。[②]早在1995年eBay创建之初,创始人皮埃尔·奥米戴尔(Pierre Omidyar)就意识到,对于在线销售平台来说,快速有效解决平台产生的纠纷对于提升用户体验、促进公平交易必不可少。为此,eBay公司首先设计了一个解决纠纷机制的雏形,但该机制主要由人工主导完成,这种设计远远没有达到皮埃尔的预期。1999年,马萨诸塞大学的伊森·凯什(Ethan Katsh)教授加入eBay争议解决的试验性项

---

① See Jonathan Zittrain, "Facebook Could Decide an Election Without Anyone Ever Finding Out", https://newrepublic.com/article/117878/information-fiduciary-solution-facebook-digital-gerrymandering, last visited on 30 August, 2021.

② See Luca Dal Pubel, "E-BAY Dispute Resolution and Revolution: An Investigation on A Successful ODR Model", 2018, p.130, https://www.researchgate.net/publication/330181756_E-BAY_DISPUTE_RESOLUTION_AND_REVOLUTION_AN_INVESTIGATION_ON_A_SUCCESSFUL_ODR_MODEL, last visited on 1 September, 2021.

目的设计,开启了 eBay 争议解决的第一步。①

1998 年 12 月,Up4Sale(一个被 eBay 收购的拍卖网站)的一个创始人联系到了凯什,表达了 eBay 对建立在线争议解决机制的兴趣,询问是否能够建立一个用调解来有效解决拍卖相关争议的试点项目。1999 年初,相关的调解服务信息和申请链接被放上了 Up4Sale 的网站。1999 年 2 月,凯什等人同意将项目范围扩大至 eBay 的网站。

在试验阶段,凯什团队做出了两个关键性的选择:第一,将争议解决方式设定为调解而非仲裁,理由是在争议解决机制刚刚引入的初始阶段,调解的弱对抗性将更有助于被提起争议方接受平台介入;第二,选择独任调解员而非多名调解员,调解员的主要工作就是帮助当事人明确阐述出他们的需求。②

这个在线调解的流程是:在收到投诉后,调解员向争议另一方发送电子邮件,提供有关调解过程和项目的信息,征求有关争议的基本信息,并询问该方是否愿意进行调解。每一方都有机会陈述情况,提出主张、要求或愿望。调解员则尝试提炼出争议的基本问题和难点。在反复沟通下,当出现了一个决策点时,其中一方必须让步,或者双方必须作出妥协。此时若没有决定性的进展,争议解决就会陷入僵局。

从 1999 年 3 月开始,该链接就被放置在了 eBay 的用户服务页。eBay 没有主动宣传这个链接,而且当时的用户服务页在网站的二级设置中。尽管如此,短短两周内,仍有 225 位买家与卖家找到了这个链接并提交了投诉表。在线调解项目的工作初见成效。③

二、与 SquareTrade 的合作

1999 年,史蒂夫·阿伯内西(Steve Abernethy)和艾哈迈德·凯斯基(Ahmed Khaishgi)共同创立了 SquareTrade,推出在线解决电子商务争

---

① See Ethan Katsh, Janet Rifkin and Alan Gaitenby, "E-commerce, E-disputes, and E-dispute Resolution: In the Shadow of 'eBay Law'", 15 *Ohio State Journal on Dispute Resolution* 705(2000).

② See Ethan Katsh and Janet Rifkin, *Online Dispute Resolution: Resolving Conflicts in Cyberspace*, Jossey-Bass, 2001.

③ See Ethan Katsh, Janet Rifkin and Alan Gaitenby, "E-commerce, E-disputes, and E-dispute Resolution: In the Shadow of 'eBay Law'", 15 *Ohio State Journal on Dispute Resolution* 705, 709(2000).

议的服务。随后,该公司与 eBay 合作,利用在线谈判工具使买卖双方之间的争议解决过程自动化。它们合作开发了一个 ODR 系统,为买家和卖家提供一个中立和全球通用的争议解决服务。这代表了平台与第三方机构合作进行争议解决的一种模式。这个系统分两步进行纠纷解决。[①]

第一步,让双方通过平台以异步通信的方式直接协商。

此 ODR 系统首先为用户提供一种途径来阐述他们的问题,并试图在技术帮助下令一方直接与对方协商解决。用户无需为此支付任何费用。在 eBay 市场上可以方便地找到投诉表的链接,比如当用户试图向 eBay 提出欺诈索赔时,只需点击"安全交易提示"和"安全购买"链接即可。

申诉人在系统定制的申诉程序的指导下,确定争议问题以及诉求。买方投诉人遵循的流程与卖方投诉人不同,争议人在 eBay 和其他平台的流程也不同。这个过程是由建立在成千上万的案例和解决方案的先例和经验基础上的数据库驱动的,这使该系统能够提出最常见的争议类型和与每个争议类型匹配的"合理解决方案",进而贯彻调解中的几个关键原则,包括实现公平和促成妥协,帮助各方将情感转化为事实或明确要求。该过程具体分为三步:(1)完善交易的背景信息(买家或卖家,交易发生时间等);(2)勾选有待解决的争议问题类型;(3)选择可接受的解决方案。

一旦申诉人提交了表格,此 ODR 系统就会通过自动生成的电子邮件与另一方联系。该系统有一个复杂的通信引擎,可以提醒各方参与,在他们没有回应时升级至在线调解阶段,并提醒调解员或其他支持人员处理该案件。该过程采取异步通信方式,以便所有各方可以在自己方便的时候参与进来。

被申诉人收到审查投诉的通知并在系统的引导下进行回应,其中包括描述他们的问题解决意向。双方可以通过异步沟通工具进一步协商。该工具允许各方添加评论,然后软件自动发送电子邮件至另一方,让其返回案件页面进行回复。这种结构化的沟通,形成了安全的书面记录。如果协商不成功,这些也可以作为案件背景被传给调解员。

[①] Steve Abernethy,"Building Large-Scale Online Dispute Resolution & Trustmark Systems",2003,p. 7,https://www. mediate. com/Integrating/docs/Abernethy. pdf,last visited on 28 August,2021.

如果各方无法通过直接协商解决争端,则进入**第二步**的第三方调解阶段。任何一方都可以启动调解,且仅需 20 美元的价格就可以请求专业调解员的帮助(优惠和折扣视具体情况而定)。①争议将会被分配给位于 10 个国家的 150 多名调解员解决,他们可以使用不同语言工作。

首先该系统的调解员会根据争议类型或特定的专业知识(如语言需求、房地产专业知识)被分配到不同的案件中去。双方达成争议解决的共识后,调解员将准备一份解决协议,双方点击接受。在某些情况下,调解员可以询问各方是否希望调解员做出建议解决方案。如果出于某种原因,一方没有履行其在解决协议中的义务,或者如果各方决定在未来的某个日期重新调解,案件可能会在未来重启。

进入调解程序的案件平均在提交申请后的两周内就能得到解决。除了开发 ODR 系统以外,SquareTrade 还为 eBay 提供了 SquareTrade 印章(Seal)服务,即通过验证卖家的身份和资历(包括卖家是否承诺遵守某些销售标准、是否同意争端解决等)来审核在线商家,并通过监测市场交易行为以及使用其争议解决系统的情况来评估这些商家的表现,再由 SquareTrade 提供动态印章认证并显示在卖家的网站或拍卖清单上。当点击印章时,网页上会显示一系列的商家信息以及客服运营情况,为消费者提供有关卖家资质、联系方式、销售政策等各方面的信息,以提升消费者信心。印章计划已经被 80 多个国家的数万名卖家采用。分析显示,当印章会员在他们的拍卖清单上显示印章后,其销售额平均增加了 15% 以上,而 eBay 在使用 SquareTrade 印章后,收到的负面反馈也减少了 45%。②

---

① Steve Abernethy,"Building Large-Scale Online Dispute Resolution & Trustmark Systems",2003,p. 4,https://www.mediate.com/Integrating/docs/Abernethy.pdf,last visited on 28 August 2021;"SquareTrade Dispute Resolution",https://www.squaretrade.com/merchant/pop/popup_odr_pricing.html,last visited on 1 September,2021;"Dispute Resolution Overview",https://pages.ebay.com/services/buyandsell/disputeres.html,last visited on 18 June,2021.

② Steve Abernethy,"Building Large-Scale Online Dispute Resolution & Trustmark Systems",2003,p. 16,https://www.mediate.com/Integrating/docs/Abernethy.pdf,last visited on 28 August,2021.

此外，SquareTrade 还提供解决声誉争议的服务。[①]双方首先可以合意撤销评价，此时 SquareTrade 不介入。用户应在信用评价提交后的 30 天内或交易结束后的 90 天内发起合意撤销评价的程序。如果双方达成了撤销差评的合意，他们就需要登录 eBay 合意撤销评价的界面（mutual feedback withdrawal page），按照界面上的指示完成流程。程序完成后，被撤销的评价仍会保留在系统资料中，只是其中的不利内容将被删去，消除对信用评分的影响。如果双方无法通过 eBay 的合意撤销评价机制解决争议，则可以请求 SquareTrade 介入调解。如果 SquareTrade 调解的结果是撤销评价，或被请求撤销差评的一方未在 14 天内回复 SquareTrade 的任何电子邮件，eBay 将根据 SquareTrade 发送的撤销请求，撤销评价中的不利内容。

到 2008 年 6 月，SquareTrade 在与 eBay 合作期间一共帮助 eBay 处理了涉及 120 个国家的 200 多万件争议[②]，取得了令人瞩目的成绩，但其在后期也暴露出了程序效率不高、争议解决成本偏高等问题。2008 年，由于 eBay 本身信誉体系的改变，SquareTrade 停止解决 eBay 的反馈纠纷。[③] SquareTrade 也逐渐停止了其最初的业务，转做产品保障计划（protection plan）业务，并在 2016 年底被 Allstate 收购[④]，加入其消费者资产保护服务套件。实际上，SquareTrade 不能解决 eBay 全部的纠纷，而 eBay 也不希望完全依赖于第三方平台。因此自 2003 年起，eBay 开始构思建立自己内部（in-house）的争议解决机制，并逐步建立起了 eBay 在线纠纷解决中心。[⑤]

[①] See Wei Gao, "The Success and Failure of Online Dispute Resolution", 47 *Hong Kong Law Journal* 445, 471 (2017); David A. Karp, *eBay Hacks: Tips & Tools for Bidding, Buying, and Selling*, O'Reilly Media, Inc., 2005, pp. 20-22.

[②] Pablo Cortés, *Online Dispute Resolution for Consumers in the European Union*, Routledge, 2011, p. 149.

[③] Ibid., p. 148.

[④] Steve Daniels, "Allstate just shelled out $1.4 billion for a money-losing company", https://www.chicagobusiness.com/article/20170104/NEWS01/170109952/allstate-paid-1-4-billion-for-money-losing-squaretrade, last visited on 18 June, 2021.

[⑤] See Colin Rule, "Designing a Global Online Dispute Resolution System: Lessons Learned from eBay", 13 *University of St. Thomas Law Journal* 354, 355-358(2017).

三、eBay 在线争议解决中心

经过十年的试验和努力,eBay 不仅建立起了互联网商业帝国,积累了很多纠纷解决经验,更为重要的是,eBay 充分认识到了互联网争议的特点以及平台的需求。eBay 互联网交易最为突出的特点是,大部分交易价值不高,但整体数量惊人。eBay 出售的商品从 5 美元的杂志到 5 万美元的汽车,种类繁杂、不一而足。据统计,eBay 上发生的争议所涉金额平均价值为 70 至 100 美元,而 2010 年 eBay 需要解决的争议数量已经达到 1000 万件以上。eBay 争议解决的设计者们此时已经清楚地认识到,他们必须根据 eBay 的纠纷特点量体裁衣,用在线争议解决理念去设计平台,用最新的互联网技术提高当事人自动化争议解决的可行性和有效性。[1]

eBay 在建设自己的在线争议解决机制时,秉持了三个重要的设计理念:一是效率优先,兼顾公平;二是自主解决争议;三是充分利用互联网技术,提供个性化争议解决方案。基于这些理念,eBay 设立了一般争议解决程序和特殊争议解决程序,以及针对声誉的争议解决机制。

(一)一般争议解决程序

eBay 的一般争议解决流程可以总结为问题诊断、自主协商、eBay 介入解决纠纷三个阶段。[2]

买卖双方都有权在 eBay 官网的线上争议解决中心(Resolution Center)提交争议,启动争议解决程序。争议提起人必须登陆 eBay 的争议解决中心,先完成一个初步的问题诊断,将提起纠纷的理由类型化,才能启动程序。作为买家,需要选择是未收到货,或是已经收到货而货物不符合卖家描述;作为卖家,需要选择是未收到钱或者需要取消交易。[3] 如果问题不在列举的范围内,eBay 的客户就会被引导到"客户服务"页面,

---

[1] 赵蕾、黄鹂:《eBay 在线纠纷解决中心的设计理念与机制》,载《人民法院报》2017 年 10 月 13 日,第 8 版。

[2] See Luca Dal Pubel, "E-BAY Dispute Resolution and Revolution: An Investigation on A Successful ODR Model", p. 133, https://www.researchgate.net/publication/330181756_E-BAY_DISPUTE_RESOLUTION_AND_REVOLUTION_AN_INVESTIGATION_ON_A_SUCCESSFUL_ODR_MODEL, last visited on 28 August, 2021; See Gintarepetreikyte, "ODR Platforms: eBay Resolution Center", https://20160dr.wordpress.com/2016/04/14/odr-platforms-ebay-resolution-center/, last visited on 14 July, 2021.

[3] See "eBay Resolution Center", https://resolutioncenter.ebay.com/, last visited on 28 August, 2021.

那里有关于追踪订单、退货退款或取消订单的其他信息。①争议被提交后,系统将自动向对方发送通知,同时 eBay 的自动化程序将根据买方与卖方提供的信息和要求,启动不同流程进行分流解决。

争议解决程序启动后,eBay 将提供相关指引,鼓励当事人双方进行自主磋商与协商,促使争议被尽快解决。以对于买家未收到货物或者货物与卖家描述不符提起的索赔为例,买家可以在实际或者预计交货之日起 30 天内,通过 eBay 平台与卖方直接联系。卖家应当在 3 个工作日内进行回应,处理买家提出的投诉,及时提供商品送达、快递追踪的最新信息或提供退款退货更换等解决方案。②

如果在自主协商阶段,卖家无法在 3 个工作日内解决问题,买家可以要求 eBay 介入。但 eBay 鼓励买家为卖家提供更充裕的解决问题的时间,最长可以延长至 21 天,之后如果仍然无法解决问题,买家可以继续要求 eBay 介入。对卖家而言,如果无法在 3 个工作日内通过自主协商解决问题或不同意买家提出的理由,则卖家可以要求 eBay 介入。买卖双方通过各自的端口向 eBay 发出介入解决争议的请求。eBay 会对买卖双方的交易情况进行审核,并以尽可能公平的方式解决纠纷。eBay 通常会在 48 小时内作出决定,并以电子邮件的方式通知买方和卖方。如果买方胜诉,eBay 将在 48 小时内向买方退款,然后向卖方追偿(reimbursement),此时,eBay 不仅不会向卖方退还此前其向 eBay 支付的成交费,同时还会增加卖家的不良交易记录,影响其信用评分。③

在 eBay 介入并作出决定后,当事人如果对决定不满意,可以在决定作出后的 30 天内提出申诉,但必须提交新的证据。买家需要提供的新证据包括显示物品与刊登描述不符的照片、表明卖家已收到退回的商品的

---

① eBay:《解决和卖家之间的问题》,载 eBay 官网,https://www.ebay.com/help/buying/resolving-issues-sellers/resolving-issues-sellers? id=4011,访问日期:2021 年 11 月 25 日;eBay:《eBay 客户服务:出售》,载 eBay 官网,https://www.ebay.com/help/selling,访问日期:2021 年 11 月 25 日。

② See Louis F. Del Duca, Colin Rule, and Kathryn Rimpfel, "eBay's De Facto Low Value High Volume Resolution Process: Lessons and Best Practices for ODR Systems Designers", 6 *Arbitration Law Review* 204,208(2014).

③ eBay:《买家要求 eBay 介入协助》,载 eBay 官网,https://www.ebay.com/help/buying/returns-refunds/ask-ebay-step-help-buyers? id=4701,访问日期:2021 年 11 月 25 日;eBay:《卖家要求 eBay 介入协助》,载 eBay 官网,https://www.ebay.com/help/selling/managing-returns-refunds/ask-ebay-step-help-sellers? id=4702♯section3,访问日期:2021 年 11 月 25 日。

物流追踪详情、表明物品已送达至错误地址的证明等。卖家需要提供的新证据包括显示买家已收到商品的物流追踪详情、能证明退回的物品被送到错误的地址或在寄送途中丢失的证据、显示物品与刊登描述相符的文件、能证明买家在纠纷解决前已收到退款的证据等。在当事方提出申诉后,eBay 将对新的信息进行审查,通常将在 48 小时内作出决定。[①]

(二)特殊争议解决程序

eBay 在一般解决流程之外,还设计了两种特殊的解决流程。

一种是支付机构纠纷解决联动程序。与之相关的 eBay 交易模式为:买家挑选货物并下单付款,货款转至 eBay 旗下的支付机构或第三方支付机构,之后卖家安排发货,买家确认收货,最后支付平台将货款打至卖家账户。付款平台可以处理 eBay 争议,但争议类型仅限于退款或其他与该机构有关的争议,并且只能由买家向支付机构提出。[②]

首先,买家向支付机构提出申请后,eBay 将以电子邮件的形式通知卖家。卖家应当在收到通知后 5 日内对纠纷进行回应。

接着,eBay 将根据卖家的选择进行处理。

若卖家选择接受买家诉求,则买家将收到退款。如果卖家在接受买家诉求的同时请求退货,则 eBay 将尝试为卖家追回该物品,但对结果不予保证。卖家或 eBay 都可以进行退款,如果由 eBay 代卖家向买家发放退款,退款金额将从卖家的可用资金、处理中的资金和暂时冻结的资金总额中扣除,不足部分将从卖家的收款银行账户扣除。

若卖家选择驳回买家诉求,eBay 将要求卖家提供相关的交易证据,并提交给支付机构,由支付机构裁定。部分情形下,如果 eBay 已经掌握了充足的证据来驳回买家的请求,eBay 将代替卖家向支付机构提供证据,不再要求卖家提供证据。[③] 如果支付机构裁定卖家败诉,卖家或 eBay

---

[①] eBay:《卖家对 eBay 针对退货或物品缺失做出的裁决提出申诉》,载 eBay 官网,https://www.ebay.com/help/selling/managing-returns-refunds/appealing-decision-seller? id=4369,访问日期:2021 年 11 月 25 日;eBay:《针对 eBay 做出的买家退货或缺少物品的裁决提出申诉》,载 eBay 官网,访问日期:2021 年 11 月 25 日。

[②] See eBay:《处理付款纠纷》,载 eBay 官网,https://www.ebay.com/help/selling/getting-paid/handling-payment-disputes? id=4799,访问日期:2021 年 11 月 25 日。

[③] 同上。

都可以进行退款。①如果由 eBay 代为退款,而卖家不符合卖家保障资格,则 eBay 将从卖家的可用资金、处理中的资金和暂时冻结的资金总额中扣除退款金额,并且卖家需要向 eBay 支付相关费用。

另一种特殊程序是特殊品类交易争议解决流程。由于并不是所有商品都适用程序诊断的方式解决纠纷,尤其是一些大宗商品交易,这就需要更加专业、审慎的纠纷处理机制。例如,eBay 针对车辆及商业设备交易设计了专门的纠纷解决程序,以扩大用户的争议解决选择权。这两个特定类别的 ODR 系统分别为车辆购买保护计划(VPP)和商业设备购买保护计划(BEPP)。二者内容基本相似。

以车辆交易为例,因为不少与汽车相关的纠纷与信息不全、相互误解有关,eBay 鼓励买卖双方首先进行沟通,自主解决纠纷。如果买方无法与卖方达成一致意见,买方应在物品下架后的 45 天之内提交退款请求,启动车辆购买保护程序。车辆购买保护计划是 eBay 针对车辆交易专门开发的服务,旨在解决买方因所购车辆未在规定时间送达、车辆存在瑕疵等原因遭受损失所产生的纠纷。但是基于填补损害原则(principle of indemnity)以及平台成本控制等原因,保护计划的赔偿额以车辆在 eBay 上列出的购买价格为限。车辆购买保护程序启动后,eBay 会根据情况向用户配备项目管理员,提供更为专业的解纷服务。管理员负责直接联系买方,了解与投诉相关的细节,有权决定买方是否满足车辆购买保护计划的条件、是否存在损失、损失是否符合计划规定的退款条件以及退款金额。除了要求投诉方提交两份由 eBay 认可的车辆损害评估机构提供的第三方报告以外,管理员也可以现场查看汽车的损坏情况,就损害类型、损害严重程度作出评估。认为符合条件的,管理员有权批准买方的申请,其在 45 天内就可以收到退款通知和全部退款。但未经管理员事先书面同意,买方自己不得对车辆进行任何维修,否则将失去保护资格。②

(三)声誉争议的解决

首先,eBay 在某些情形下会根据其掌握的信息主动撤销信用评价、删除不良交易记录或调整延迟运送率,如买家存在过错、由 eBay 网站故

---

① eBay:《向买家退款》,载 eBay 官网,https://www.ebay.com/help/selling/managing-returns-refunds/refunding-buyers?id=5182,访问日期:2021 年 11 月 25 日。

② See "Vehicle Purchase Protection", https://www.ebay.com/cdp/help/vehicle-protection-plan-details, last visited on 8 August, 2021.

障导致的问题、超出卖家控制范围的问题(例如运送服务延迟)或因极端天气或事件导致物品延迟发货等。①

其次,如果卖方收到了其认为不公平的评价,但不属于 eBay 自动调整的范畴,卖方可以通过向买家发送信用评价修改请求的方式,请求买家修改信用评价。卖家向买家发送信用评价修改请求需要满足一定的前提条件,即只能请求修改未满 30 天的信用评价,并且每年只能提出 5 次信用评价修改请求。

用户在一些情形下还可以向 eBay 提出申诉,请求 eBay 删除特定的信用评价。例如,如果卖家已尝试投递但最终收货异常,或者信用评价包含不当语言或内容等②,卖家就可以向 eBay 提出申诉,由 eBay 进行人工审查。此外,如果用户收到违反 eBay 政策的信用评价,也可以要求 eBay 将其删除。eBay 进行审查后,可能会删除整条信用评价或仅删除其中的部分内容。此处的 eBay 政策包括买家不得以差评相威胁,卖家不能要求买家提供好评等信用评价敲诈政策,以及用户不得单纯为了提高信用评分、获得 eBay 特权或提高自身在网站上的声誉而以信用评价作为交换条件,不得通过多次重复购买或留下差评来影响其他会员的信用评价等操纵信用评价的政策等。③

除上述机制外,在 SquareTrade 与 eBay 合作的后期以及停止合作之后,eBay 在部分分站还进行过社区法院(Community Court)的尝试,以众包方式处理纠纷。

在 2007 年初,eBay 英国开始试用这种社区法院,它允许那些收到负面反馈的用户请求社区成员来审议投诉。如果足够多的人认为反馈不公平,反馈将被删除。信誉良好的 eBay 成员将被邀请自愿担任陪审员,陪审员需要具备一定的 eBay 经验,包括同时具备作为买家和卖家的身份;有 50 条或更多的反馈,其中 99% 为正面;拥有至少 6 个月的会员资格;每

---

① eBay:《卖家表现与信用评价政策》,载 eBay 官网,https://www.ebay.com/help/policies/selling-policies/seller-performance-policy/seller-performance-defect-removal-policy?id=4352,访问日期:2021 年 11 月 25 日。

② eBay:《卖家表现与信用评价政策》,载 eBay 官网,https://www.ebay.com/help/selling/selling-seller-performance/seller-performance-defect-removal-policy?id=4352,访问日期:2021 年 11 月 25 日。

③ eBay:《信用评价政策》,载 eBay 官网,https://www.ebay.com/help/policies/feedback-policies/feedback-policies?id=4208,访问日期:2021 年 11 月 25 日。

次购买或销售至少获得一个正面反馈。投诉的 eBay 会员在向社区法院提出投诉时应附上一份声明,还可提供最多三张带有支持证据的图片。而反馈做出者有两周时间提交自己的陈述,也可以添加图片。① 如果反馈做出者没有回应,则案件将自动被认定为有利于投诉人,反馈将被自动删除。否则,如果反馈做出者作出回应,100 名随机选择的陪审团成员将审查交易的完整信息和双方声明,并投票决定是否应删除反馈(删除反馈需要 70% 的多数票)。这一切都在网上进行,同时流程中内置了合理的安全和保密措施,比如陪审团成员是匿名的,从与任何一方都没有交易历史的人中随机选择等。② 这在当时只是一项在英国的试验,限于英国的买家和卖家。但由于这项试验在 eBay 社区引起了巨大骚动,买卖双方都认为不利于己方,最终被放弃。③

在 2008 年 12 月,eBay 印度真正实现了社区法院的构想。eBay 印度的社区法院也主要被用于撤销差评。首先,如果卖家认为他从买家那里得到的差评反馈是不公平的,就可以登录该社区法院系统并阐述理由。卖家有权从平台上下载任何他认为有助于支持自己观点的图片、文字或者其他数据材料。当卖家提交案件后,社区法院会自动联系对应的买家并给予他同等机会,即买家可以在看完卖家提交的文件后提供他认为与案件相关的任何图文材料作为回应。买家提交完毕后,卖家还有最后一次机会反驳买家的意见,但只能以文字方式进行。④ 在买卖双方的意见都提交完毕后,社区法院会将案件随机分配给 21 名陪审员。这些陪审员同样需要满足某种条件,包括必须在 eBay 上注册 6 个月,同时必须以买家身份参与至少 10 次交易,或者拥有 20 个总体评价为 97% 的反馈星级

---

① See Chris Dawson,"eBay Community Court: The End of Retaliatory Negatives?",https://tamebay.com/2007/10/ebay-community-court-the-end-of-retaliatory-negatives.html,last visited on 21 June,2021.
② See "eBay Community Court and Feedback Removal",https://community.ebay.com/t5/Postcard-Collectors-Group/eBay-Community-Court-and-feedback-removal/gpm-p/7029681,last visited on 21 June,2021.
③ See Chris Dawson,"eBay Community Court: The End of Retaliatory Negatives?",https://tamebay.com/2007/10/ebay-community-court-the-end-of-retaliatory-negatives.html,last visited on 21 June,2021.
④ See Colin Rule and Chittu Nagarajan,"Leveraging the Wisdom of Crowds: the eBay Community Court and the Future of Online Dispute Resolution",2010,p.5,http://colinrule.com/writing/acr2010.pdf,last visited on 27 August,2021.

加上至少 1 次买家身份交易。①当超过半数的陪审员赞同卖家时,案件以卖家胜利结束,买家留下的差评也可以随之删除;反之,差评将继续留在系统中。②截至 2010 年,社区法院在 eBay 印度的平台上拥有超过 580 位陪审员,解决了 2400 多个案件。③ 2011 年 1 月,eBay 将社区法院的服务更名为 eBay 社区评审论坛(eBay Community Review Forum)。2012 年底,由于 eBay 商业评价政策的变更,eBay 宣布正式关闭社区评审论坛。④但无论如何,eBay 的试验成为众包在线争议解决的先驱,之后淘宝的大众评审就是与之类似的模式。

总体而言,eBay 的在线争议解决机制不仅为公司节约了大量成本,还提升了用户体验,提高了用户忠诚度,这些都证明 eBay 在线争议解决机制在设计理念、机制建设以及程序运行上取得了前所未有的成功。eBay 在线争议解决中心的成功在于:第一,eBay 本身不参与交易活动,这可以保证其在争议解决过程中天然的公正和中立。第二,eBay 的平台属性让它可以全面掌握双方的用户信息和交易信息,从开始交易到最终纠纷化解都与当事人保持良好的沟通。同时,它还能通过自动追踪系统预防争议产生以及矛盾升级。第三,PayPal 在 2002 年至 2015 年间作为 eBay 旗下的主要支付平台,通过强制划款的方式确保争议解决结果顺利执行,确保交易安全,为第三方支付平台进行争议解决作出了探索。eBay 在线争议解决机制的创设,其难度和重要意义相当于在互联网帝国里建立了一套全新的民事纠纷解决体系。

---

① See "eBay India launch Community Court for Feedback", https://tamebay.com/2008/10/ebay-india-launch-community-court-for-feedback.html, last visited on 26 August, 2021.
② See Colin Rule and Harpreet Singh, "ODR and Online Reputation Systems-Maintaining Trust and Accuracy Through Effective Redress", in Mohameds S. Abdel Wahab, Ethan Katsh and Daniel Rainey (eds.), *Online Dispute Resolution: Theory and Practice*, Eleven International Publishing, 2012, pp. 192-193.
③ See Colin Rule and Chittu Nagarajan, "Leveraging the Wisdom of Crowds: the eBay Community Court and the Future of Online Dispute Resolution", 2010, p. 6, http://colinrule.com/writing/acr2010.pdf, last visited on 27 August, 2021.
④ Ayelet Sela, "The Effect of Online Technologies on Dispute Resolution System Design: Antecedents, Current Trends, and Future Directions", 21 *Lewis & Clark Law Review* 635, 660 (2017).

第三节 公共 ODR 的代表:在线法院

一、发展与变化

从 ODR 的整个发展历程看,私营部门的 ODR 发展较快的原因之一是商业发展的需求和竞争压力。如果 ODR 的服务者不能提供较好的服务,用户就会转向其他有能力的服务提供者。而公共部门能够一直拒绝提供 ODR 服务而不担心用户会"移情别恋"的原因就在于,人们没有其他选择。但公共部门提供在线机制的压力也越来越大,这不是因为竞争压力,而是出现了所谓的"流动性预期"问题。这种情况发生在消费者从一个行业转入另一个行业的过程中。用户对任何一种产品的体验也会影响到他们对其他类别产品的体验,由此就会形成一个体验期望的鸿沟。例如,习惯了 eBay、淘宝 ODR 服务的人们最终会开始质疑,为什么当地的小额索赔法院与平台的争议解决机制相比会如此不便,效率如此之低。同时,随着 ODR 程序从私人领域转移到公共领域,ODR 也被注入了与公共争议解决相关的一些价值和目标——公平、正当程序、可问责性和透明度,并有可能改变我们理解和思考这些价值和目标的方式。

多年来,法院的工作日益受到数字技术的影响。法院的办公室和审判室已经普遍使用电脑和互联网办公,案件管理变得更加高效,电子证据具有法律效力,法律数据库可以在线使用且往往是免费的。不过,在过去二十年里,大部分的技术引入法院都是为了提高工作效率和应对预算削减,而不是专注于提供新的工具和资源来处理案件。但私营公司组织的 ODR 机制,已经克服了处理纠纷时的物理、地理甚至心理界限。

数字技术对法院的渗透分三个阶段进行。第一阶段涉及案件管理和提高工作效率,目的是简化程序,使人们在远程和实体法院关闭的情况下开展工作。随着技术的渗透,法院的内部工作流程从纸质文件转变为以计算机和网络为媒介的系统。法官、法院的行政人员和律师越来越少地使用纸张,而是使用电脑处理文件。这些变化与其他机构所经历的并无不同。

第二阶段与电子政务的普及相关,公众可以获得更多的政府信息。

2002年，美国颁布了《电子政务法》(E-Government Act of 2002)，在美国行政和管理预算局内(Office of Management and Budget)设立联邦首席信息官(Federal Chief Information Officer)，加强政府通过互联网通信提供信息和公民参与政府工作。① 近年来，电子政务在中国也推行得很快，并且随着5G技术的成熟，我国的电子政务早已不仅停留在行政数字化的表层，而是开始向真正的"智慧政务"迈进。② 政府的努力推动了法院网站的发展，最初是允许用户通过电脑端访问，近年来则强调移动电子政务服务。最初建立的网站旨在为受众提供广泛的信息，包括法律、维权和抗辩等方面的信息，可以帮助诉讼当事人（或可能的诉讼当事人）与法院系统进行互动，重点在于增加透明度以及尽可能开放过去不能被获取的资源。不过，对于诉讼当事人而言，他们虽然获得了更多的信息，但这些对于帮助他们进行诉讼并无太大的实质性作用。

第三阶段则是司法程序通过在线的方式进行，人们对于"接近正义"以及"正义"概念本身的理解也在发生变化。一直以来，引入ODR主要是为了解决简单的、价值较低的争议，或是为了克服地理上的距离问题，从而降低参与各方的成本。这些程序是在网上进行的，有同步也有异步进行的；有时不需要代理人，从而减少了聘请代理人和当事人亲自到场参与诉讼程序的费用。但即使是最简单的、最低限度的ODR程序的引入，也反映出法院对技术在提供法律服务方面能够和应该发挥作用的理解正在发生变化。当法院开始提供ODR，人们也开始提出问题：法院是"一种服务还是一个场所"？③

当技术被引入法院之后，法院的纠纷解决也正在经历技术和方法上的三大转变。首先是从物理环境向虚拟或半虚拟环境的转变。全在线平台或者是将实体、面对面的存在与在线活动相结合的平台，破坏了一直以来作为法院程序标志的物理边界和特殊空间。个人可以进入法院的线上平台，评估自己的法律立场，与对方进行沟通，并由第三方对自己的纠纷

---

① US Department of Justice, "E-Government Act of 2002", https://www.justice.gov/opcl/e-government-act-2002, last visited on 26 August, 2021.
② 董宏伟、王琪：《促进电子政务普及 提升电子政务质量》，载《人民邮电》2021年7月9日，第3版。
③ Richard Susskind, "The Future of Courts", https://thepractice.law.harvard.edu/article/the-future-of-courts/, last visited on 9 June, 2021.

进行裁决,而不必亲自到法院,也不受法院工作时间的限制。ODR 程序的这一优点最初体现在小额索赔领域,但目前已逐渐扩展到其他场景中。

其次,从人为干预和决策转变为自动匹配的程序。ODR 将运算法则引入了司法决策过程。算法可以抑制人的自由裁量权,提高一致性并减少偏见,从而增强公正性,但它也可能以一种偏颇的方式运行,阻碍我们对正义的渴望。这在很大程度上取决于我们是否有能力指导算法设计的价值取向并严格监督算法的运作方式。此外,法院在设计软件时更加强调"用户体验",这是法院程序设计者关注的一个新领域。新的方法也被用来评估用户体验,获得的反馈将被纳入软件的设计和修改中。

最后一个转变是,从重视确定性的争议解决模式转变为注重收集、使用和再利用数据以预防争议的模式。随着法院越来越多地依赖数字技术和 ODR 系统,它们将学会把数据视为争议解决的核心要素。数据和数字化平台将发挥关键作用,使法院系统能够在一个新的领域运作:通过数据分析预防争议并不断改进诉讼程序。

二、各国法院 ODR 的实践

(一) 早期实践

2001 年 2 月,澳大利亚联邦法院启动了电子法院的试点项目(the eCourt Online Forum),以对电子法院的立法框架以及安全、技术和行政管理等事项进行评估。[1] 目前,联邦法院或联邦巡回法院可以借助电子审判室(Ecourtroom)管理及审理案件。[2]电子审判室允许当事人在线交流,在线提交文件、证据。法院不必面对面地开庭,法院的命令也可以在线作出。

在英国,固定金额(上限为 10 万英镑)的"在线索偿"(Money Claim Online)系统已经存在了近二十年,在 2015 年已经可以年处理 18 万件案件。[3] 该系统通过填写一份在线表格启动金钱索赔,如果被告未在规定时间内

---

[1] Philip Kellow, "The Federal Court of Australia: Electronic Filing and the eCourt Online Forum", 4 *UTS Law Review* 123,131-132(2002).

[2] Federal Court of Australia, "Ecourtroom", https://www.fedcourt.gov.au/online-services/ecourtroom, last visited on 9 June, 2021.

[3] Michael Briggs, "Civil Courts Structure Review: Interim Report", p. 16, https://www.judiciary.uk/wp-content/uploads/2016/01/ccsr-interim-report-dec-15-final1.pdf, last visited on 9 June, 2021.

对索赔进行抗辩或对索赔表示认可,原告就可在线申请法院判令支付。如果被告提出异议、进行抗辩,则双方需完成特定问卷,案件将在原被告双方同意的情况下交付调解,否则索赔将被提交给传统法院;调解未成功的情况下,案件也会被移交至传统法院。①

2001年美国密歇根州议会通过4140号众议院法案(Enrolled House Bill 4140)对《1961年司法法》(Judicature Act of 1961)进行修订,增加了名为"The Cyber Court"的第80章,对Cyber Court的管辖范围、审理方式等进行了规定。根据第80章,Cyber Court管辖的主要案件类型包括有关信息技术、软件以及网站运营、维护、托管的争议,还包括商业保险、银行交易以及商业实体内部的组织争议;其同巡回法庭一样享有标的额在25000美元以上的商事案件的管辖权。②可见,在信息网络发展尚未发达的时代,密歇根州的Cyber Court并不专门针对互联网上发生的诉讼。从审判方式上看,Cyber Court以电子通讯方式(包括但不限于视频和音频会议)处理商事案件。此外,"The Cyber Court"一章还规定,原告可以选择密歇根州的Cyber Court进行审判,但被告可以在答辩期结束后14天之内将案件转移至其他的传统法院进行审理。可见,原被告都不会被强制将案件交给Cyber Court审理。③同样,在Cyber Court作出判决之后,判决可以上诉到上诉法院(Court of Appeals)。④

(二)各国的近期发展

在各国法院最近的一些在线争议解决方案中,技术不仅被视为改进

---

① HM Courts & Tribunal Service, "Money Claim Online (MCOL)-User Guide for Claimants", https://assets.publishing.service.gov.uk/government/uploads/system/uploads/attachment_data/file/982136/mcol-userguide-eng.pdf, last visited on 9 June, 2021.

② Michigan, Revised Judicature Act of 1961, Chapter 80, Section 600.8005, https://law.justia.com/codes/michigan/2006/mcl-chap600/mcl-600-8005.html, last visited on 1 September, 2021.

③ Michigan, Revised Judicature Act of 1961, Chapter 80, Section 600.8011, https://law.justia.com/codes/michigan/2006/mcl-chap600/mcl-600-8011.html, last visited on 1 September, 2021.

④ 密歇根州的Cyber Court最终因为资金问题未能实施,2001年修订的《1961年司法法》第80章也已失效。David Allen Larson, "'Brother, Can You Spare a Dime?'-Technology Can Reduce Dispute Resolution Costs When Times are Tough and Improve Outcomes", 11 *Nevada Law Journal* 523,534(2011); NCSC, "Michigan Legislature Set to Officially Kill off Its Cyber Court?", https://courttechbulletin.blogspot.com/2012/06/michigan-legislature-set-to-officially.html, last visited on 1 September, 2021.

法院过去运作方式的工具,而且被视为重新设计处理争议方式的机会。在全世界范围内出现的一些较为先进的试点项目反映了这种变革性做法。

一个例子是在英国进行的试点项目和改革。2015年2月,以理查德·萨斯坎德(Richard Susskind)教授为首的在线争议解决咨询小组(Online Dispute Resolution Advisory Group)向英国民事司法理事会提交了一份报告,建议设立名为"女王陛下网上法院"(HM Online Court,HMOC)的在线法院。①法院将通过互联网解决价值不超过25000英镑的民事纠纷。报告所设想的程序分为三个阶段:在线评估(Online Evaluation)、在线调解(Online Facilitation)和在线判决(Online Judges)。第一阶段包括问题诊断,帮助当事人了解其权利和义务以及可能的选择和救济方式②,这是通过在法院网站上提供信息和帮助来实现的。这一阶段的期望是,诉讼人如能更了解自己的问题,便可在最初阶段避免法律问题的产生或在其发展成为全面的法律问题之前就将其解决。如果问题在第一阶段没有得到解决,当事人将被指引到在线调解的阶段,此时由熟练的调解人员和自动协商工具结合,协助当事人通过非对抗性程序尽快解决问题。最后,那些无法通过调解程序解决的争议,将进入在线诉讼程序,这一阶段所作判决与传统法院的判决具有同样的约束力和可执行性。第三阶段通常是一个书面程序,但也可以进行审讯(通过电话会议的方式进行)。③这一举措也被布里格斯(Briggs)大法官的《英格兰和威尔士司法机构民事法院结构审查报告》(Civil Courts Structure Review)提及。④虽然在线法院的确切名称尚未确定,但英国司法部已拨出预算⑤用于法院

---

① Online Dispute Resolution Advisory Group, "Online Dispute Resolution for Low Value Civil Claims", 2015, p. 3, https://www.judiciary.uk/wp-content/uploads/2015/02/Online-Dispute-Resolution-Final-Web-Version1.pdf, last visited on 9 June, 2021.

② Ibid., p. 6.

③ Ibid., p. 20.

④ Michael Briggs, "Civil Courts Structure Review: Interim Report", p. 42, https://www.judiciary.uk/wp-content/uploads/2016/01/ccsr-interim-report-dec-15-final1.pdf, last visited on 9 June, 2021.

⑤ Natalie Ceeney, "Modernising Courts and Tribunals", https://www.gov.uk/government/speeches/modernising-the-courts-and-tribunals, last visited on 9 June, 2021.

和法庭的数字化，目标是在 2020 年 4 月前全面启动在线法院项目。①目前未有下一步进展。

另一个例子是加拿大不列颠哥伦比亚省的民事争议解决庭（Civil Resolution Tribunal，CRT）。这是加拿大的第一个在线法庭，根据《2012 年民事争议解决法庭法》（Civil Resolution Tribunal Act（2012））建立。②它可以处理机动车事故纠纷、上限为 5000 美元的小额索赔案件，以及不限金额的共管财产纠纷、社会组织纠纷、合作组织纠纷。CRT 在线争议解决程序的第一步是"解决方案探索与申请"。这是一个问题诊断阶段，它将会询问当事人一些有关争议的简单问题，并能够根据当事人的回答提供与其特定情况相关的信息，提供可能的解决方案。如果问题得不到解决，当事人就会被移转到 CRT 的纠纷解决阶段。对用户来说，从问题诊断到解决的转变是无缝的，用户在前一阶段提供的信息会和用户一起进入解决阶段。当事人通常会得到一个机会，通过自动协商工具与对方进行协商，就像在私人聊天室当中一样。如果自动谈判不成功，则会进入调解阶段。如果该阶段能够达成双方都接受的调解协议，则该协议可被转化为法庭命令。如果调解不成功，任何一方都可以将争议转入最后的裁决阶段。审理通常通过书面程序进行，但也可以通过电话、视频会议或当面进行。裁决是一种传统的命令，具有约束力和可执行性。当事人如不服 CRT 的决定，可以诉诸不列颠哥伦比亚省高等法院。律师的代理只限于有限的情况，以便为那些无力承担或不愿意在这种规模的案件中请代理人的当事人提供公平的竞争环境。③

CRT 系统很好地展示了技术在公共司法领域带来变革的能力，其核心价值在于实效性、灵活性、可负担性和高效性。CRT 每年通过报告的形式评估其在这些方面的情况。与不列颠哥伦比亚省传统的法院诉讼程序不同，CRT 的目的是为了获取通过该系统处理的案件的全面数据，生

---

① Michael Briggs, "Civil Courts Structure Review: Final Report", p. 46, https://www.judiciary. uk/wp-content/uploads/2016/07/civil-courts-structure-review-final-report-jul-16-final-1. pdf, last visited on 9 June, 2021.

② "Civil Resolution Tribunal Act (2012) Chapter 25", https://www.bclaws.gov.bc.ca/civix/document/id/complete/statreg/12025_01, last visited on 9 June, 2021.

③ Civil Resolution Tribunal, "Frequently Asked Questions", https://civilresolutionbc.ca/faq/, last visited on 9 June, 2021; Civil Resolution Tribunal, "How the CRT Works", https://civilresolutionbc. ca/how-the-crt-works/, last visited on 9 June, 2021.

成关于各类纠纷的知识——它们的来源、演变过程、解决所需的时间、常用的解决方案等。负责 CRT 开发的团队投入了大量资源,完善各种索赔和抗辩的分类,以便能够有意义地利用这些数据。从这些数据中得出的信息可用于改进 CRT 系统,更重要的是,这些信息可被用于预防未来的问题和索赔。尽管 CRT 系统具有相当的潜力,但也引起了反对和批评。尤其是一些代表律师利益的组织,一直在大力反对该系统。尽管如此,2015 年,加拿大不列颠哥伦比亚省立法会(Legislative Assembly of the Province of British Columbia)颁布了立法修正案①,规定必须使用该系统。2016 年 7 月 CRT 开始正式运行,截至 2017 年 3 月 31 日,有 262 起争议正在处理当中,有 49 起争议已被解决,且其中近一半的争议是以和解或撤诉的方式解决的。② 到了 2020 年,其"解决方案探索"功能已达到年被使用五万多次的水平,争议解决时长降低到了 45 天。③

在美国,除上文提到的密歇根州的早期做法外,截至 2018 年,美国已经有位于 10 个州(俄亥俄、密歇根、得克萨斯等)超过 50 个地方的法院在使用一种叫做 Matterhorn 的平台进行争议解决。Matterhorn 平台于 2013 年在密歇根大学法学教授 J.J. 普雷斯科特(J.J. Prescott)和他的学生本·古伯尼克(Ben Gubernick)的倡议下推出。④该在线程序已被开发并应用于不同的环境,每一种环境都有其细微的特殊之处,但在所有情况下都允许当事人和工作人员在方便的时间通过任何设备进行沟通。它可以用来处理民事案件、家庭纠纷、交通和刑事案件。这些方便、快捷和异步的程序已被证实减少了法院诉讼的时间和费用。在线程序的提供是刺激更多当事人将其案件提交法院的一个重要因素。2018 年初,德克萨

---

① "BILL 19-2015 CIVIL RESOLUTION TRIBUNAL AMENDMENT ACT, 2015", https://www.bclaws.gov.bc.ca/civix/document/id/lc/billsprevious/4th40th:gov19-1, last visited on 9 June, 2021.

② Civil Resolution Tribunal, "2016/17 CRT Annual Report", pp.2-3, https://civilresolutionbc.ca/wp-content/uploads/2020/07/CRT-Annual-Report-2016-2017.pdf, last visited on 9 June, 2021.

③ Civil Resolution Tribunal, "2019/20 CRT Annual Report", p.1, https://civilresolutionbc.ca/wp-content/uploads/2020/07/CRT-Annual-Report-2019-2020.pdf, last visited on 9 June, 2021.

④ "The University of Michigan-Making the Justice System more Accessible", https://getmatterhorn.com/the-university-of-michigan-making-the-justice-system-more-accessible/, last visited on 9 June, 2021.

斯州法默布兰奇市法院（Farmers Branch Municipal Court）引进 Matterhorn ODR 程序解决交通罚单案件，到年末已有 1800 人通过该程序解决问题。①

据美国律师协会报告，截至 2019 年末，美国已经有近 70 所法院引入了在线争议解决机制。②根据美国全国州法院中心（National Center for State Courts）的估计，美国至少有 40 个州正在探索将 ODR 纳入其法院系统，有 35 个州已经有了可操作的 ODR 方案或计划在短时间内实施这些方案。虽然美国部分地区或部分法院参与试验比较积极，但相比英国、加拿大和中国自上而下的推行机制，美国在推进在线法院的过程中整体上缺乏中央力量的主导。③总体而言，美国法院的 ODR 系统目前有如下功能：在线文件提交、案件流程管理、在线当事人教育、自动化协商与辅助性协商、在线进行法庭程序（部分或全部）、通过算法程序判决案件等。④

疫情的影响进一步推动了美国法院对信息技术的运用。2020 年 3 月 16 日，美国联邦最高法院宣布基于健康和安全的考虑暂时"闭门"，对科技持保守态度的美国联邦最高法院不得不考虑采用远程电话会议的方式审理部分案件。⑤ 在 2020 年 5 月 4 日上午，美国联邦最高法院在历史上第一次采用了电话庭审的方式，审理了 United States Patent and Trademark Office v. Booking.com B. V. 一案。这次案件的口头辩论通过互联网进行直播，公众可以通过福克斯新闻网等平台收听。这也是美

---

① MJ Cartwright and Dunrie Greiling, "Court-Connected Online Dispute Resolution", 5 *International Journal of Online Dispute Resolution* 4, 7-8(2018).
② American Bar Association, "Online Dispute in the United States", p. 2, https://www.americanbar.org/content/dam/aba/administrative/center-for-innovation/odrvisualizationreport.pdf, last visited on 9 June, 2021.
③ Noam Ebner and Elayne E. Greenberg, "Strengthening Online Dispute Resolution Justice", 63 *Washington University Journal of Law & Policy* 65, 81-82 (2020).
④ Noam Ebner and Elayne E. Greenberg, "Strengthening Online Dispute Resolution Justice", 63 *Washington University Journal of Law & Policy* 65, 72-75(2020).
⑤ See "Supreme Court of the United States Press Releases (03-16-20)", https://www.supremecourt.gov/publicinfo/press/pressreleases/pr_03-16-20, last visited on 26 November, 2021; "Supreme Court of the United States Press Releases (04-13-20)", https://www.supremecourt.gov/publicinfo/press/pressreleases/pr_04-13-20, last visited on 26 November, 2021.

国联邦最高法院第一次在线直播庭审。①

2020 年 3 月,美国司法会议(the Judicial Conference of the United States),作为美国联邦法院的国家性政策制定机构,授权部分经批准的美国地区法院和美国联邦索赔法院(the U. S. Court of Federal Claims)对部分涉及公共利益问题的案件进行音频直播试点。该试点项目由美国司法会议下辖的司法行政与案件管理委员会(Court Administration and Case Management Committee,CACM 委员会)以及美国法院管理办公室(the Administrative Office of the U. S. Courts)共同监督管理,用来研究在美国法院各类程序中运用音频直播的可行性,探索法院庭审音频直播相关的政策、技术、运营、预算和行政管理等问题。项目将持续两年,自 2021 年 2 月起正式启动。CACM 委员会制定的相关指南指出,该试点项目仅适用于涉及公共利益(具体情形包括涉及雇员或消费者等特殊群体、涉及公共健康或安全、涉及公共机构或官员、已经受到媒体关注等)、当事各方同意且主审法官批准进行直播的案件,且仅限于民事程序。涉及证人现场出庭作证、涉及保密或机密材料、涉及陪审团的案件不得进行直播。直播的渠道为法院的 YouTube 频道,庭审音频直播不得进行录制,法院审理结束后也不得进行回放或下载。② 整体而言,美国法院正在探索和逐步推动网络庭审直播等信息技术的运用。

我国互联网法院的发展以 2017—2018 年杭州、北京和广州三家互联网法院建立为标志。最高人民法院于 2018 年 9 月 3 日颁布了《关于互联网法院审理案件若干问题的规定》,对互联网法院受理案件的各个方面进行了详细的规定。外界对中国在线法院发展的关注主要集中在以这三家法院为代表的模式的认识上,但这种认识并不全面。实际上,我国近几年来进行的一站式多元解纷和智慧法院建设工作是一个整体性概念,以推

---

① See Richard Wolf, "Supreme Court Hears First Case by Telephone, With Audio Livestreamed", https://eu. usatoday. com/story/news/politics/2020/05/04/supreme-court-hears-first-ever-oral-argument-phone-live-audio/3077073001/, last visited on 26 November, 2021; Adam Liptak, "Supreme Court Hears First Arguments via Phone", https://www. nytimes. com/2020/05/04/us/politics/supreme-court-coronavirus-call. html, last visited on 26 November, 2021; "United States Patent and Trademark Office, et al., Petitioners, v. Booking. com B. V., Respondent-Oral Argument-May 04, 2020", https://apps. oyez. org/player/#/roberts10/oral_argument_audio/25191, last visited on 26 November, 2021.

② "Audio Streaming Pilot", https://www. uscourts. gov/about-federal-courts/judicial-administration/audio-streaming-pilot, last visited on 26 November, 2021.

进法院诉讼现代化、更好服务于当事人、化解社会矛盾等为目标。这种整体思想指导下的中国法院的在线化,实际上采取的是以互联网法院为代表的闭环式在线诉讼模式与其他法院以诉讼服务为目标的开放式在线诉讼模式并行的模式。互联网法院的设计理念与其他法院在线诉讼服务不尽相同。互联网法院主要面向网络空间,是以全流程在线为核心创造的一种新业态,而其他法院目前主要突出法院有能力同时提供线上线下服务,以满足群众需求和提供一种新的服务选择。此外,我国在线法院的建设是一种在顶层设计之下的自上而下的实现过程,这与美国的做法有所不同。

2021年,我国宣布一站式多元解纷和诉讼服务体系已基本建成,具体表现在:第一,全国法院立体化、集约化、信息化诉讼服务中心100%建成,四级法院普遍具备立案、调解、庭审等主要诉讼业务在线办理能力。第二,法院解决纠纷效能明显提升,人民法院在诉讼服务中心(前端)解决的纠纷达到较高比例,实现简案快审,繁案精审。第三,法院参与社会治理的能力明显提升,多元化纠纷解决机制的作用更加明显,诉前成功调解的案件越来越多,法院案件量稳步下降。这些已经勾勒出中国现代化诉讼服务体系的构想和进展,本书第五章将进一步详细介绍和分析中国的相关情况。

从世界范围看,我们目前正处于塑造新型诉讼程序的过程中,我们追求较少的僵化、更多的灵活性、更高的效率并兼顾公平与正义。吸引当事人的不仅是在线诉讼程序带来的便利和成本的降低,还有在保障权利的情况下进行更友好的诉讼程序的机会。在数字与法院程序结合之后,我们评价诉讼价值的方式本身也会发生变化,而不同国家因其既有的法律制度和法律观点存在差异,具体的做法和对正义的理解也存在不同。例如,美国线上法院的发展是分散式的,这种结构要求每个州都要引进、试验、审议和实施创新。中国则采取了全国实施的、自上而下的方法。又如,美国有研究表明ODR可以减少缺席判决,有助于促进正义,但这将延长诉讼时间,降低效率。[①]这反映出美国司法程序中对对抗性的强调,以

---

① J. J. Prescott and Alexander Sanchez, "Platform Procedure: Using Technology to Facilitate (Efficient) Civil Settlement", in Yun-chien Chang (ed.), *Selection and Decision in Judicial Process Around the World*, Cambridge University Press, 2020, pp.30-72.

及对抗性与实现正义之间的逻辑关系,而中国的情况则未必如此。这有待进一步的研究去证实、比较和解释。

第四节　以平台整合资源:欧盟模式

一、欧盟 ODR 平台建设的目标及机制

为更好地解决 B2C(Business to Consumer)交易中发生的争议,欧盟于 2013 年 5 月通过了《欧洲议会和欧盟理事会关于在线解决消费者争议并修正第 2006/2004 号(欧共体)条例及第 2009/22/EC 号指令的第 524/2013 号(欧盟)条例》(以下简称《消费者 ODR 条例》)[1],并同步出台了《欧洲议会和欧盟理事会关于替代性解决消费者争议并修正第 2006/2004 号(欧共体)条例及第 2009/22/EC 号指令的第 2013/11/EU 号指令》(以下简称《消费者 ADR 指令》)。[2]《消费者 ODR 条例》旨在通过 ODR 平台,借助 ADR 实体机构来解决欧盟居民消费者与欧盟贸易者之间因在线销售、在线服务合同引发的合同性债权债务争议。[3]

《消费者 ODR 条例》第 4 条(定义)没有直接定义 ODR,仅介绍了与 ADR 有关的概念,其中包括 ADR 程序(procedure)和 ADR 实体(entity)。该条例也只对 ADR 作了简单介绍,将其定义为庭外争议解决机制,排除了在线诉讼。《消费者 ADR 指令》规定了覆盖欧盟层面的 ADR 机制,为全欧盟的 ADR 程序和 ADR 实体确立了统一的质量要求。而《消费者 ODR 条例》则通过 ODR 平台为消费者和经营者提供了单一的网络连接端口,来连接和指向《消费者 ADR 指令》认证的 ADR 实体机构。因此,《消费者 ODR 条例》和《消费者 ADR 指令》是两项相互联系、相互补充的立法文件,《消费者 ADR 指令》所认证的跨越全欧盟的合格

---

[1] Regulation (EU) No 524/2013 of the European Parliament and of the Council of 21 May, 2013 on online dispute resolution for consumer disputes and amending Regulation (EC) No 2006/2004 and Directive 2009/22/EC (Regulation on consumer ODR).

[2] Directive 2013/11/EU of the European Parliament and of the Council of 21 May, 2013 on alternative dispute resolution for consumer disputes and amending Regulation (EC) No 2006/2004 and Directive 2009/22/EC (Directive on consumer ADR).

[3] 参见《消费者 ODR 条例》第 2 条第 1 款。

ADR实体是《消费者ODR条例》中ODR平台运作的前提。[1]

欧盟《消费者ODR条例》于2013年颁布,条例的主体部分于2016年开始实施。欧盟消费者ODR平台于2016年1月启动,并于2016年2月15日对公众开放。《消费者ADR指令》第24条第(2)款规定,成员国应当在2016年1月9日以前向欧盟委员会报告第一份ADR实体机构清单,但由于指令国内法转化导致的迟延,很多成员国推迟了清单报告的提交。因此,直至2018年底,欧盟才建立了覆盖所有地域和所有行业的全面的消费者ADR体系。[2]欧盟在推行ADR的问题上煞费苦心,首先通过1988年的《关于解决消费者争议的法院外机构所应遵循的原则建议》[3]设立了非约束性标准,其中包括独立性、透明度等最低程序要求,接着通过2000年的《电子商务指令》[4]来要求成员国不得限制包括电子方式在内的庭外争议解决程序。这两份文件为欧盟消费者ODR平台的设立打下了基础。

二、欧盟消费者ODR条例的实施架构

《消费者ODR条例》中有三个重要机构,即ODR平台(platform)、ODR联络点(contact point)和ODR顾问(advisor),但这三个机构都与狭义上的争议解决本身无关。

---

[1] 参见《消费者ADR指令》前言部分第(12)点。

[2] See European Commission,"REPORT FROM THE COMMISSION TO THE EUROPEAN PARLIAMENT, THE COUNCIL AND THE EUROPEAN ECONOMIC AND SOCIAL COMMITTEE on the application of Directive 2013/11/EU of the European Parliament and of the Council on alternative dispute resolution for consumer disputes and Regulation (EU) No 524/2013 of the European Parliament and of the Council on online dispute resolution for consumer disputes", COM(2019) 425 final, 2019, https://ec.europa.eu/info/sites/default/files/com_2019_425_f1_report_from_commission_en_v3_p1_1045545_0.pdf, last visited on 21 June, 2021.

[3] 98/257/EC: Commission Recommendation of 30 March 1998 on the principles applicable to the bodies responsible for out-of-court settlement of consumer disputes, https://eur-lex.europa.eu/legal-content/EN/TXT/?uri=CELEX%3A31998H0257, last visited on 31 August, 2021.

[4] Directive 2000/31/EC of the European Parliament and of the Council of 8 June 2000 on certain legal aspects of information society services, in particular electronic commerce, in the Internal Market (Directive on electronic commerce), https://eur-lex.europa.eu/legal-content/en/ALL/?uri=CELEX%3A32000L0031, last visited on 31 August, 2021.

欧盟《消费者 ODR 条例》的主要目的并非是要建立起一个能够覆盖全欧洲的具体的 ODR 争议解决机构,而是要建立一个使得欧洲各部分能够相互连接的"一站式"多语种在线争议解决平台。该平台不是直接提供争议解决服务的实体机构,而是为消费者和经营者提供单一的网络连接端口,来连接和指向《消费者 ADR 指令》认证的 ADR 实体机构。因此,建立消费者 ODR 平台,优化 ODR 互动网页是该条例要解决的核心问题。

根据《消费者 ODR 条例》第 5 条第(4)款的规定,ODR 平台提供的服务有三类。

第一,通过 ODR 平台连接买卖双方与 ADR 实体机构,协助提交和传递信息。[①]除了在当事人和 ADR 实体三方间送达电子投诉表外,平台所提供的服务还包括翻译信息。由于欧盟涉及多个国家,语言的便利性是建立该网站时考量的第一因素,也是该平台受到好评的原因之一。从流程上来说,各国消费者都可以使用任意一种欧洲语言来在线填写并提交国内或者跨境的纠纷解决申请,即 ODR 平台所提供的电子投诉表格,然后该争议会由平台转达经营者,经营者可以选定某一 ADR 机构,也可以拒绝理会。[②]这直接导致经营者的参与度较低。而即使经营者选定了相关的 ADR 机构,消费者也可以不认可。只要在 30 天内双方没有就 ADR 机构达成一致,ODR 平台就会自动结案。[③]在平台结案之后,消费者仍然可以选择直接向 ADR 机构或通过司法途径提起诉讼,但不能选择继续在平台上提出申请。在提交给 ODR 平台的纠纷中,有大约 80% 的案件由于经营者没有在平台上对争议作出反应而在 30 天后自动结案。仅在大约 2% 的案件中,各方能够就 ADR 实体达成协议,即平台才能够将争议最终转交给 ADR 实体。而在这 2% 的案件中,按照平台要求,ADR 机构需要在 90 天内解决争议,也就是说整个流程从投诉到解决时间不能超过 120 天。除消费者可以启动 ODR 程序之外,经营者同样可以通过平台启动投诉程序,但有一定限制,即消费者的惯常居所地国的法律

---

① 参见《消费者 ODR 条例》第 5 条第(4)款第(a)至(f)规定的 ODR 平台功能。
② 参见《消费者 ODR 条例》第 9 条第 3 款。
③ 参见《消费者 ODR 条例》第 9 条第 8 款。

必须允许通过 ADR 机构解决相关争议。①仅在 0.1% 案件中,经营者会运用该平台提起申诉。②

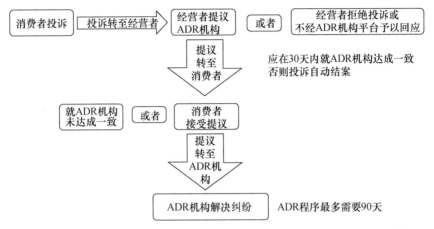

图 1.1 欧盟 ODR 平台的运作流程

第二,提供免费的平台在线案件管理工具,辅助 ADR 机构在线处理相关争议。《消费者 ADR 指令》要求,各国认证的所有 ADR 实体都必须能够进行离线和在线的 ADR 程序③,但《消费者 ODR 条例》并不强行规定 ADR 机构必须使用平台所提供的在线案件管理工具。④

第三,公开相应的信息。ODR 平台除作为信息中转站外,还是一个信息集成处理器。作为一个反馈系统,平台汇总各方对于 ODR 平台以及 ADR 实体的意见,并向公众公开包括 ADR 作为一种庭外争议解决机制的通用信息、ADR 机构的信息、通过 ODR 平台提交投诉的在线指南、

---

① 目前仅有比利时、德国、卢森堡和波兰向欧盟委员会表明其立法允许通过 ADR 机构解决经营者针对消费者提起的纠纷。European Commission,"REPORT FROM THE COMMISSION TO THE EUROPEAN PARLIAMENT, THE COUNCIL AND THE EUROPEAN ECONOMIC AND SOCIAL COMMITTEE on the application of Directive 2013/11/EU of the European Parliament and of the Council on alternative dispute resolution for consumer disputes and Regulation (EU) No 524/2013 of the European Parliament and of the Council on online dispute resolution for consumer disputes", COM(2019) 425 final, 2019, p.14, https://ec.europa.eu/info/sites/default/files/com_2019_425_f1_report_from_commission_en_v3_p1_1045545_0.pdf, last visited on 25 August, 2021.

② Ibid.

③ 参见《消费者 ADR 指令》第 8 条第(a)项。

④ 参见《消费者 ODR 条例》前言部分第(18)点。

ODR联络点的信息以及通过ODR平台递交ADR机构的争议处理结果的统计数据。①

ODR联络点则近似于一个欧盟范围内的"情报站"。根据《消费者ODR条例》第7条第(1)款,"各成员国还应该设立一个ODR联络点,并将其名称和联系方式告知委员会。成员国可将ODR联络点的管理责任授予其欧洲消费者中心网络(European Consumer Centres Network,即ECC-NET)中心、消费者协会或任何其他机构。每个ODR联络点应该至少有两名ODR顾问"。各个成员国的ODR联络点还需要利用网络平台加强合作和工作。因此,ODR联络点实际上是欧盟委员会在各个成员国内设置的督促和协助ODR工作展开的服务机构。尤其是在处理跨境争端时,其需要为当事人提供相关的信息和帮助,促进当事方与ADR机构之间的沟通。除了这些行政职能,ODR联络点还承担着反映投诉、上传下达以及宣传推广的职能。

ODR顾问也并非调解员或仲裁员这类解决争议的中立人,而是一名行政人员。他不直接对具体的争议解决提供意见,而是起到接受信息咨询的作用。根据《消费者ODR条例》第9条第(8)款,"当事人在ADR实体提交投诉表后30天内未能达成协议,或者ADR实体拒绝处理争议,ODR平台则不得进一步处理该投诉,而应告知投诉人有可能联系ODR顾问以获取有关其他补救方法的一般信息。"

三、欧盟条例及指令的实施效果

《消费者ODR条例》仅仅提供了原则上的指导和实施的框架,各国在实施条例上则享有较大的自主权。例如,对于ADR机构的认证标准,《消费者ADR指令》仅仅将其规定为"公正,公平,透明和有效",而给予各国充分的决定空间。②各国ADR机构在性质(如营利性和非营利性)和模式(如ADR运行程序类型和覆盖范围)上都存在着诸多差异,在数量上也差异较大。截至2020年12月15日,欧盟国家、列支敦士登和挪威共注册了468家合格的ADR实体机构,其中数量最多的法国共有87家,

---

① 参见《消费者ODR条例》第5条第(4)款。
② 参见《消费者ADR指令》第1条。

而数量最少的罗马尼亚仅有两家。①大多数欧盟成员国中存在着 ADR 机构无法承接解决境内所有应该覆盖的消费者争议的问题,近 14% 的经营者表示在其行业领域没有相应的可适用的 ADR 机构。②此外,"公正,公平,透明和有效"的标准并不足以让各国建立起质量统一的 ADR 机构,ADR 机构的认证和监督同样存在较大差异。多数成员国是根据具体争议解决机构的申请来认证 ADR,并且通过他们的年度活动报告来进行监督,同时也接受对于这些 ADR 机构的投诉。即便是在这样宽泛的标准下,仍有较多成员国未能在《消费者 ODR 条例》所规定的时间内向欧盟委员会通报条例的执行情况。同时,各国 ADR 管理模式也存在着较大差异,德国、英国、西班牙、意大利等国采取数个部门联合管理的模式,法国则新设专门的"消费者 ADR 评估与监督委员会"(Commission d'Évaluation et de Contrôle de la Médiation de la Consommation)来统一管理。③

欧盟《消费者 ODR 条例》的目的就在于整合欧盟范围内的在线争议解决资源,因此,信息的广度和传达的效果对其来说至关重要。为了能够使消费者尽可能方便地使用 ODR 平台并推广和落实《消费者 ODR 条例》,该条例前言部分第(30)点规定,"欧盟境内电子商务交易的经营者应当提供 ODR 平台的链接以及本网站内的电子邮件网站,确保消费者能够及时与经营者沟通"。同时,该链接被要求放在投诉处理页面或者消费者购买货物的投诉条款和条件界面,以符合《消费者 ODR 条例》中"易于访问"的要求。《消费者 ODR 条例》第 18 条规定,"成员国应制定适用于违反本条例的处罚规则,并应采取一切必要措施以确保其得到执行。规定的处罚必须有效、相称且具有劝阻性"。也就是说《消费者 ODR 条例》赋予成员国执行处罚规则的权利。不过即便如此,各国网站的合规率仍然

---

① See "Functioning of the European ODR Platform (Statistical report December 2020)", https://ec.europa.eu/info/sites/default/files/odr_report_2020_clean_final.pdf, last visited on 25 August, 2021.

② See European Commission, "REPORT FROM THE COMMISSION TO THE EUROPEAN PARLIAMENT, THE COUNCIL AND THE EUROPEAN ECONOMIC AND SOCIAL COMMITTEE on the application of Directive 2013/11/EU of the European Parliament and of the Council on alternative dispute resolution for consumer disputes and Regulation (EU) No 524/2013 of the European Parliament and of the Council on online dispute resolution for consumer disputes", COM(2019) 425 final, 2019, p. 21, https://ec.europa.eu/info/sites/default/files/com_2019_425_f1_report_from_commission_en_v3_p1_1045545_0.pdf, last visited on 26 August, 2021.

③ Ibid., p. 7.

只有28%。

欧盟在推进ODR时比较看重实践中的反馈,其在《消费者ODR条例》第21条第(2)款中明确规定了"在2018年7月9日之前及其后每三年,委员会应向欧洲议会和理事会提交一份有关本法规实施情况的报告"。同时在同一条第(1)款规定,"委员会应每年向欧洲议会和理事会报告ODR平台的运行情况,并应在ODR平台投入运行后的一年内向欧洲议会和理事会进行第一次报告"。欧盟委员会已经发布了有关ODR平台在2017年至2019年投入运营的第一年至第三年的报告。

总体而言,《消费者ODR条例》的实施,无论是在体系和平台的宣传推广层面,还是在实际解决争议的力度上,都暴露出各国规定不一以及执行力不够的问题。欧盟在2019年发布的报告中指出,在实现全面的消费者ADR体系1年、推出ODR平台3年半后,ADR/ODR框架仍然未被充分使用且未能充分发挥潜能。目前存在的主要挑战包括使用ADR的意识和认知(awareness and perceptions)不足、内国ADR机制的可适用性(navigability)存疑以及经营者是否采纳ADR的态度存疑。而且,目前ODR平台的工作流程只能部分反映使用者的需求。[①]

同样根据2019年的报告,当年共有280万人访问ODR平台,月均独立访问者数量为20万人。2019年7月24日起,ODR平台引入了"自测"(self-test)模式和"直接对话"(direct talks)模式。通过"自测",消费者可以为其争议确定最为合适的救济方案:在ODR平台上提起投诉、与经营者双边沟通或者直接联系欧洲消费者中心或ADR实体机构。"直接对话"是指消费者可以在正式提交投诉前将其投诉草案与经营者分享,尝试直接解决争议。截至2019年末,平均每月有两万消费者完成了"自测",消费者与ODR平台的互动水平较仅能提交投诉时提升了4倍。ODR平台正式受理的投诉量也因此显著下降,这表明消费者认为提交投诉对其争议解决而言并非最佳方案。ODR平台上50%的投诉为跨境投诉。在

---

① See European Commission, "REPORT FROM THE COMMISSION TO THE EUROPEAN PARLIAMENT, THE COUNCIL AND THE EUROPEAN ECONOMIC AND SOCIAL COMMITTEE on the application of Directive 2013/11/EU of the European Parliament and of the Council on alternative dispute resolution for consumer disputes and Regulation (EU) No 524/2013 of the European Parliament and of the Council on online dispute resolution for consumer disputes", COM(2019) 425 final, 2019, p. 17, https://ec.europa.eu/info/sites/default/files/com_2019_425_f1_report_from_commission_en_v3_p1_1045545_0.pdf, last visited on 21 June, 2021.

正式提交给 ODR 平台的投诉中,83%的投诉在 30 天期限后由于经营者未同意继续 ADR 程序而自动结案,11%被经营者拒绝,4%被一方当事人撤回。①

第五节 ODR 的理论研究

一、早期研究概览

作为一种争议解决制度,ODR 首先引起了法律学者和实务界的讨论。早期研究介绍了运行较为成功的在线争议解决机制,如里纳尔多·萨利(Rinaldo Sali)关于 RisolviOnline②,黛比·米勒·摩尔(Debi Miller Moore)关于 AAA—Online③,戴维·巴伦(David P. Baron)关于 eBay④,伊丽莎白·索恩伯格(Elizabeth G. Thornburg)关于 ICANN⑤的分析以及梅丽莎·康利·泰勒(Melissa Conley Tyler)和迪·布雷瑟顿(Di Bretherton)对所有 ODR 网站的评估。⑥朱莉娅·霍恩勒(Julia Hörnle)和托马斯·舒尔茨(Thomas Schultz)等探讨了在线仲

---

① 以上数据均来源于 2019 年报告。See "Functioning of the European ODR Platform (Statistical Report December 2020)", https://ec. europa. eu/info/sites/default/files/odr_report_2020_clean_final. pdf,last visited on 21 June,2021.

② Rinaldo Sali, "RisolviOnline Experience: A New ODR Approach for Consumers and Companies", http://www. camera-arbitrale. it/Documenti/sali_03_new-odr-approach. pdf, last visited on 31 August, 2021.

③ Debi Miller Moore, "ODR at the AAA-Online Dispute Resolution in Practice in Symposium on Enhancing Worldwide Understanding Through Online Dispute Resolution", 38 *The University of Toledo Law Review* 395(2006).

④ David P. Baron, "Private Ordering on the Internet, The EBay Community of Traders", 4 *Business and Politics* 245(2002).

⑤ Elizabeth G. Thornburg, "Fast, Cheap and Out of Control: Lessons from the ICANN Dispute Resolution Process", 6 *Computer Law Review & Technology Journal* 89(2002).

⑥ Melissa Conley Tyler and Di Bretherton, "Seventy-six and Counting: An Analysis of ODR Sites", https://citeseerx. ist. psu. edu/viewdoc/download? doi=10. 1. 1. 105. 4626&rep=rep1&type=pdf#page=21, last visited on 1 September, 2021; see also Melissa Conley Tyler, "115 and Counting: The State of ODR 2004", https://www. mediate. com/odrresources/docs/ODR%202004. doc, last visited on 1 September, 2021.

裁的法律问题,包括仲裁协议的有效性、仲裁程序的公正性、裁决的执行等。[1] 关于如何促进互联网争议解决的发展,亨利·H. 派瑞特(Henry H. Perritt)提出网络治理(包括争议解决)应当是一种混合模式[2],舒尔茨认为 ODR 需要政府干预[3],戴维·波斯特(David Post)、戴维·约翰逊(David R. Johnson)和凯什将 ODR 看作是正在崛起的网络法的一部分。[4] 一些经济学家对在线声誉机制进行了理论和实证分析,如盖瑞·博尔顿(G. Bolton)、埃琳娜·卡托克(E. Katok)、阿克塞尔·奥肯费尔斯(A. Ockenfels)通过采集 eBay 的交易数据研究卖家声誉对拍卖商品价格的影响[5],李维安、吴德胜和徐皓[6]以及周黎安、张维迎、顾全林和沈懿[7]分别对淘宝网和易趣上卖家声誉的作用进行了验证,亚尼克·加布西(Yannick Gabuthy)、尼古拉斯·雅克梅(Nicolas Jacquemet)、纳德吉·马尔尚(Nadege Marchand)通过实验方法考察了自动协商系统促进合意的可能。[8] 还有学者探讨如何在技术层面设计和优化在线争议解决程序,如泰森、阿诺·罗德(Arno R. Lodder)、道格拉斯·沃尔顿

---

[1] Julia Hörnle, "Online Dispute Resolution—The Emperor's New Clothes? Benefits and Pitfalls of Online Dispute Resolution and its Application to Commercial Arbitration", 17 *International Review of Law, Computers & Technology* 27(2003); Thomas Schultz, "Online Arbitration: Binding or Non-Binding?", http://www.ombuds.org/center/adr2002-11-schultz.html, last visited on 1 September, 2021.

[2] Henry H. Perritt, "Towards a Hybrid Regulation Scheme for the Internet", 2001 *University of Chicago Legal Forum* 215(2001).

[3] Thomas Schultz, "Does Online Dispute Resolution Need Governmental Intervention? The Case for Architecture of Control and Trust", 6 *North Carolina Journal of Law & Technology* 89(2004).

[4] David R. Johnson and David Post, "Law and Borders—The Rise of Law in Cyberspace", 48 *Stanford Law Review* 1367(1996); Ethan Katsh, "Online Dispute Resolution: Some Implications for the Emergence of Law in Cyberspace", https://papyrus.bib.umontreal.ca/xmlui/bitstream/handle/1866/9384/articles_65.pdf, last visited on 1 September, 2021.

[5] G. Bolton, E. Katok and A. Ockenfels, "How Effective Are Electronic Reputation Mechanisms? An Experimental Investigation", 50 *Management Science* 1587(2004).

[6] 李维安、吴德胜、徐皓:《网上交易中的声誉机制——来自淘宝网的证据》,载《南开管理评论》2007年第5期。

[7] 周黎安、张维迎、顾全林、沈懿:《信誉的价值:以网上拍卖交易为例》,载《经济研究》2006年第12期。

[8] Yannick Gabuthy, Nicolas Jacquemet and Nadege Marchand, "Does Resorting to Online Dispute Resolution Promotes Agreements? Experimental Evidence", 52 *European Economic Review* 259(2008).

(Douglas Walton)等介绍了人工智能①,泰森、肯·弗雷泽(Ken Fraser)、约瑟夫·麦克马洪(Joseph P. McMahon)介绍了某些自动程序在解决互联网争议上的应用②。另外,美国联邦贸易委员会(FTC)、欧盟、联合国经济合作与发展组织(OECD)、联合国贸易和发展会议(UNCTAD)、世界知识产权组织(WIPO)、海牙国际私法会议(HCPIL)、国际商会(ICC)、伦敦国际仲裁院(LCIA)、美国律师协会(ABA)、瑞士仲裁协会(ASA)等组织也开始积极推动互联网争议解决的发展,举办了各种研讨会和国际会议,发布了一系列研究报告。③联合国国际贸易法委员会(UNCITRAL)于2010年成立了专门针对跨界电子商务交易所涉争议的第三工作组,制定了《跨境电子商务交易网上争议解决:程序规则草案》。

以上是 ODR 早期研究的概览。本书无意在此对世界范围内的文献资料进行综述。我将在下文对中国学者的研究情况作一个更为详细的分析。这里要特别指出的是,近年来,对 ODR 的整体研究和关注度随着制度的逐渐建立而得到了进一步发展。一些新的发展包括,对在线法院的实践和研究逐渐增多,数据和技术在 ODR 中的应用得到了进一步的发挥,如区块链技术和 AI 技术的发展及其与纠纷解决的结合。与十年前相比,ODR 逐渐展现出其作为一个独立领域的特性及重要性。以安徒生童

---

① Arno R. Lodder and Ernest M. Thiessen, "The Role of Artificial Intelligence in Online Dispute Resolution", https://www.mediate.com/Integrating/docs/lodder_thiessen.pdf, last visited on 1 September, 2021; Douglas Walton and Arno. R. Lodder, "What Role can Rational Argument Play in ADR and Online Dispute Resolution", in John Zeleznikow and Arno R. Lodder (eds.), *Proceedings of the Second International ODR Workshop*, Wolf Legal Publishers, 2005, pp. 69-76; Douglas Walton and David M. Godden, "Persuasion Dialogue in Online Dispute Resolution", 13 *Journal of Artificial Intelligence and Law* 273(2006).

② Ernest M. Thiessen and Ken Fraser, "Mobile ODR with SmartSettle", http://citeseerx.ist.psu.edu/viewdoc/download;jsessionid=AE9659D343D601DC1170A9AF8D59349E?doi=10.1.1.96.5165&rep=rep1&type=pdf, last visited on 1 September, 2021; Ernest M. Thiessen and Joseph P. McMahon, "Beyond Win-Win in Cyberspace", 15 *Ohio State Journal on Dispute Resolution* 643(2000).

③ European Commission, "Out-of-Court Dispute Settlement Systems for E-Commerce", https://publications.jrc.ec.europa.eu/repository/handle/JRC20538, last visited on 1 September, 2021; American Bar Association's Task Force on Electronic Commerce and Alternative Dispute Resolution, "Addressing Disputes in Electronic Commerce: Final Recommendations and Report", 58 *The Business Lawyer* 415(2002); OECD, "Building Trust in the Online Environment: Business to Consumer Dispute Resolution", 2000, https://www.oecd.org/officialdocuments/publicdisplaydocumentpdf/?cote=DSTI/ICCP/REG/CP(2001)2&docLanguage=En, last visited on 1 September, 2021.

话作比喻,ODR 不是"皇帝的新衣",而是另一个故事里的"丑小鸭"。

二、中国 ODR 的实践与研究现状

(一)实践发展

中国电子商务的发展始于 20 世纪 90 年代。1996 年,在被喻为"中国硅谷"的中关村曾经立着一块牌子,写着"中国人离信息高速公路还有多远?向北 1500 米"。[①] 中国互联网信息中心(CNNIC)1997 年发布的第 1 次《中国互联网络发展状况统计报告》(1997/10)显示,当时我国上网计算机数为 29.9 万台,其中直接上网计算机 4.9 万台,拨号上网计算机 25 万台,我国上网用户数为 62 万。大部分用户通过拨号上网,直接上网与拨号上网的用户数之比约为 1 比 3。[②]真正的消费型用户占的比例很小,互联网最令人失望的是速度太慢,收费太贵。

根据 CNNIC 2021 年发布的第 47 次《中国互联网络发展状况统计报告》,到 2020 年 12 月,我国的网民规模已经达到了 9.89 亿,互联网普及率达 70.4%。其中,手机网民的规模达到 9.86 亿。[③]我国网络购物用户规模为 7.82 亿,占网民整体的 79.1%。与网络购物相配套的还有我国电子支付业务的高速发展。到 2020 年 12 月,我国网络支付用户规模达到 8.54 亿,占网民整体的 86.4%。自 2013 年起,我国已连续八年成为全球最大的网络零售市场。[④]

中国在互联网争议解决这个领域近十年来同样发展很快。这首先源于中国互联网产业的蓬勃发展。目前世界范围内的大型互联网公司主要集中在中国和美国,平台型企业在互联网社会中已经成为重要的商业和生活组织主体,无论从争议的发生还是从争议解决看,平台都是 ODR 实

[①] 谢云巍、陆晓茵:《被互联网改变的中国》,载网易新闻网,http://news.163.com/special/00012Q9L/internet2010.html,访问日期:2021 年 8 月 26 日。

[②] 数据来源于中国互联网信息中心发布的第 1 次《中国互联网络发展状况统计报告》(1997/10),http://www.cnnic.cn/hlwfzyj/hlwxzbg/200905/P020120709345374625930.pdf,访问日期:2021 年 6 月 26 日。

[③] 数据来源于中国互联网信息中心发布的第 47 次《中国互联网络发展状况统计报告》(2021/02),http://www.cac.gov.cn/2021-02/03/c_1613923423079314.htm,访问日期:2021 年 6 月 26 日。

[④] 以上数据均来源于中国互联网信息中心发布的第 47 次《中国互联网络发展状况统计报告》(2021/02),http://www.cac.gov.cn/2021-02/03/c_1613923423079314.htm,访问日期:2021 年 6 月 26 日。

践和研究活动中的重要一环。

特别是新冠肺炎疫情暴发以来,几乎应在所有线下举行的正式活动都被搬到了线上。这一客观原因进一步推动了某些 ODR 类型的发展。利用在线仲裁解决互联网纠纷的实践一直以来发展不够顺利,但突发的新冠肺炎疫情推动了在线仲裁的发展,香港国际仲裁中心、中国国际经济贸易仲裁委员会(以下简称"贸仲")等很多仲裁机构都出台了疫情相关的在线仲裁规则。早期对在线仲裁法律问题的讨论,如仲裁条款的有效性、程序的公正性以及仲裁裁决的可执行性,由于缺乏实践,曾一度停留在理论层面,目前又出现了继续研究的契机。

此外,近年来,我国法院系统在推进互联网争议解决方面也有了较大发展,不仅建立了三所互联网法院,最高人民法院近年来更推动"打造一站式解纷、一站式服务的现代化诉讼服务体系"。其核心理念是将诉讼作为一种服务,进行溯源治理,法院要"努力提供普惠均等、便捷高效、智能精准的公共服务"。[①]在这样一个转型过程中,有非常多的新事物、新问题值得探索和研究。

(二)研究现状

通过对中国知网数据库中 2009 年至今的 ODR 相关文献以及有关书籍和其他文献资料进行筛选和整理,可以将我国对 ODR 的研究大致分为两个大方向。一类研究主要关注传统争议解决制度的在线化,包括在线仲裁、在线调解、在线协商以及在线诉讼等。另一类研究围绕自发性 ODR 和区块链、人工智能等新技术带来的新型争议解决方式展开。

卢云华和沈四宝[②]、李虎[③]较早讨论了在线仲裁的各方面问题,包括在线仲裁的历史、特点、实践等,对在线仲裁的制度进行了整体性论述。我进一步对非约束性在线仲裁进行了分析[④],并对在线仲裁的机制设计进行了研究[⑤]。新冠肺炎疫情客观上推动了在线仲裁实践的发展,但疫

---

① 《〈最高人民法院关于建设一站式多元解纷机制 一站式诉讼服务中心的意见〉新闻发布会》,载最高人民法院官网,http://www.court.gov.cn/zixun-xiangqing-174482.html,访问日期:2021 年 8 月 26 日。
② 卢云华、沈四宝等主编:《在线仲裁研究》,法律出版社 2008 年版。
③ 李虎:《网上仲裁法律问题研究》,中国民主法制出版社 2005 年版。
④ 高薇:《非约束性网上仲裁解决电子商务争端的法律分析》,载《中州学刊》2012 年第 2 期。
⑤ 高薇:《论在线仲裁的机制》,载《上海交通大学学报(哲学社会科学版)》2014 年第 6 期。

情暴发后在线仲裁的理论研究与之前相比并无显著变化。

在线调解方面,近年来的研究分析总结了人民法院在线调解制度的发展情况。郑维炜借鉴了英国在线法院实验项目的经验,对我国"智慧法院"在线调解的规则制定、平台建设以及诉调对接等问题给出了具有针对性的建议。① 一些研究对国内在线调解的既有实践进行了总结分析,如李瑞昌通过比较分析"莆田调解"和"浙化平台"两个在线调解平台,归纳出我国存在制度联体和制度联动两种在线调解模式。② 一些研究对我国司法中在线调解的定位进行了反思,如周翠在论证我国民事司法改革的同时,提及尽管发展替代性纠纷解决尤其是在线调解机制具有积极意义,但司法的未来仍取决于诉讼而非调解。③

近几年互联网法院与在线诉讼成为新的研究热点。在针对互联网法院的研究中,除了对互联网法院进行概括性介绍之外④,学者们研究了互联网法院的管辖权⑤、以异步庭审为代表的程序规则创新等问题。整体而言,学者们倾向于主张应当修改当前互联网法院的管辖规则并明确其专门法院的定位。在异步庭审方面,肖建国与丁金钰认为,互联网法院异步庭审与直接言词原则存在冲突,其性质应为集中审理和法庭辩论之前的书面准备程序,而非书面审理程序。⑥ 但陶杨和付梦伟持相反意见,认为异步庭审并非只是法庭辩论前的书面准备程序,其包括了以非同步方式进行的法庭调查、法庭辩论以及最后陈述等诉讼活动,从而与直接言词原则构成功能互补的关系。⑦ 自正法运用实证分析的方法指出,互联网法院应进行"繁简分流",异步庭审应主要用于审理案情简单且争议不大的

---

① 郑维炜:《中国"智慧法院"在线调解机制研究》,载《当代法学》2020年第6期。
② 李瑞昌:《联体与联动:作为社会治理制度的在线调解创新》,载《行政论坛》2020年第4期。
③ 周翠:《我国民事司法多元化改革的现状与未来》,载《中国法学》2018年第1期。
④ 于志刚、李怀胜:《杭州互联网法院的历史意义、司法责任与时代使命》,载《比较法研究》2018年第3期;洪冬英:《司法如何面向"互联网+"与人工智能等技术革新》,载《法学》2018年第11期;等。
⑤ 刘哲玮、李晓璇:《互联网法院管辖规则评述》,载《经贸法律评论》2019年第5期,第129—130页;高富平:《互联网法院的新定位与新机遇》,载《人民法院报》2020年10月23日,第2版;杨秀清:《互联网法院定位之回归》,载《政法论丛》2019年第5期。
⑥ 肖剑国、丁金钰:《论我国在线"斯图加特模式"的建构——以互联网法院异步审理模式为对象的研究》,载《法律适用》2020年第15期。
⑦ 陶杨、付梦伟:《互联网法院异步审理模式与直接言词原则的冲突与协调》,载《法律适用》2021年第6期,第166页。

网络纠纷。①

在线诉讼方面,部分学者聚焦于在线诉讼的特定环节进行研究。早期研究者如宋朝武②和周翠③分别探讨了电子送达和电子督促程序的相关问题。随着在线诉讼技术的不断发展,研究重心转向了新型热点问题。如左卫民④和张鸿绪⑤分别对网络庭审直播及证人远程作证的问题进行了研究。不同于聚焦在线诉讼特定环节的研究,较多学者,尤其是在《人民法院在线诉讼规则》颁布之前,主要从制度和规则设计的角度对在线诉讼进行了整体性论述。有学者对在线诉讼的基本原则进行了归纳,如张兴美⑥和陈锦波⑦等学者均提出在线诉讼应当坚持当事人中心主义,遵守诚实信用原则等基本原则,同时强调当事人的程序选择权、在线诉讼适用范围的限制等问题。其他学者在此基础上进一步讨论了在线诉讼的规则制定:立法方面,学者们的主张包括修改民事诉讼法⑧或出台专门的司法解释⑨等;具体规则方面,学者们普遍关注审前程序电子化、程序异议机制、在线庭审、电子送达、电子卷宗、惩戒条款等环节的问题,这些问题基本为最高人民法院 2021 年 6 月发布的《人民法院在线诉讼规则》所涵盖。⑩张卫平以智能化诉讼为视角,补充提出了设立诉答制度、建立要件审判制度等建议。⑪ 随着我国在线诉讼实践的不断发展,也有学者提出

---

① 自正法:《互联网法院的审理模式与庭审实质化路径》,载《法学论坛》2021 年第 3 期。
② 宋朝武:《民事电子送达问题研究》,载《法学家》2008 年第 6 期。
③ 周翠:《电子督促程序:价值取向与制度设计》,载《华东政法大学学报》2011 年第 2 期。
④ 左卫民:《反思庭审直播——以司法公开为视角》,载《政治与法律》2020 年第 9 期。
⑤ 张鸿绪:《论我国远程作证中情态证据的程序保障——兼评〈人民法院在线诉讼规则〉》,载《政法论丛》2021 年第 4 期。
⑥ 张兴美:《电子诉讼制度建设的观念基础与适用路径》,载《政法论坛》2019 年第 5 期。
⑦ 陈锦波:《论信息技术对传统诉讼的结构性重塑——从电子诉讼的理念、价值和原则切入》,载《法制与社会发展》2018 年第 3 期。
⑧ 刘敏:《电子诉讼潮流与我国民事诉讼法的应对》,载《当代法学》2016 年第 5 期;侯学宾:《我国电子诉讼的实践发展与立法应对》,载《当代法学》2016 年第 5 期;张卫平:《民事诉讼智能化:挑战与法律应对》,载《法商研究》2021 年第 4 期。
⑨ 王福华:《电子诉讼制度构建的法律基础》,载《法学研究》2016 年第 6 期。
⑩ 同上注;刘敏:《电子诉讼潮流与我国民事诉讼法的应对》,载《当代法学》2016 年第 5 期;侯学宾:《我国电子诉讼的实践发展与立法应对》,载《当代法学》2016 年第 5 期;高翔:《民事电子诉讼规则构建论》,载《比较法研究》2020 年第 3 期。
⑪ 张卫平:《民事诉讼智能化:挑战与法律应对》,载《法商研究》2021 年第 4 期。

了警惕"司法广场化"的反思,认为应当注意避免司法网络化的滥用。①

自 2019 年末以来,疫情成为在线诉讼及互联网法院 ODR 研究的重要影响因素。疫情发生以前,较多学者将研究聚焦于电子诉讼对传统诉讼制度的冲击以及构建电子诉讼制度的合理性和必要性问题,探讨如何制定我国的电子诉讼规则,如王福华②、刘敏③、宋朝武④等。疫情发生后,大部分学者认为电子诉讼规则在形式上已经趋于体系化、规范化⑤,研究热点转变为如何使 ODR 进一步为疫情防控常态化的社会服务⑥。也有学者对疫情期间法院在线诉讼的实践进行了反思,如左为民对成都市两级法院在线诉讼的情况进行了考察,认为疫情暴发的特殊背景推动了线上诉讼工作的全面展开,但主张"在线诉讼时代已经到来"还为时尚早,建议未来应当利用改革试点先行先试,结合实践情况循序、广泛推进。⑦

除了传统争议解决制度的在线化问题以外,另一个比较受关注的领域是平台与 ODR。较多学者以美国 eBay、淘宝平台以及第三方网站的在线争议解决机制等为分析范本,对平台 ODR 进行了讨论。如吴德胜指出在公共秩序缺失的情况下,自发的和以 ODR 机制为代表的有组织的私人秩序起到了替代法律制度的作用,减轻了在线交易的囚徒困境,并对 eBay 在线争议解决机制进行了介绍。⑧ 此后,吴德胜与李维安基于上述分析框架,对淘宝商盟机制在网上拍卖争议解决方面发挥的作用进行了分析,加强了上述论证。⑨ 我从"嵌入"和"内生 ODR"角度分析了网络空间中私人秩序的价值及其为何有效的理论根据。⑩ 戴昕提到了"网络法研

---

① 胡昌明:《"司法的剧场化"到"司法的网络化":电子诉讼的冲击与反思》,载《法律适用》2021 年第 5 期。
② 王福华:《电子诉讼制度构建的法律基础》,载《法学研究》2016 年第 6 期。
③ 刘敏:《电子诉讼潮流与我国民事诉讼法的应对》,载《当代法学》2016 年第 5 期。
④ 宋朝武:《电子司法的实践运用与制度碰撞》,载《中国政法大学学报》2011 年第 6 期。
⑤ 高翔:《民事电子诉讼规则构建论》,载《比较法研究》2020 年第 3 期。
⑥ 李经纬:《疫情防控常态化背景下民事电子诉讼制度之完善》,载《法律适用》2021 年第 5 期;等。
⑦ 左为民:《中国在线诉讼:实证研究与发展展望》,载《比较法研究》2020 年第 4 期。
⑧ 吴德胜:《网上交易中的私人秩序——社区、声誉与第三方中介》,载《经济学(季刊)》2007 年第 3 期。
⑨ 吴德胜、李维安:《集体声誉、可置信承诺与契约执行——以网上拍卖中的卖家商盟为例》,载《经济研究》2009 年第 6 期。
⑩ 高薇:《互联网争议解决的制度分析——两种路径及其社会嵌入问题》,载《中外法学》2014 年第 4 期。

究中重新引入社会规范"这一分析视角。①

众包 ODR 这一新概念也逐渐进入中国学者的视野。方旭辉研究了众包式 ODR 用于处理电子商务在线纠纷的情况②，也提到众包式 ODR 的优势可以用于解决电商版权纠纷，尤其是防止电商版权侵权活动③。我对众包 ODR 进行了比较详细的介绍和分析，特别研究了淘宝大众评审的组织结构与程序正义等问题。④

一些学者分析了区块链技术、人工智能在 ODR 领域的适用。在区块链应用研究上，我认为，区块链作为新一轮的技术变革，将进一步促进自我执行与数字化执行，并介绍了区块链 ODR 的实例。⑤史明洲认为区块链技术可以在事实问题上完全替代法官，其司法运用可以分为初期、中期、远期三个阶段：初期的区块链存证能够解决电子证据认定难问题，中期基于法定数字货币的财产查控能够解决强制执行难问题，远期的债权行为"可视化"系统能够解决虚假诉讼等问题。⑥

有学者进一步对人工智能技术的应用进行了阐述，主要集中于司法裁判领域。左卫民认为当前司法领域人工智能的运用存在法律数据不充分不真实、算法隐秘且低效、人才供给不足等问题。⑦郑曦认为人工智能在司法裁判中的运用不仅存在技术困境，也可能冲击公正价值、影响公民权利、削弱审判权独占原则以及与法官独立审判原则发生冲突。⑧他们均指出，当前人工智能应定位于辅助角色。钟明亮指出，应以小额的确认调解协议效力申请为起点，逐步深化人工智能技术于在线司法确认环节

---

① 戴昕：《重新发现社会规范：中国网络法的经济社会学视角》，载《学术月刊》2019 年第 2 期。

② 方旭辉：《网上纠纷解决机制的新发展——从网络陪审团到大众评审制度》，载《江西社会科学》2014 年第 11 期。

③ 方旭辉：《ODR——多元化解决电子商务版权纠纷新机制》，载《法学论坛》2017 年第 4 期。

④ 高薇：《众包网上争议解决——群体智慧如何解决网络争议》，载《北大法律评论》第 19 卷第 2 期，北京大学出版社 2018 年版。

⑤ 高薇：《互联网争议解决中的执行问题——从司法、私人到去中心化数字执行》，载《法商研究》2018 年第 6 期。

⑥ 史明洲：《区块链时代的民事司法》，载《东方法学》2019 年第 3 期。

⑦ 左卫民：《关于法律人工智能在中国运用前景的若干思考》，载《清华法学》2018 年第 2 期。

⑧ 郑曦：《人工智能技术在司法裁判中的运用及规制》，载《中外法学》2020 年第 3 期。

的运用。①

值得一提的是,我国"一带一路"倡议的提出也使对 ODR 的研究与"一带一路"的发展结合在了一起。如郑维炜与高春杰从跨境电子商务争议解决的角度出发,提出应以欧盟经验为参考构建"一带一路"跨境电子商务 ODR 平台。② 刘青杨和金鹏提出我国应与俄罗斯建立专门的在线非诉纠纷解决机制。③

通过上述文献梳理可以看到,近年来我国学界对 ODR 的关注和研究不断增加,但研究的深度和广度仍然不足,同时学术研究和实务部门的结合也十分不足。对中国学者而言,一方面需要在持续关注我国和世界互联网产业的发展的同时,立足于我国社会传统的纠纷处理理念,思考法律规则、法律制度及其背后的观念是如何发展变化的。另一方面,我们需要关注世界上 ODR 的总体发展。在互联网时代,我们可以更加方便地获取信息和资源,也就可以更加容易地获得来自其他司法辖区理论和实践的启发。从比较法的角度研究 ODR,有助于设计我们自己的制度,并理解 ODR 在不同法律环境下的形态。

三、本书的视角

作为一直以来关注和研究 ODR 发展的人,我总希望能够从复杂和动态的 ODR 图景中提炼出一个框架或某些 ODR 机制的共性,以便从宏观角度看待微观领域中的各种发展,从制度分析角度复现和总结 ODR 的发展规律,并进一步指导 ODR 的实践发展、法律规则的制定。在我所注意到的众多 ODR 研究中,有两个研究值得关注,并对本书的写作有所启示。

凯什和珍妮特·里夫金(Janet Rifkin)在关于在线争议解决的早期著作《在线争议解决:解决网络空间中的冲突》中指出,任何成功的争议解决系统都可以用一个三角形来表示。三角形的条边代表着解决争议的基

---

① 钟明亮:《"人工智能+在线司法确认"的实践观察与前景展望》,载《法律适用》2020 年第 15 期。
② 郑维炜、高春杰:《"一带一路"跨境电子商务在线争议解决机制研究——以欧盟〈消费者 ODR 条例〉的启示为中心》,载《法制与社会发展》2018 年第 4 期。
③ 刘青杨、金鹏:《民商事在线非诉纠纷解决机制的构建——以中国和俄罗斯的贸易往来为例》,载《江汉论坛》2018 年第 10 期。

本要素,即便利性、专业知识和信任度,任何 ODR 系统要吸引用户都应该包括这三个要素。但这并不一定是个等边三角形,每条边的长度可以改变,这样做可以强调一个要素比另一个要素更为突出。①

早期的在线争议解决系统的好处主要体现在便利性上。它们允许远距离交流和异步交流,人们可以随时参与。这些简单的改进消除了许多长期形成的物理限制或时间和空间上的界限。专门知识——在利用计算机处理能力的意义上,还没有得到充分利用。因此,直到最近,ODR 中三角形的"便利"边通常还是最长的。这是算法使用增加的回报,在某些情况下,算法已经取代了人类的争议处理机制。这种发展有助于提高争议解决的效率和能力,也有可能提高争议处理结果方面的一致性。同时,正如我在本书不同地方指出的,我们也会看到算法使用增加产生的问题。除"便利性"和"专业知识"方面外,争议解决的核心价值还在于具备"正当性"(legitimacy),这最终建立在人们对争议解决机制的信任上,并最终体现为人们对争议解决结果是否遵循的意愿上。但是,对于例如区块链技术而言,信任问题似乎完全被技术所解决,因为一切都依赖于一个数字化的信任系统。此时产生的问题是,一旦技术出现问题,导致信任被破坏,就没有办法进行修复。②

还有一种研究角度值得关注,即 ODR 的机制设计(Dispute Systems Design, DSD)视角。机制设计为学者和实践者提供了机会,去审视争议在不同领域是如何被解决的,以及在给定条件下哪些机制更有效,添加哪些变量可以改变效果。这种框架鼓励机制的设计者具有一种设计的觉悟,去考虑各种设计指标,还能给出对既有机制的建议,帮助改进或直接设计一种新的机制。

一些学者很早就开始运用机制设计的思维对争议解决进行研究,如威廉·尤里(William L. Ury)、珍妮·布雷特(Jeanne M. Brett)与史蒂芬·戈德堡(Stephen B. Goldberg)在 20 世纪 80 年代基于对劳动争议解决的系统性观察,创造性地提出了 DSD(Dispute Systems Design)的概念,归纳了 DSD 的基本原则,即关注利益而非权利或权力,设计鼓励当事

---

① Ethan Katsh and Janet Rifkin, *Online Dispute Resolution: Resolving Conflicts in Cyberspace*, Jossey-Bass, 2001, pp.73-92.

② Janet K. Martinez, "Designing Online Dispute Resolution", 2020 *Journal of Dispute Resolution* 135,145(2020).

人进行协商的程序,提供低成本的以权利或权力为基础的争议解决程序作为备选项,通过构建磋商程序和建设性反馈机制来预防纠纷,按成本由低到高安排不同的争议解决程序,以及提供有效运行程序所必需的激励、技术和资源。他们认为,如果利益相关方更加关注利益而非权利或权力,争议解决机制的运行情况会更好。[1]此后,凯西·科斯坦蒂诺(Cathy A. Costantino)和克里斯蒂娜·希克尔斯·麦钱特(Christina Sickles Merchant)将组织发展(Organization Development,OD)的理论引入了 DSD 的研究。[2]之后,学者们不断拓宽 DSD 的运用领域,针对教育、环境、民事和刑事、邻里、家事等不同的纠纷类型设计了多种多样的纠纷解决机制,运用场景包括各级政府以及各类私营和非营利性组织的活动。[3]

2002 年,莫德·珀维尔(Maude Pervere)和斯蒂芬妮·史密斯(Stephanie Smith)在斯坦福大学法学院教授争议解决机制设计课程的过程中,抽象总结出了一个 DSD 机制设计的分析框架,由斯蒂芬妮与珍妮特·马丁内斯(Janet K. Martinez)进行了后续完善,该分析框架包含目标、程序和架构、利益相关者、资源、成功和可问责性五项要素。[4]之后斯蒂芬妮、珍妮特与丽莎·布洛姆格伦·阿姆斯勒(Lisa Blomgren Amsler)增加了第六项要素,即环境和文化,从而形成了分析与评估争议解决机制设计的完整框架:(1)目标,即系统将处理哪类冲突?机制设计者希望达到何种目标?(2)利益相关者,即谁是利益相关者?他们的支配力量如何?他们的利益在系统中是如何被代表的?(3)环境和文化,即环境如

---

[1] William L. Ury, Jeanne M. Brett and Stephen B. Goldberg, *Getting Disputes Resolved: Designing Systems to Cut the Costs of Conflict*, Jossey-Bass Publishers, 1988; Lisa Blomgren Amsler, Janet K. Martinez and Stephanie E. Smith, "Christina Merchant and the State of Dispute System Design", 33 *Conflict Resolution Quarterly* S7, S10(2015).

[2] Cathy A. Costantino and Christina Sickles Merchant, *Designing Conflict Management Systems: A Guide to Creating Productive and Healthy Organizations*, Jossey-Bass, 1996; Lisa Blomgren Amsler, Janet K. Martinez and Stephanie E. Smith, "Christina Merchant and the State of Dispute System Design", 33 *Conflict Resolution Quarterly* S7, S10-S12(2015).

[3] Lisa Blomgren Amsler, Janet K. Martinez and Stephanie E. Smith, "Christina Merchant and the State of Dispute System Design", 33 *Conflict Resolution Quarterly* S7, S12-S14(2015).

[4] Stephanie Smith and Janet Martinez, "An Analytic Framework for Dispute Systems Design", 14 *Harvard Negotiation Law Review* 123, 129-133(2009).

何影响机制设计的可行性与成败？系统的运作受何种文化(组织文化、社会文化、国家文化等)的影响？通讯和纠纷管理的标准有哪些？(4)程序和架构,即使用哪种程序去预防、处理以及解决争议？如果有不止一种程序,他们应当被相互连接还是整合？使用系统的激励是什么？系统与正式法律制度之间的互动关系如何？(5)资源,即有哪些资金和人力资源可以用来支持系统运行？(6)成功、可问责性和学习(learning),即系统的透明度如何？是否包含监管、学习和评价的元素？系统是否成功？①

根据该框架,我们可将本书将涉及的几种主要的ODR方式做成下表：

表1.1 本书所涉ODR的机制设计框架

机制设计要素	eBay	Kleros	机构在线仲裁	人民法院
目标	快速、公平地解决交易纠纷	公平、透明、可扩展以及自我管理	独立公正、高效经济地解决纠纷	一站式多元解纷、一站式诉讼服务、预防和化解社会矛盾
利益相关者	eBay平台、消费者、卖家和监管者	商业争议的当事人、程序员	仲裁员、仲裁机构工作人员、仲裁当事人及其代理人	法官及法院工作人员、诉讼当事人及其代理人、社会公众
应用环境和周边文化	数量多、金额小；国际或跨境；交易型关系	国际性；非正式性；高度适应技术运用	复杂的商业交易；国际或跨境；强调效率和保密性	诉讼爆炸、社会对纠纷解决的多元化诉求、司法改革
程序和架构	问题诊断、协商、调解和处理	在线评估、众包评审	约束性在线仲裁、非约束性在线仲裁	诉源治理、在线调解、在线诉讼

---

① Lisa Blomgren Amsler, Janet K. Martinez and Stephanie E. Smith, "Christina Merchant and the State of Dispute System Design", 33 *Conflict Resolution Quarterly* S7, S18-S19(2015); Janet K. Martinez, "Designing Online Dispute Resolution", 2020 *Journal of Dispute Resolution* 135, 139-146(2020).

(续表)

机制设计要素	eBay	Kleros	机构在线仲裁	人民法院
资源	eBay投资开发软件并雇佣案件管理人员	Kleros进行组织管理,但用户自给自足	仲裁机构进行管理;当事人支付在线服务的费用	公共投入、法院建立平台并进行管理、当事人缴费
评估	调查、用户体验研究以及数据捕捉和监测	Kleros案件量和用户群的整体使用和增长情况	仲裁机构案件统计、第三方研究机构调查、司法监督	全国法院质效评估体系
设计者	eBay	Kleros以及世界各地的开发者社区	仲裁机构	法院
个案的发起机制	在用户协议中进行规定,由用户发起	由申请人或被申请人发起	当事人在仲裁协议中约定进行在线仲裁,或仲裁庭根据仲裁规则在征询当事人意见后进行在线仲裁,或仲裁庭自由裁量	由相关规则规定并由当事人选择发起

我在本书第二章还采用了一种制度分析框架,借助经济学方法区分了内生和外生ODR,并从"嵌入"角度去分析ODR的类型及不同类型的成败。这将在下一章详细展开。

本 章 小 结

本章勾勒了ODR发展至今的一些情况。ODR这个领域的研究最初是从ADR开始的,但如今,无论是作为一种实践还是一个研究领域,ODR的范围都已经十分广泛。我们的研究已经不可避免地延展到了平台、算法以及私人ODR与公共ODR之间的关系。我们必须牢记,将算法和大数据引入争议解决领域并不是一个单向的、只具有积极意义的发展。随着私人平台的普及以及算法的复杂性和不透明性的增加,技术正在为传统司法救济理念制造新的障碍和挑战。

此外,本章详细描述了目前主要 ODR 机制的程序步骤。它揭示出,从机制设计上看,目前 ODR 的组成离不开协商、调解和第三方裁决这几种元素,这在私人 ODR 和在线诉讼中呈现出一种趋同。在后续章节中,不同类型的 ODR 所具有的特性和共性将随着本书内容的展开逐渐被呈现出来。

第二章　网络空间争议解决的制度分析框架

第一节　问题的提出

法律学者对在线争议解决的研究一般集中在两个方面：一个是对各种 ODR 机制的研究；另一个是对 ODR 机制与法律制度之间关系的探讨。特别是在 ODR 发展早期，在法律本身就滞后于商业快速发展的现实下，仅从法学角度研究 ODR 具有一定的局限性。这首先体现在，这些研究没有将在线争议解决机制放入社会的整体结构中，作为一项根植于社会中的制度予以认识，因而难以看清 ODR 的制度全貌和其在社会中所处的位置；同时，多数研究仅停留在对机制本身和所处法律环境的描述上，无法从制度根源上澄清在线争议解决发展至今呈现出的规律性特点和演化路径，也不能为某些机制发展中遭遇的现实困境提供有力解释。[①]毋庸置疑，在线争议解决是互联网治理的重要一环，对网络社会的发展具有重大现实意义，但我们对 ODR 的认识和研究还十分不足。

本书的研究对象是广义的争议解决制度，包括争议预防、争议解决、执行机制及其他各种交易治理机制，它们都是 ODR 版图的必要组成部分。本章将从制度分析角度，建立一个区分内生和外生 ODR 的统一分析框架，并从 ODR 的社会嵌入（embeddedness）视角分析二者的演化路径，通过比较外生和内生 ODR 的特点和社会嵌入方式，解释为什么某些

[①] 墨尔本大学国际争议解决中心（International Conflict Resolution Center）在 2004 年进行的一项针对 ODR 网站的调查报告显示，在所有被调查的 115 个 ODR 网站中，82 个网站尚在运行，30 个网站已不再提供 ODR 服务，3 个网站情况不明。同时值得注意的是，许多正常提供 ODR 服务的网站都显示为业务不够活跃的状态。See Melissa Conley Tyler, "115 and counting: The state of ODR 2004", http://www.mediate.com/odrresources/docs/ODR%202004.doc, last visited on 26 June, 2021.

ODR 机制尝试失败了,而另一些 ODR 机制却被互联网世界吸纳成为其网络规则体系的一部分并得以有效运行,最后在此基础上对 ODR 的未来发展趋势作出预测。本书后续的章节将进一步展开分析这个框架中主要的 ODR 机制(即私人 ODR、在线仲裁以及在线诉讼)的更多细节。

需要指出的是,本章的分析框架中并不包含在线诉讼的内容。主要原因在于,从 ODR 的发展来看,私人 ODR 的发展早于公共 ODR,私人 ODR 所面临的问题在于我们需要去观察哪些机制能够适应互联网争议解决,从而可以通过大浪淘沙的竞争过程而最终幸存下来,并研究其原因。而公共 ODR 的成功与否不取决于竞争因素,其机制设计本身就具有天然的正当性。我们可以从机制设计的角度去评价在线诉讼,却不论证其存在的原因。当然,这并不影响该分析框架的解释力,从本章的思路出发,在线诉讼针对互联网环境本身而言,可以被看作一种外生 ODR 的类型。

第二节 两种制度观下的内生和外生制度

为理解 ODR 发展的多样性及制度演变过程,我们从博弈规则论的视角考察外生 ODR 制度,从博弈均衡论的视角考察内生 ODR 制度。

博弈规则论将制度理解为博弈规则,即人类设计的制约人们相互行为的约束条件。[①]持这一制度观的学者主要关注如何通过"机制设计"达成特定的社会目标。我们从 ODR 的发展中可以看到机制设计的影响。例如,ODR 网站的建立者和贸仲等知名仲裁机构希望设计出在线仲裁、网上协商、网上调解等机制以解决新涌现出的互联网争议。这些机制对于网络空间这一系统而言是外生给定的,不是由系统内部演化出来的,我们称其为外生 ODR。外生 ODR 的最大问题是设计出的机制能否实现解决互联网争议的既定目标,以及在机制无法自我实施时,是否需要施加额外的实施机制(如强制立法或采取行政手段)促进实施。博弈均衡论将制度理解为从众多策略组合中脱颖而出的、稳定的、自我维持和自我实施的一组均衡策略组合,是从参与者交往行为中互动内生的"自发秩序"

[①] See Douglass C. North, *Institutions, Institutional Change and Economic Performance*, Cambridge University Press, 1990, p.3.

(spontaneous order)。① ODR 的发展同样受到自发秩序的推动。某些网络交易平台自发产生了能够有效替代法律制度的私人秩序。例如 eBay、淘宝建立了双向信用评价系统,并提供第三方支付工具。同时,这些网站还利用第三方托管、在线争议解决及商盟等制度补充声誉机制。这些机制是从网络空间内部自发演化而成并反复出现的有效制度,起到保障交易顺利进行的重要作用,我们称其为内生 ODR。下面我们对这两种 ODR 机制的重要差异作进一步解释。

1. 主导者

内生 ODR 的主导者是在线民商事活动的参与者,他们基于所处的在线民商事域环境,通过选择不同的策略组合,进行相互博弈,是"局内人";外生 ODR 的主导者是对博弈形式进行调整的人,他们处于在线民商事活动域外,对该域内运作的 ODR 机制进行设计和调整,是"局外人"。

局内人和局外人的资源禀赋不同。"局内人"有两类,即数量庞大的个体参与者和资金充裕的组织参与者,例如淘宝的卖家、买家和淘宝平台。而局外人通常是独立的个体,例如仲裁机构和 ODR 网站的建立者。无论是调动人力还是资本的能力,前者都有后者无法比拟的优势。而且,内生 ODR 机制在资本或是劳动密集度方面更具弹性,也能够投入更多资源来发展更有效率的 ODR 机制。

2. 激励

内生 ODR 的参与者主要由从事在线民商事活动的网络用户组成。作为在线活动的参与者,他们在博弈过程中趋向一个 ODR 演化均衡的激励主要来自维持在线交往活动的存在并持续从中获益。潜在的无法解决的在线争议将增加在线交易的风险,降低交易带来的利益。外生 ODR 的设计者大多是法律从业者或技术专家,他们在设计如在线仲裁一类的机制时,只有当新设计出的机制能够完全替代争议解决领域中原本运行的机制时,才能产生替代效应。换言之,内生 ODR 的参与者面对的是整个网络活动的潜在收益,而外生 ODR 设计者面对的仅仅是制度替代所节约的交易成本。而且,外生 ODR 的设计者或将 ODR 项目作为一次实验,

---

① Robert Sugden, "Spontaneous Order", 3 *Journal of Economic Perspectives* 85(1986); F. A. Hayek, *Law, Legislation and Liberty*, University of Chicago Press, 1973, pp. 35-54;〔日〕青木昌彦:《比较制度分析》,周黎安译,上海远东出版社 2001 年版,第 11—12 页。

或是采集数据进行相关的研究,或是对运作良好的线下争议解决方案进行补充,即使机制失败,对设计者而言也无关痛痒。而对在线活动的参与者而言,缺乏有效的争议解决机制,可能会使整个在线活动的规模大大萎缩。因此,局内人相较于局外人有更强的激励来完善 ODR 机制。

3. 信息

人类依其所掌握的信息而采取行动。两类信息与 ODR 机制的演化高度相关,即在线民商事行为的信息和线下争议解决的信息。它们属于哈耶克所称的"有关特定时空之情势的知识"。[①]另外,合约经济理论区分了私人信息和可观察信息。[②]由于信息在传递过程中会出现损耗,因而"有关特定时空之情势"的私人信息和可观察信息是不能等同的,对于信息拥有者而言,前者在信息的广度、深度和可信度上远远超过后者。局内人和局外人对这两类信息的占有度不同,这使得他们在信息结构上存在明显差异。

有关在线民商事行为的信息对局内人而言是私人信息,即这些信息是他们从亲身体验中获取的,其中部分信息无法从外部观察得到。而局外人只能获得私人信息中的可观察部分。因此,局内人比之局外人掌握更多更全面的在线民商事活动的信息。比如在线交易平台服务的供应商不但掌握其服务流程、顾客类型、交易商品的统计数据,而且掌握构建服务流程和数据统计程序的原始代码,而仲裁机构或是律师事务所的法律从业者只能作为网络买家体验一下购物流程。相反,有关争议解决的信息对局外人而言是私人信息——法律专家的优势就在于掌握传统 ADR 的信息,如仲裁、调解等替代性争议解决手段的程序和相关法律等。而局内人只能利用该类信息中可观察的部分。因此,局外人拥有大量的关于线下争议解决的知识。

4. 方法

阿曼·阿尔钦(Armen. A. Alchian)指出,即使引入的信息不完全或具有不确定性,从随机的行为中也能产生有效率的结果。但需要指出的是,这并不意味着理性在现实世界中没有立足之地。人有两类重要的有

[①] F. A. Hayek, "The Use of Knowledge in Society", 35 *The American Economic Review* 519, 521-522(1945).

[②] "私人信息"指特定时空之情势亲历者所掌握的信息。"可观察信息"指从外部观察特定时空之情势得到的信息。

意识的适应性行为,即试错和模仿。①内生 ODR 主要采取试错的方式来适应市场环境中的新需求,外生 ODR 则主要采取模仿的方式。

试错是一种依靠过往经验有意识地适应当前环境的方法。其重点在于选择一组策略作为参照点,通过调整策略组合,看随之变化的产出相对于参照点的产出是否有改善。如果产出减少,就回到参照点策略。内生 ODR 产生于互联网用户的交互行为,这些交互行为处于双重演化力量的驱动之下:一是有意识的试错行为,二是多种 ODR 形式之间的竞争。局内人的信息优势在于掌握大量的关于在线民商事行为的信息,因而他们将较少采用模仿线下争议解决机制的方式作为其适应性策略。内生 ODR 向一个制度均衡演化,更多是从一个随机行为产生的参照系出发,比如互联网买家是否决定将卖家的交易评价作为交易参考的信息,网络平台商添加互评的选项等。淘宝网、eBay 等在线交易平台商频繁修改其信用规则,就是网络卖家、买家和平台商三方以试错形式互动的结果。②这种调整—反馈的机制将帮助制度向更具适应性和稳定性的方向演化。不过,试错的过程可能是可逆的,也可能是不可逆的,策略组合的调整可能形成稳定的争议解决制度,也可能在特定社会域中无法形成争议解决制度。此外,试错过程中产生的各种类型的 ODR 机制还将受制于它们之间的竞争,这种竞争压力会迫使试错的方向向着具备稳定结构的、有效率的 ODR 机制演化。

另一类有意识的适应性行为是模仿。外生 ODR 的设计者掌握大量关于争议解决的信息,他们可以用较低的成本将运作良好的线下争议解决机制复制到网上。模仿行为面临两个问题:一是环境的改变(changing environment),这将可能造成原本具备适应性的策略组合在新环境下不再有效率;二是不完美的模仿(imperfect imitation),人们可能因为信息的不完全或能力的限制等诸多因素,无法完美模仿原本成功的行为。当环境变化时,不完美的模仿可能更具备适应性并使演化成为可能。从线下

---

① Armen A. Alchian,"Uncertainty, Evolution, and Economic Theory",58 *Journal of Political Economy* 211(1950).

② 淘宝网在出台或修改官方规则时,会进行公告或通知。其各种细则和条款变更的公告或通知,参见淘宝网官网:http://rule.taobao.com/search.htm? spm=0.0.0.0.rRH10Q&.codes=555218253Vorder=yes,访问日期:2021 年 6 月 26 日。eBay 同样会在官网上的公告栏中对各种规则的修改随时进行通告,参见 eBay 中国官网:http://www.ebay.cn/,访问日期:2021 年 6 月 26 日。

环境变为在线环境,技术架构和人类交往的行为模式都发生了一系列的变化。外生 ODR 设计者必须考虑环境的变化——如果试图完美复制线下争议解决机制的程序,可能无法与在线环境相容。事实也证明,由于在线交易产生的争议在类型、标的、数量上都与传统交易产生的争议不同,仲裁、调解等传统争议解决手段的单纯在线化无法成功解决在线争议。而停止提供争议解决服务之前的 SquareTrade 除了模仿传统调解程序,还发展出了其他功能(印章制度和与评级系统挂钩),使它能够很好地和 eBay 的交易模式相融合,从而成功地对外生制度进行了内生化的改造。

第三节 内生和外生制度的嵌入问题

一、嵌入问题

制度的演化很大程度上是内部机制和外部环境共同作用的结果。一种具体制度和社会整体制度之间(外部环境)的关系被称为社会嵌入。嵌入性(embeddedness)的概念首先由卡尔·波兰尼(Karl Polanyi)在其经典著作《大转型》一书中提出。[1] 社会学家马克·格拉诺威特(Mark Granovetter)对嵌入的概念进行了进一步阐释,分析了现代工业化背景下嵌入社会网络中的经济行为。[2]青木昌彦(Masahiko Aoki)将促使制度产生并反过来由制度维系的不同域之间的关联称为制度化关联(institutionalized linkage),并认为社会嵌入是制度化关联的一种特定类型,即某一域"嵌入"其他域,使得某些在关联发生前不可能的策略组成为可能。[3]尼克拉斯·卢曼(Niklas Luhmann)在论述现代社会的功能分化时提出结构性耦合(structurally coupling)的概念,从另一侧面强调社会诸系统间的相互关联性。[4]贡塔·托依布纳(Gunther Teubner)在其以法

---

[1] 卡尔·波兰尼指出,市场制度是嵌入到社会整体制度当中的,要引入市场制度作为主要的资源配置机制就必须先将社会改造为市场社会,即使得社会的其他制度适应市场制度的发展。See Karl Polanyi, *The Great Transformation: The Political and Economic Origins of Our Time*, Beacon Press, 2001, pp. 45-80.

[2] Mark Granovetter, "Economic Action and Social Structure: The Problems of Embeddedness", 91 *American Journal of Sociology* 481(1985).

[3] 〔日〕青木昌彦:《比较制度分析》,周黎安译,上海远东出版社 2001 年版,第 212 页。

[4] Niklas Luhmann, "Operational Closure and Structural Coupling: The Differentiation of the Legal System", 13 *Cardozo Law Review* 1419,1431-1438(1992).

律全球化为主题的研究中,也强调了法律体系与民族国家现有的经济体系、政治体系、教育体系的结构耦合问题。[1]这些研究为我们理解 ODR 制度与整体社会以及其他社会制度之间的关系提供了重要分析角度。

内生 ODR 从创生到形成稳定的结构都深深地嵌入在线交易域,它们之间的关联是一种制度化关联。内生 ODR 的特征和结构与在线交易类型相互影响、共同演化,形成一种新的均衡,即内生 ODR 能够有效促进在线交易的规模,在线交易域也维持着内生 ODR 的存在并使其从中受益。因此,内生 ODR 的社会嵌入体现为两个问题:一是"谁之 ODR",即 ODR 是同何种在线交易类型结构性地耦合在一起;二是"何种 ODR",即该种在线交易类型又催生出何种 ODR 机制。

外生 ODR 脱胎于机制设计,是对线下制度的模仿。这导致其不得不面临两类嵌入问题。其一,由于外生 ODR 的设计初衷是为了替代传统 ADR,目标争议包括了线下争议,因而需要处理与线下相关制度间的关联,主要是与线下交易域及法律制度的关联。传统 ADR 在漫长的发展过程中与这两种制度均形成了制度化关联。例如,私人仲裁与法律制度形成了互相支持的制度互补(institutional complementarity)[2],仲裁得到了法律制度在强制执行方面的支持,而法律制度通过传统仲裁分担了商事争议解决的压力。进而,将外生 ODR 引入线下空间将发生它与传统 ADR 的制度挤出(institutional crowding out)[3]问题,即外生 ODR 能否对原先在该社会域发生作用的 ADR 制度形成替代效应。其二,外生

---

[1] Gunther Teubner, "Globale Bukowina: Zur Emergenz eines transnationalen Rechtspluralismus", 15 *Rechtshistorisches Journal* 255-290(1996);〔德〕贡塔·托依布纳:《社会宪政:超越国家中心模式宪法理论的选择》,陆宇峰译,载〔德〕贡塔·托依布纳:《魔阵·剥削·异化——托依布纳法律社会学文集》,泮伟江、高鸿钧等译,清华大学出版社 2012 年版,第 172—175 页;同时参见高薇:《功能分化时代的宪法再书写:从国家宪法到社会宪法》,载《交大法学》2013 年第 1 期,第 72—80 页。

[2] 青木昌彦指出,在特定时间点上观察,一个国家交易域中市场治理机制之间的关系呈现出互补关系,即某种交易(产权)治理机制的有效性(或存在性),直接或间接地被同一域或相嵌的域中另一种机制的存在(制度化)所强化。这种存在制度化机制之间的互补关系可以称之为制度互补性。参见〔日〕青木昌彦:《比较制度分析》,周黎安译,上海远东出版社 2001 年版,第 90 页。鲍尔斯通过港口公会和迈阿密州政府间的关系等例子说明了制度互补的情况。参见〔美〕萨缪·鲍尔斯:《微观经济学:行为,制度和演化》,江艇、洪福海、周业安等译,中国人民大学出版社 2006 年版,第 365 页。

[3] 鲍尔斯指出,当一个制度破坏了另一个制度时,会出现制度挤出现象。参见〔美〕萨缪·鲍尔斯:《微观经济学:行为,制度和演化》,江艇、洪福海、周业安等译,中国人民大学出版社 2006 年版,第 366 页。

ODR 在被引入网络空间时,需要处理与线上相关制度间的关联。由于网络法的缺失,需要处理的主要是与在线交易域的嵌入问题。这意味着外生 ODR 将与网络空间内生的争议解决制度进行角逐。简言之,外生制度必须面对的问题是:一方面,外生 ODR 能否继受传统 ADR 与线下社会制度之间存在的互补关系,并在此基础上通过在线化带来的优势将传统 ADR 挤出传统社会域;另一方面,外生 ODR 能否挤出与在线社会制度共同演化的内生 ODR,成为在线争议解决空间的主要制度。

从社会嵌入角度可以清晰地说明内生和外生制度各自面临的路径和问题,这对理解 ODR 制度具有重要意义。下文将结合具体实例进一步阐述处于社会关系之中的内生和外生 ODR 制度,解释外生 ODR 遭遇困境的制度根源,并分析内生制度与网络空间共同演化的不同模式。

二、外生制度的社会嵌入:以在线仲裁为例

在线仲裁是外生 ODR 最重要的形式。虽然人们在设计和引入在线仲裁制度方面进行了很多尝试,但它至今既没有替代传统仲裁,也没有在解决新兴在线商事争议方面完全发挥作用。新冠肺炎疫情的爆发极大地推动和加速了在线仲裁的发展,这是一种突发情况。制度的改变往往是由偶然因素引起的,这并不妨碍我们分析阻碍在线仲裁发展的原因。根据前文分析,外生制度面临的最主要问题是规则与系统的嵌入问题,具体表现为在线仲裁与传统仲裁制度和内生制度的双重竞争。无法妥善处理这两种竞争,是阻碍在线仲裁发展的根本原因。

(一)在线仲裁与传统仲裁的竞争

传统仲裁在和社会制度的共同演化中,经历了依靠行业内部的声誉机制执行到依据法律执行的过程。这表明传统仲裁制度从一个封闭系统的内部均衡向一个与法律制度等其他社会制度形成制度化关联的均衡演化,即传统仲裁在演化过程中更深入地嵌入到社会整体制度中。因此,在线仲裁对传统仲裁形成制度替代的前提是:它不但能够实现后者的社会功能,还要和其他社会制度之间形成类似后者的制度化关联。

在形式上,在线仲裁与传统仲裁并无显著不同。在线仲裁规则与普通仲裁规则的主要差别体现为技术手段在仲裁程序中的运用。贸仲的在线仲裁即具备典型的外生 ODR 的特征。它由一个常设仲裁机构设计并移植入网络环境中,同时,这一移植十分小心地兼顾了在线仲裁与现行法

律制度的衔接,期望以此避免可能产生的法律风险和阻力。例如,为方便执行,裁决仍被视为在仲裁地作出,裁决书应当以书面形式制作,并由仲裁员签署,加盖仲裁委员会印章等。正因为如此,在线仲裁的支持者认为,在线仲裁既拥有等同于传统仲裁的社会功能,又拥有程序在线化带来的低成本优势,将伴随国际电子商务的发展而茁壮成长。①

即便如此,在线仲裁仍然必须解决制度的实施问题。但现行法律制度中法律条款的修辞是明确指向传统仲裁制度的,因此,在线缔结的仲裁协议的有效性、在线裁决的作出和送达等问题在现有法律框架下存在争议。在线仲裁实际上尚未继受传统仲裁和其他社会制度(特别是法律制度)之间的互补关系。这使得利用在线仲裁解决争议存在较大法律风险。传统国际商事仲裁往往费用高昂、受案标的大,当事人在选择争议解决方式时也会更为谨慎。他们不愿意冒险使用与法律制度无法有效连结的在线仲裁机制,即使这一方式成本较低。

在线仲裁自身无法消除嵌入过程中产生的制度化关联的不确定性,因此,必须引入第三方力量。一种路径是通过制定或修改相关法律,直接赋予在线仲裁法律地位。然而,法律颁布的过程只是由立法机关将已经存在的惯例书面化和明确化。这些惯例本身是在漫长的时间里通过法律主体间的交互演化并稳定下来的,法律不过是反映了大多数人自愿施加的行为准则。②在线仲裁是一个新生事物,这方面的实践尚不多,还未形成稳定的、基于参与者共同信念(shared belief)的规则。因此,短时间内通过立法或是修订法律的方法加快在线仲裁的社会嵌入存在相当大的难度。

另一种路径是通过行政手段扶持在线仲裁。ODR 发展的障碍之一在于消费者缺乏对这种新兴机制的认识和信任,而政府权威有助于建立此种信任。例如,政府可以主导对 ODR 行业进行的评级及水准鉴定,从而弥补行业标准缺失或解决规则缺乏透明性导致的对 ODR 从业人员的约束不足等问题。评级和认证能够传达关于争议解决机制的信息,政府的权威性则能够加强信息传递的有效性。与法律相比,行政手段更为灵

---

① 李虎:《网上仲裁法律问题研究》,中国民主法制出版社 2005 年版,第 22—26 页。
② Robert Sugden, *The Economics of Rights, Co-Operation and Welfare*, Palgrave Macmillan, 2005, pp.5-6.

活,能够根据情况作出更及时的反应。但必须指出的是,作为一种外部强制性的干预,无论法律还是行政手段,可能使在线仲裁普及化,也可能使当事人作出制度规避的选择,即完全放弃仲裁,转而使用调解、协商等原本在某些情境中是次优的争议解决方式。正如保罗·施夫·伯曼(Paul Schiff Berman)提醒我们的:"法律学者和政策制定者有一个不幸的倾向,即他们想当然地认为法律规则一经建立,就立刻发挥作用并形成法律制度。"①

(二) 在线仲裁与内生制度的竞争

内生制度是与在线交易域共同演化的,在线仲裁若想与之竞争,必须要与在线争议相匹配。

在线仲裁对传统规则的模仿包括了对目标争议大小的设定。但传统商事仲裁针对的是大宗商品交易,因而往往单笔争议标的巨大;而电子商务涉及总体规模巨大的频繁发生的单笔小额交易,产生了大量涉及消费者的小额争议。根据贸仲《网上仲裁规则》(2014 年修订)第 47 条,凡争议金额不超过人民币 10 万元的,适用快速程序。② 争议金额低于 10 万元的案件,收费标准为标的 5%,最低收费为 4000 元人民币,涉外案件每案需另收立案费人民币 1 万元。③ 这样"昂贵"的在线仲裁很难满足电子商务争议解决的需求。

同时,在线仲裁需配备相应的争议处理者。传统仲裁中,一些仲裁地的法律对仲裁员资格作了要求。④ 即便未作此种要求,仲裁员通常也是熟练的法律或是其他专业从业者。换言之,负担专业仲裁员组成的仲裁庭所需的费用相当高昂,因为这些专业人士担任仲裁员的机会成本相当高。传统商事争议,特别是国际商事争议的标的一般较大,涉及的合同内容复杂,所以该类争议能够负担仲裁庭的费用,也需要专业的法律或是相关行

---

① Paul Schiff Berman, "From International Law to Law and Globalization," 43 *Columbia Journal of Transnational Law* 485,498(2005).
② 《网上仲裁规则》,载贸仲官网,http://www.cietac.org.cn/index.php? m=Article&a=show&id=2744,访问日期:2021 年 11 月 21 日。
③ 《费用表》,载贸仲官网,http://www.cietac.org/index.php? m=Article&a=show&id=2747,访问日期:2021 年 11 月 21 日。
④ 如我国《仲裁法》第 13 条规定,仲裁员必须满足任意条件之一,如从事仲裁工作 8 年以上;1985 年《沙特阿拉伯仲裁规范》第 3 条规定,仲裁员必须具有沙特国籍或为穆斯林。参见《沙特阿拉伯仲裁条例施行规则》,载法邦网,https://code.fabao365.com/law_30068.html,访问日期:2021 年 8 月 28 日。

业从业者的知识。但在线争议在类型、规模和频度上都与传统商事争议不同。在线交易引发的争议类型单一、频度高、标的小。一个传统意义上的仲裁员不可能24小时地处理上百起标的在100元以下的争议,而这类争议往往又是类型化的,也不需要特别专业的法律知识和行业知识。

此外,内生机制是一种博弈均衡,通过参与人之间的博弈互动,最终自我实施(self-enforcing),而作为外生机制的在线仲裁还涉及裁决的执行问题。对于一个标的在100元以下的争议,递交法院执行显然是不经济的。即使递交法院,如上文所述,在线仲裁和法律制度之间的互补关系仍存在很大的不确定性。① 在联合国贸法会第三工作组2013年5月的一次会议上,欧盟观察员代表团在提案中直接提出了"《网上解决规则》的设计——仲裁作为设计价值低、货量大电子商务交易网上解决全球标准的模式?"的疑问,焦点在于有关依据《承认及执行外国仲裁裁决公约》(以下简称《纽约公约》)执行价值低、货量大交易中作出的裁决不切实际的观点,就该点而言,在线仲裁的前景令人担忧。②因此,工作组考虑能否绕过《纽约公约》转而采取除法律之外的其他更为简单和有效的执行机制,包括诸如信誉标记、声誉管理系统、将当事人逐出市场、对延迟履约的处罚、代管制度以及信用卡退款等网络内部的执行机制。③

事实上,若不依靠或无法依靠法律的强制力,而是依靠互联网的内部机制执行裁决,在线仲裁就已经脱离了由法律制度作为支撑的传统国际商事仲裁范畴。此时,在线仲裁的争议解决程序与内生于网络空间的执行制度产生关联,形成一个新的、适用于网络空间的争议解决制度。在程序形态上,原始地模仿传统仲裁的程序将通过试错进一步改变为适应在线争议特点的程序。这个过程是在线仲裁嵌入网络的社会构建的过程,是人为设计的外生制度进行内生化的过程。也就是说,在线仲裁无法挤

---

① 联合国贸法会第三工作组在考虑在线仲裁的跨境执行问题时特别对《纽约公约》第5条项下各项可以拒绝承认与执行仲裁裁决的理由进行了讨论,特别涉及关于消费者的仲裁裁决是否会无法得到执行的问题。由于裁决必须满足执行国对于可仲裁性的要求,而不同法域国家对这一问题规定不同,仲裁裁决依据《纽约公约》执行存在风险。参见联合国大会文件 A/CN. 9/WG. III/WP. 110,第43—46段,载联合国贸法会官网,https://undocs.org/zh/A/CN. 9/WG. III/WP. 110,访问日期:2021年11月21日。
② 联合国大会文件 A/CN. 9/WG. III/WP. 121,第3页,载联合国贸法会官网,https://undocs.org/zh/A/CN. 9/WG. III/WP. 121,访问日期:2021年11月21日。
③ 联合国大会文件 A/CN. 9/WG. III/WP. 110,第49段,载联合国贸法会官网,https://undocs.org/zh/A/CN. 9/WG. III/WP. 110,访问日期:2021年11月21日。

出网络社会内生的争议解决制度,而只有通过内生化的途径将自己变为内生 ODR 的一员。

三、内生制度的社会嵌入:以三种模式为例

内生 ODR 的演化和在线交易的结构密切相关。根据交易主体不同,电子商务可以分为企业对消费者(B2C)、企业对企业(B2B)、消费者对消费者(C2C)等模式,可以对应在线超市型和在线平台型两种交易模式。下文首先分析这两种交易模式对应的争议解决模式,说明内生 ODR 如何与在线商业行为共同演化。内生 ODR 的另一种重要模式是以代码方式存在的争议解决机制,它们在线下空间不存在对应形式,是网络空间的制度创新。

(一)在线超市型交易的争议解决模式:网络空间与法律制度的联结

B2C 是一种在线超市型交易,即在线经销商在网络平台上将商品销售给消费者,类似于传统超市。这类电商平台中,比较著名的有美国的亚马逊、中国的京东商城。这种模式下的争议主要集中在三方面:一是平台和生产商或者线下渠道商之间的争议,二是平台和消费者之间的争议,三是消费者和生产商或者线下渠道商之间的争议。传统经销商受制于空间限制,在扩张过程中采取不断开设门店的策略。而电商平台的一个网站就可以联通全世界的消费者,这一特点决定了市场上只能观察到规模极大、数量很少的电商平台。一个实体的规模越大,处理争议的能力也越强。这就好比是对从生产到消费这一链条上的所有参与者都进行争议保险,根据科斯定理,保费在交易成本过高、无法有效分摊的情况下会落在能以最低成本负担该费用的实体身上。[①] 在从生产到消费的完整流程中,平台是一个争议的吸收装置。另外,传统经销商(如超市)因地域造成的运输成本可能可以在一定区域内形成部分的垄断性优势,但互联网打破了空间的桎梏,促进了竞争。任何不如意的用户体验都可以驱使一个用户从一个平台转向另一个。如果垄断性均衡无法成立,那么激烈的竞争将驱使平台负担处理争议所产生的费用。而如果平台呈现出垄断态势或被认定构成垄断,目前也逐渐出现了对于平台维护对内公平竞争、提供

---

① R. H. Coase,"The Problem of Social Cost," 3 *The Journal of Law and Economics* 1 (1960).

争议解决机制的要求。①总体而言,在线超市型交易的争议解决主要由电商平台主导,主要利用自助和人工混合的投诉机制。②

法律制度从两个方面"侵入"在线超市型交易域。一方面,法律通过承认在线缔结合同的有效性,将在线交易行为纳入合同法的框架,如对以电子数据交换方式缔结合同的方式、电子签名的效力、格式电子合同的效力等进行规定。将合同法和在线交易行为相关联,等同于隐性地将在线投诉的结果与法律的监督和强制执行相关联。这种制度化关联改变了原本网络空间中仅靠竞争来迫使商家负担争议解决成本的状况,使得法律执行成为另一种可能。另一方面,法律可以对生产商、经销商、消费者的责任关系进行界定。如果这种界定随着法律制度进入网络空间,那么争议解决成本将在三者之间根据法律规定重新被分配。争议将以法律规定的方式得到解决。但是法律制度是从线下社会提炼出的这种责任关系,这种制度性关联会给在线交易带来正面还是负面的影响尚待考察。

(二)在线平台型交易的争议解决模式:网络空间的自发秩序

在线平台型交易包括 B2B、C2C 模式,平台不直接参与交易,仅提供交易的空间。如果交易者之间产生争议,则有可能影响平台在吸引交易者方面的竞争力,降低平台的显著性,所以第三方交易平台有动力参与在线争议解决。在线平台型交易要解决的问题包括:如何筛选出诚实的交易者来预防争议的发生;当争议发生时如何组织争议的解决;最终运用何种手段确保争议解决结果的执行。这三个问题分别对应事前的网上争议预防机制、事后的在线争议解决机制和有强制力的网上执行机制,通常对应的类型为在线多边声誉机制、第三方争议解决服务和第三方支付平台。这三者形成的制度联结构成在线平台型交易争议解决的一般性方案。

---

① 参见高薇:《平台监管的新公用事业理论》,载《法学研究》2021 年第 3 期,第 94 页。
② 如唯品会为会员设置了自助换货和自助退货流程,参见《自助办理退货申请》,载唯品会官网,https://help.vip.com/themelist.php? type＝detail&id＝236,访问日期:2021 年 8 月 29 日;《常见问题:唯品会提供换货服务吗?》,载唯品会官网,https://help.vip.com/themelist.php? type＝commonques&id＝24,访问日期:2021 年 8 月 29 日。

1. 在线多边声誉机制

声誉机制在维持传统交易网络方面起到了相当重要的作用。阿夫纳·格雷夫（Avner Greif）在研究马格里布商人时发现，马格里布商人会将关于代理人的信息反馈给商会，并通过商会传播到其他商人那里，声誉差的代理人将受到马格里布商人的集体惩罚。格雷夫称之为多边声誉机制治理。[①] 但是这种治理模式受制于人际网络所能达到的广度，而互联网储存和传播信息的能力要大大超过传统的人际社交网络。因此，互联网技术可以极大地扩展多边声誉机制适用的范围，我们可以称之为在线多边声誉机制。

从 eBay 和淘宝网等大型在线交易平台的交易流程看，在一项在线交易完成后，交易双方可以给对方评价，这个信息将添加到交易者的在线信息集合中。获得差评的交易者（主要指卖方，因为存在恶意买方的情况较少，而卖家有较大的动机靠以次充好、隐瞒信息等行为谋利）的交易愿望将遭到对方的拒绝。在线多边声誉机制可以在交易之前将恶意交易者甄别出来，防止其进入交易程序；同时，该机制也抑制了交易者采取机会主义行为的动机，因为任何不良的交易历史都会被记录，形成自身声誉的一部分。在这一点上，互联网比传统社会的关系网络更为严苛。任何交易历史中的瑕疵都会引起有意向的交易者的怀疑，导致一项交易无法完成。因此，在线多边声誉机制是一项行之有效的争议预防机制。eBay、淘宝网等都将该机制作为网站规则的一部分加以实现。

2. 第三方争议解决服务

与在线平台交易结合进行争议解决的典型是 SquareTrade。前文已经对其流程进行了介绍，此处不再赘述。

SquareTrade 的特点在于，它是 eBay 内生法则庇护下的第三方争议解决机制，能够与网络平台的声誉机制互为补充。卖方通过承诺使用第三方争议解决机制处理争议，能够增强潜在买家的信任。保证使用在线争议解决的卖家将获得一个 SquareTrade 印章。享有印章的用户有义务对商品进行清晰的描述，参加调解程序，在适当的期限内对投诉进行处理，并遵守达成的合意。印章能够将信用好的用户甄别出来，并对欺骗行

[①] 参见〔美〕阿夫纳·格雷夫：《大裂变——中世纪贸易制度比较和西方的兴起》，郑江淮等译，中信出版社 2008 年版，第 42—63 页。

为进行信息传递,使不服从决定的人因欺骗而失去交易机会。由于潜在的匿名交易者在网上交流信息的速度非常之快,违约以及不服从决定的消息可以迅速传播。① 此外,SquareTrade 与 eBay 合作期间,还可以通过在线争议解决机制帮助交易者删除不合理的负面评价,具体机制详见第一章。

第三方在线争议解决机制的重要性还在于其具有独立性和中立性。SquareTrade 是网络交易平台引入的中立第三方争议解决机制的代表。而淘宝网采取了"店小二"服务的方式。② 与上述在线超市型交易争议解决模式中的内部投诉机制不同,"店小二"虽然同样是网站内部处理投诉争议的客服,但它是独立于争议双方的第三方(而非在线超市型交易中用以协调电商与买家间纠纷的电商内部的客服),扮演着纠纷解决者的角色。但是,"店小二"服务仍然是淘宝网内部的管理机制,而非像 SquareTrade 一样的专业争议解决机构,容易引发私人领域的腐败问题。③ 如果第三方争议解决服务提供者有腐败行为,那么交易方和交易平台就会终止其服务;第三方受制于市场竞争的压力,会有较强的激励遵守争议解决规则。而交易平台如果和争议解决提供者是一体的,腐败行为就可以侵入平台本身。

3. 第三方支付平台

声誉机制只能规制反复交易,对一次性交易无效。职业的欺诈型卖家可以不断注册新的店铺,并通过设置具有足够竞争力的价格来吸引买家。因此,第三方支付平台,例如淘宝网的支付宝,被作为重要的执行手段。在一项交易中,有关款项首先被支付给第三方平台,在货物或服务被确认无异议后,钱款才从第三方平台支付到卖家的账户。如果交易过程中产生了任何争议,钱款将留在第三方支付平台,直到纠纷解决方就纠纷

---

① 〔日〕青木昌彦:《比较制度分析》,周黎安译,上海远东出版社 2001 年版,第 93 页。
② "淘宝小二"是阿里巴巴内部及淘宝商家对淘宝工作人员的统称。
③ 有关淘宝店小二腐败问题的报道,参见石雁、杨磊、张淇人:《淘宝腐败黑幕调查》,载《IT 时代周刊》2012 年第 08 期。后杭州市余杭区人民法院经审理后认为该文严重侵犯淘宝名誉权,一审判处 IT 时代周刊杂志社赔偿淘宝公司经济损失共计 35 万元,删除涉案文章,公开赔礼道歉。二审维持原判。参见浙江淘宝网络有限公司与广东 IT 时代周刊社名誉权纠纷案,浙江省杭州市余杭区人民法院(2014)杭余民初字第 2582 号民事判决书,浙江省杭州市中级人民法院(2015)浙杭民终字第 3493 号民事判决书。

作出判定,并由平台根据判定的内容进行钱款的拨付。[①] 这类似于法院的财产保全。但是财产保全是在争议提交法院后才由法院作出的。而第三方支付平台全程参与交易,是建立在交易有很大可能会引发争议的预设之上的。这一预设对于在线交易而言是较为真实的。一是由于交易无法即时完成,无论对于买家还是卖家,在线交易就好比是一场赌博,将货物寄出或是支付钱款就意味着当事人失去了对交易的控制。二是由于在线交易的合约结构简单,缺乏对未来情境的详细规定,很容易因双方在履行合约方面无法达成一致而导致争议。

第三方支付平台所基于的交易全程财产保全的设想在线下社会中的操作成本十分高昂,但是网络技术开启了应用该种支付模式的可能性。因此,第三方支付平台机制是互联网社会在应对在线争议时的制度创新,是基于网络空间特有的环境构成要素——代码所创造出的适合在线争议特点的执行机制。

4. 三种机制的制度性关联

争议预防机制和争议解决机制之间通常存在着替代关系,替代程度取决于使用两者的边际成本。在内生 ODR 的发展中,争议预防机制与争议解决机制呈现出相融合的趋势。ODR 体现为一种由多部分构成的混合模式,并且机制之间存在制度性关联。如上文所述,声誉机制能够规制反复交易的商家,防止恶意的机会主义行为,而第三方争议解决服务能够解决因为在线交易合约结构简单而引发的争议,并通过声誉机制和第三方支付平台机制获得强制执行力。其中,第三方支付平台机制和声誉机制又形成执行上的互补关系,前者能够有效防止一次性交易引发的恶意行为。所以,这三种机制之间形成的制度化关联能够弥补各自的不足,将三者整合为一个整体的在线争议解决方案,就像一张密集编织的网,能够处理单个争议解决机制所无法处理的争议情况。

ODR 于在线平台型交易中的发展说明以下三点:第一,内生机制和

[①] 参见《如何申请退款?》,载淘宝官网,https://consumerservice.taobao.com/self-help?spm=a21pu.8253649.0.0.38e978d50zjIcL#page=detail&knowledgeId=1120931,访问日期:2021 年 8 月 30 日;《(买家)如何申请淘宝客服介入?》,载淘宝官网,https://consumerservice.taobao.com/self-help#page=issue-detail&knowledgeId=1127195,访问日期:2021 年 8 月 30 日;《卖家何时可以申请淘宝客服介入处理?》,载淘宝官网,https://consumerservice.taobao.com/self-help#page=issue-detail&knowledgeId=1127199,访问日期:2021 年 9 月 10 日。

在线交易类型共同演化,是适应在线交易类型特点的;第二,内生机制的类型是多样化的,各种类型之间往往会形成制度化关联,构成一个在线争议解决制度群,能发挥单个机制所无法发挥的最大功效;第三,内生机制的演化受到多种因素的影响,例如技术的发展程度、市场规模、参与交易者的文化背景、交易习惯等,其演化是高度历史相关和路径依赖的。①

(三)代码:互联网世界的法律

劳伦斯·莱斯格(Lawrence Lessig)提出,在网络空间中,代码——网络空间中行为规范的数字组合——就是法律,它从根本上转换了网络空间的规范性秩序。与物理空间的规制手段不同,塑造网络空间的软件和硬件构成了对在线行为的约束。② 代码与外生和内生 ODR 的结合形式完全不同。对外生 ODR 而言,技术使争议解决程序更便捷,被认为是争议解决程序中除中立第三方之外的"第四方参与人"。③对内生 ODR 而言,代码及其自我执行属性催生了在线下环境中不可能实现的争议解决机制,代码本身担负起了争议处理者的角色。如果说传统法律基础的特征在于法律创制、法律适用和法律执行的制度、程序、人员彼此分离,数字化的奇特效果是三要素的核聚变。④

互联网域名争议解决机制是最典型的实例。互联网名称与数字地址分配机构(ICANN)作为互联网自治管理机构接管了全球域名主服务器的管理权。ICANN 于 1999 年 12 月建立了域名争议解决机制,通过《统一域名争议解决政策》(UDRP)为商标持有者提供了一个快速高效的在线争议解决方式。已经获得 ICANN 授权的争议解决服务提供商有:亚洲域名争议解决中心(ADNDRC)、美国国家仲裁论坛(NAF)、世界知识产权组织仲裁与调解中心(WIPO Center)、捷克仲裁法院互联网争议解

---

① 吴德胜通过对比 eBay 和淘宝网说明了中美网上交易的制度差异,参见吴德胜:《网上交易中的私人秩序——社区、声誉与第三方中介》,载《经济学(季刊)》2007 年第 3 期,第 866—878 页。

② 〔美〕劳伦斯·莱斯格:《代码 2.0:网络空间中的法律》,李旭、沈伟伟译,清华大学出版社 2018 年版,第 6 页。

③ Ethan Katsh and Orna Rabinovich-Einy, *Digital Justice: Technology and the Internet of Disputes*, Oxford University Press, 2017, p.37.

④ 〔德〕贡塔·托依布纳:《社会宪政:超越国家中心模式宪法理论的选择》,陆宇峰译,载〔德〕贡塔·托依布纳:《魔阵·剥削·异化——托依布纳法律社会学文集》,泮伟江、高鸿钧等译,清华大学出版社 2012 年版,第 178 页。

决中心（The Czech Arbitration Court Arbitration Center for Internet Disputes）、阿拉伯域名争议解决中心（ACDR）、加拿大国际互联网争议解决中心（CIIDRC）。①

  根据 UDRP 相关规则，域名管理机构要求域名注册商在注册协议中将 UDRP 程序规则纳为格式条款。UDRP（以附件形式并入注册协议）要求域名注册人在域名注册商申请时保证"不侵害他人合法权益"。通过这种安排，UDRP 为域名持有人与域名注册商以外的任何其他方之间因域名持有人注册和使用域名而引发的有关争议设定了条款和条件，实际上是注册协议双方（域名注册人和域名注册商）一致同意为第三方（投诉方）设置一种权利。在发生争议时，投诉人可以从上述争议解决机构中选择一个提起争议解决程序。争议解决程序完全在网上进行，如无特殊情况，专家组应在其被指定后 14 日内作出裁决，并公布在相关网站上。专家组的裁决将由域名注册机构依据域名解析技术在裁决发出后 10 日内直接予以执行。UDRP 程序高效、便捷的特点已经使其成为目前最主要的域名争议处理程序，也是最为成功的在线争议解决机制之一。

  eBay 的声誉机制同样依靠网络架构得以实现。在 eBay 的评价系统（feedback system）下，当用户完成一起交易后，卖家和买家可以进行互评。当用户获得一个积极的评价时，获得 1 分；当他获得一个消极的评价时，失掉 1 分。当用户得到 10 分之后，他们可以在其用户 ID 旁得到一个星星标志，获得更多的分数之后将得到不同颜色的星星。用户可以允许他人查看他们的评价记录，这些评价记录不仅包括他所获得的分数，还包括评价内容。② 当一个用户因交易中的合作行为而在 eBay 社区内获得了良好的声誉时，其他用户会希望与其进行交易。因此，关心自身评价和排名的用户被激励去进行合作。而潜在的 eBay 用户在浏览 eBay 的网页时，也将看到网站上多数用户的 ID 旁都有不同颜色的星星图标，这为他们传递了如下信息，即这一社区的人们在交易中是合作的。由于网络用

---

  ① ICANN, "List of Approved Dispute Resolution Service Providers", http://www.icann.org/en/help/dndr/udrp/providers, last visited on 8 September, 2021.
  ② See David P. Baron, "Private Ordering on the Internet: The eBay Community of Traders", 4 *Business and Politics* 245, 263-264(2002); 详细规则还可参见《卖家评分》，载 eBay 官网，https://www.ebay.com/help/buying/resolving-issues-sellers/seller-ratings?id=4023#section2, 访问日期：2021 年 9 月 8 日。

户具有匿名性,eBay 无法确认用户自称的身份,而用户发起的评价系统却能帮助用户了解交易对象。评价系统的重要功能在于传递用户过去行为的信息,使买家或卖家能够从交易历史中获得潜在交易对象的信息。这正是声誉机制的精髓。更重要的是,网络架构能使声誉机制在网上发挥得更为彻底。网上评价系统使信息更为透明,传递的信息量更大。网络标识(星星标志)使信息传播更直观,更便于被评价方利用,同时也使被评价者对自身的交易历史更敏感,从而为获得好的信誉约束自身行为。

代码的执行属性还表现为第三方保存服务(escrow services)、交易保险机制(transaction insurance mechanism)、裁决执行基金(judgment funds)、特定技术控制手段(particular technological tools)等。在这些机制的作用下,违约行为不会发生,因为他们通过技术方式被制止。

应当说,在网络空间中,网络逻辑改造了争议解决方式,而非争议解决的逻辑改造了网络结构。内生 ODR 其实是给网络逻辑披上了争议解决的外衣。

第四节　互联网争议解决机制的发展趋势

一、网络时代争议解决机制的版图

网络时代的争议解决机制可以分为三类:传统争议解决机制、外生 ODR 和内生 ODR。争议类型分为在线争议和线下争议。上述三种争议解决方式均可以用于解决在线争议和线下争议。

传统争议解决方式自生自发于线下空间,与线下争议共同演化。内生 ODR 自生自发于网络空间,与在线争议共同演化。外生 ODR 则以传统 ADR 的制度框架为基础,使用信息技术手段将程序在线化。未来,传统争议解决方式(包括诉讼和 ADR)还将继续主导线下争议解决服务的市场。内生 ODR 则将成为解决网上争议的首选。外生 ODR 由于存在制度嵌入问题,将继续横跨线下线上两个市场,在与传统 ADR 和内生 ODR 的竞争中争得一块生存的空间。

值得注意的是,无论外生还是内生 ODR 的发展,理论上都预留了国家干预的空间。我们不否认国家干预在 ODR 发展中的作用。不过,任何形式的国家干预都将对网络时代争议解决的版图造成巨大的影响。

对外生 ODR 而言,其主导者有动机主动寻求国家干预,通过国家的强制力将在线仲裁、网上调解等制度作强行推广,将市场竞争转化为政治竞争,加速其嵌入过程。而内生 ODR 的主导者在该类制度运作良好时会避免甚至抵制国家干预。从博弈均衡论的角度看,内生 ODR 是一项稳定的纳什均衡,但纳什均衡不必然是帕累托最优。内生 ODR 制度的演化过程是某一个纳什均衡从多重均衡中脱颖而出并形成惯例的过程。国家力量的介入可以影响均衡选择的过程,使得帕累托最优的纳什均衡替代原始的均衡成为新的惯例。但在实践中,如何辨别潜在的帕累托最优的均衡,如何通过国家政策选择这类均衡,都不是能够轻易完成的任务。

二、互联网争议解决的发展趋势

ODR 无法脱离网络空间而独立发展。在线人类活动引发的争议必然和解决该种争议的机制共同演化。ODR 机制的有效性取决于它的目标争议的形态和它与其他社会制度的相容度。综合本章的分析,ODR 未来将呈现出两种发展趋势,即"外生 ODR 内生化"和"内生 ODR 专业化"。

"外生 ODR 内生化"意味着外生 ODR 机制将逐渐嵌入线上线下社会的整体制度安排中。嵌入有两种路径,一是与法律体系的关系逐渐稳定并形成明确的规则。如果外生 ODR 能够消除目前存在的法律联结风险,它将能够挑战传统 ADR 在线下争议解决领域的优势地位。不过,这一嵌入过程将较为漫长。外来的国家干预也许能加速这一过程,但是国家干预下制订的法典和从先例中演化出的法典是否有相同的内容和作用,还存在疑问。第二种路径是外生 ODR 将集成于在线交易的程序中,亦即嵌入到在线活动的制度化规则中。这一过程将模糊外生 ODR 和内生 ODR 的界限。SquareTrade 与 eBay 的合作是这一做法的代表,特别是 SquareTrade 从成立、加入 eBay 平台到 2008 年退出 eBay 转而提供保障计划(protection plan)服务的过程,说明商业个体具有自发寻求市场需求点的激励。这一过程正是外生机制为适应市场需求而内生化的演变过程。

"内生 ODR 专业化"将体现在两个方面。第一,互联网革命引发的各种类型的商业模式的井喷现象将驱动内生 ODR 向着高度专业化的方向发展。在线活动的特点是信息传递成本极低，通过网页浏览或是即时通信软件在几秒钟内就可以完成全球范围内的信息传递。低廉的信息传递成本使得大规模的单一类型的在线交易活动不断涌现，由此将产生大量的同质争议，其数量和总标的额度也可以负担高度专业化的在线争议解决方式。例如域名争议解决机制针对域名，淘宝网、eBay 的争议处理模式也仅针对因网络交易引起的货物买卖争议。第二，制度架构与市场特定需求相结合将激发内生 ODR 形态的多样化。技术革新是 ODR 产生的直接动因，一些确保交易进行的机制本身正是内生于技术发展之中。在互联网上，已经出现了多种新兴的争议处理机制，并且这一名单还会应市场需求而不断扩充。

本 章 小 结

本章澄清了在线争议解决的内生和外生两种发展路径，通过主导者、激励、信息和方法四个维度，说明了内生和外生在线争议解决机制的制度差异。不同的特点和发展路径使它们需要面对不同的社会嵌入问题。外生制度在方法上模仿了传统 ADR，但这一改变造成了在线仲裁与现有法律制度间联结的不确定性，无法在传统空间中对传统仲裁形成制度挤出。同时，外在制度在与网络空间内生规则的竞争中也不具备优势。这解释了外生 ODR 制度遭遇的发展困境。内生制度与在线争议共同演化，形成了一种制度化关联。通过对在线超市型交易及在线平台型交易的争议解决模式及互联网域名争议解决机制等进行分析，本章清晰地呈现了内生 ODR 的形态。未来，ODR 将呈现出"外生 ODR 内生化"和"内生 ODR 专业化"两种发展趋势。

本章提出的这种分析框架的贡献在于：第一，将法律问题置于制度分析的框架下，将争议解决视为一项嵌入网络社会的制度，不局限于对争议解决机制本身的研究，为 ODR 研究提供了一个统一分析框架和崭新的研究角度，能够分析和解释 ODR 的发展形态及问题；第二，网络在经济生活中广泛应用，产生了大量在线争议，网络用户亟需满足现实需要的在线争议解决机制，本章提供的理论分析能够为实践提供指导，对电子商务的参与者以及争议解决者都具有重要参考价值，也能为网络治理提供一种思路。

　　总之,无论 ODR 产生和演化的路径如何,ODR 的应用范围将随着网络活动的多样化而扩展。人们对 ODR 的发展趋势和前景或许存在着不同的意见和看法,但随着网络空间成为人类活动越来越重要的场所,ODR 将成为争议解决制度体系中不可或缺的一部分。我们正处于制度演进的过程当中。

第三章　网络空间争议解决中的私人秩序

第一节　私人争议解决的特性与类型

一、网络空间中的私人争议解决

任何交易活动都存在潜在风险,电子商务也不例外。其突出的特点是交易的匿名性、虚拟性以及跨地域性。具体而言,电子商务交易中,所有信息通过数字化的信号传递,所有的交易协议甚至支付都通过计算机网络以电子数据文件的形式完成,交易主体、交易地点往往难以确定。同时,以电子数据形式存在的交易信息具有易改动性和易灭失性。这些新情况不但对以物理空间与属地主义为本位的现行法律制度产生了巨大冲击,更对网络空间商事纠纷解决中的管辖权确定、法律适用及判决的执行提出了重大挑战,同时也为权利主体寻求公力救济带来了较高的风险。

在网络空间,通过法律执行合约、进行争议解决的成本偏高,司法介入即使可行,也很可能是无效率的。不可否认,网络空间需要相应的法律体系的支撑,但网络法的形成较为缓慢,而技术发展的日新月异导致法律无法对新情况及时作出反应。商业形态的快速发展受制于法律的陈旧,法律又等待新商业模式给出足够的经验反馈,这一恶性循环将抑制网络创新型经济的发展。法律缺失、法律执行成本过高及立法过程缓慢,使作为一种公共规制手段的法律制度在治理网络商业行为时存在明显不足。

即使是在法律规范相当完善的现代国家中,当出现经济或非经济纠纷时,双方也往往首先采取各种私下的方法协商解决纠纷。法律制度在网络空间纠纷解决中面临的困境,更促使人们关注私人机制在促进网络交易中的合作及网络纠纷解决方面的重要性。

私人秩序(private ordering)是通过私人规则制定、私人管辖及私人执行进行的自组织模式。即使现代国家通过颁布并执行法律来规范经济行为,法律也很难深入交易的所有细节。很多商业交易通过习俗、惯例、持续关系等维持。当发生纠纷时,交易各方会首先试图通过各种非正式安排(如谈判)解决问题。当私下解决的尝试失败时,才会诉诸法律,法律往往是最后才被诉诸的手段。对于私人秩序的讨论可见于法学、经济学、社会学、人类学等诸多学科的文献之中。从中世纪到网络社会,都不乏私人组织以及利用"私人法律"进行经济活动的实例。互联网的特性具有巨大的产生私人秩序的潜能,工业界自发产生了建立网络空间电子商务治理机制的激励,出现了各种各样的私人治理机制。

在互联网整体治理领域,私人规制的重要性已得到普遍认同。约翰逊和波斯特极为支持私人治理。他们指出,网络空间极大地减少了具有重要法律意义的网络现象与物理位置之间的联系。但很多因跨境电子交流产生的管辖权及实质性问题都可以通过一个简单的原则解决:承认网络空间与"真实世界"之间存在法律上的重要界限,将互联网视为一个独立的空间。遵循这一思路,对于网络空间的治理,应当寻求最适应新事物的规则,并由那些理解及参与网络空间的个体制定规则,以新兴的全球化的交流方式使执行手段成为可能并行之有效。[①]另一些学者主张采取公共治理与私人治理相结合的混合管理制度,同时,他们也认同,在规范网络商业活动方面,网络自发的电子法(lex electronica)发挥着巨大作用。[②]由于数字沟通的跨国性,单个国家的规制往往难以成功。而依靠合法的国际法律制定进行互联网监管,也同样由于政府间难以达成共识而有失败之虞。因而,网络自我规制和自我监管是网络管理者们关注的重要问题。

私人自我规制在网络空间中具有显著优势。私人规则由组织内部成员基于特殊技能和偏好制定,而非由外部不熟悉游戏规则的主体强加于

[①] David R. Johnson and David Post,"Law And Borders—The Rise of Law in Cyberspace",48 *Stanford Law Review* 1367,1378-1379(1996);David G. Post,"What Larry Doesn't Get:Code,Law,and Liberty in Cyberspace",52 *Stanford Law Review* 1439,1440(2000).

[②] Henry H. Perritt,"Towards a Hybrid Regulatory Scheme for the Internet",2001 *University of Chicago Legal Forum* 215,252(2001);〔德〕贡塔·托依布纳:《社会宪政:超越国家中心模式宪法理论的选择》,陆宇峰译,载〔德〕贡塔·托依布纳:《魔阵·剥削·异化——托依布纳法律社会学文集》,泮伟江、高鸿钧等译,清华大学出版社2012年版,第171—181页。

组织之上。组织内部形成的准则以及形成于准则基础上的成文行为规范建立在一种内部成员共同认可的价值之上。正因如此,采用自行制定的标准能够强化参与者的集体意识,内部成员往往也有足够的动力去承诺遵守内部的规则。另外,组织内部形成的规则比法律更为具体,也能够更快地针对具体形式的变化进行纠正或改变。私人规制比公共规制更为有效和灵活。

此外,公共主体与私人组织以各自的方式参与经济运行,他们的行为方式和追求的目标不同。公共主体较多考虑如何实现社会整体的公正和公平。但由于其不受制于竞争,对改进服务的激励较小。而企业以实现利益最大化为目标,有强烈的利益动机。在竞争压力下,他们具有改进行为的动力。因此,私人规制具有更强的内部激励机制。

依靠私人秩序解决纠纷的另一显著优势是,私人秩序的运行成本较正式法律秩序更低。正式法律制度的实际成本,特别是时间成本,经常大于可供选择的私人秩序。因此,对于双方当事人而言,各方预计的法庭判决结果更适于被作为私下签约的底线或威胁点。私人秩序解决纠纷的这一优势在网络空间中将继续得到发展。

私人规制更为直接的优势是,它避免了在处理互联网争议时必须面对的管辖权和法律选择的困境。有关合同的冲突规则已经认可合同关系中的当事人可以通过法律选择和选择法院条款解决管辖权问题。因此,当各方的一致同意成为自我规制的基础之后,参与者可以在自我规制的体制中选择自己的"法庭"(包括创建自己的"法庭"),自行设置"法律"并自行实施。

当然,私人规制也存在一定缺陷,例如规则可以被随时修改,缺乏法律条文的稳定性;私人规制会产生一些具有强势地位的个体,从而对其他参与者造成负面影响;可供选择的私人规制模式可能缺乏司法执行的强制力。但网络空间的特殊性在于,在许多情况下,如果不通过私人规制,法律往往也无法规制。特别是在网络发展的当前阶段,我们不是在"次优"与"更优"之间进行选择,而是在"有""无"间进行选择。私人规制作为纠纷解决的一种方法,其被采用的潜力仅受限于那些潜在的使用者们的需求。只要能够满足人们广泛希望的获得灵活、具有经济效率并且相对合乎正义的纠纷解决机制需求,它就将得到采纳。在网络商业环境中,当法律制度不完善或无法发挥较好作用时,私人规制就成为网络空间治理的主导。

二、网络私人纠纷解决的类型分析

(一)网络私人规制的三种类型

因公共手段介入程度的不同,私人规制可以被区分为不同类型。这些类型中的一个极端是规则的制定及执行均由公共主体进行,另一极端是规则完全由私人自我制定并自我执行。在两端之间,可以根据私人制度和正式制度的连接程度进行一定的类型划分。

史蒂文·L. 施瓦茨(Steven L. Schwarcz)认为,在私人规制和公共规制的关系中可以进行四种类型的区分:(1) 规则由主权国家政府制定并由其执行;(2) 规则由私人制定,由主权国家政府执行;(3) 规则由私人制定,由国家委托私人执行;(4) 规则由私人制定并由私人执行,没有国家的干预。这四种类型中,后三种与私人规制相关。①

派瑞特认为,私人规制(包括私人规则制定和争议解决)发生在四种基本情景下:(1) 公共机构将他们的一部分立法权和司法权授权给私人机构或者在事实发生后将争议委托给私人解决;(2) 所有参与者同意并放弃他们诉诸公共规制的权利;(3) 参与人满意并接受私人规则,默认遵守私人机构的决定而不将争议诉诸公共机构;(4) 一些人或实体控制了重要资源并在执行中威胁将剥夺人们获得重要资源的权利。②

哈罗德·I. 艾布拉姆森(Harold I. Abramson)认为私人规制的模式包括:(1) 由政府授权的私人规制;(2) 与政府没有任何连接点的私人规制;(3) 在私人规制和公共规制间存在着正式连接的治理模式。③

他们为说明不同问题对私人秩序进行了分类。施瓦茨着重分析了规则由私人制定但由国家委托私人执行的类型。他以 ICANN 为例,讨论了私人规制的合法性问题,对私人规制仅仅追求经济效率这点进行了批评。派瑞特关注的角度为网络混合治理,认为应当由公共法律提供外部

---

① Steven L. Schwarcz, "Private Ordering", 97 *Northwestern University Law Review* 319, 324-329(2002).
② Henry H. Perritt, "Towards a Hybrid Regulatory Scheme for the Internet", 2001 *University of Chicago Legal Forum* 215, 226-227(2001).
③ Harold I. Abramson, "A Fifth Branch of Government: The Private Regulators and Their Constitutionality", 16 *Hastings Constitutional Law Quarterly* 165, 169-174(1989).

规制框架,由私人规制进行细节规范。艾布拉姆森研究主要针对私人规制的合宪性问题。这些学者的分类框架存在一定的交叉性。三者的分类都涉及政府授权的私人规制,施瓦茨和派瑞特在这一类型中均将ICANN作为国家委托私人机构规制的典型案例。三种分类共有的另一重要类型是与公共规制不存在任何连接点的私人规制。此外,派瑞特分类中的第4点在互联网规制中具有重要意义。

在此基础上,根据网络空间与线下空间私人规制的显著差异,我们以网络空间中一些重要的私人机制为对象,将网络空间纠纷解决领域兴起的私序分为三种类型:(1)与公共规制存在连接关系的私人规制;(2)与公共规制不存在连接关系的私人规制;(3)基于代码的数码式私人规制(digital private ordering)。

网络空间与物理空间的本质区别是网络资源或代码的运用。代码使网络空间出现了一些在物理空间中不可能存在的私人机制,即完全基于代码的数码式私人治理机制。此类机制在物理空间不存在相对应的制度,因而被视为单独的一种类型。此外,在线下社会中,传统商业活动的交易治理机制呈现出了多样性:一些领域依靠法律制度规制,一些领域由非法律系统或社会习俗予以规制。这一点在网络空间仍未改变。因而,可以进一步地根据私人制度与正式法律制度间的连接关系,将网络空间的私人规制划分为"与公共规制存在连接关系的私人规制"和"与公共规制不存在连接关系的私人规制"两种类型。与数码式私人规制不同的是,这两种类型中的很多机制在线下社会中存在对应制度,但技术赋予了它们新的特点。对这些机制而言,制度差异和互联网为其带来的新属性是研究的重点。当然,在任何分类法下,都有可能存在某一实例同时具备几个类型特点的情形,例如ICANN因其独特的执行机制可以被视为一种与公共规制无连接点的私人机制,但它同时也是基于代码的私人治理机制。

(二)与公共规制存在连接关系的私人规制

公共规制与私人规制间存在正式连接点的典型是国际商事仲裁制度。国际商事仲裁起源自欧洲中世纪的商人习惯法,而现代意义上的国际商事仲裁,特别是由国际仲裁机构管理的仲裁,则形成于19世纪末20世纪初。国际商事仲裁的核心原则是当事人意思自治。当事人通过仲裁协议的形式将已发生或未来可能发生的争议提交仲裁。国家通过承认仲裁协议的效力并赋予仲裁庭自裁管辖权,将一部分争议让渡给私人通过仲裁解决,并通过国家强制力保证仲裁裁决得到执行。仲裁以一种法律认可的正式制度安排的形式在私人规制和公共规制间建立了正式关联。

由于具有自治性、中立性、保密性、专业性及信息优势等多种特点,国际商事仲裁在经济全球化、国际贸易飞速发展以及由此带来的国际贸易争议日益增长的宏观历史背景下飞速发展,成为当今商业社会一种极重要的纠纷解决制度。晚近的发展表明,无论是立法还是司法实践都对仲裁采取了更为支持的态度。一方面,法院对国际商事仲裁的监督与控制有所减弱。各国对于国际商事仲裁的干预主要体现在整个争议解决过程的两端,即对仲裁协议有效性和仲裁裁决的审查和强制执行,仲裁过程中的细节则主要由仲裁机构、仲裁庭主导。瑞士等国家进一步允许当事人通过明确的约定,排除仲裁地法院对裁决的监督。多数国家在依据1958年《纽约公约》执行国际裁决方面表现出了倾向于执行(pro enforcement bias)的态度。法院对仲裁裁决不作实质性审查,仅在有限的理由下对裁决进行程序上的审查。另一方面,仲裁程序可以得到仲裁地法院的支持,包括指定或替代仲裁员,采取临时保全措施等。国际商事仲裁实际上是一种在法律监督和支持下的私人治理机制,是在漫长的发展过程中逐渐稳定下来的有效制度。

由于国际商事仲裁所具有的优势,在网络空间中又出现了在线仲裁。在线仲裁仍然具有传统仲裁的框架,即以仲裁协议为依据,由选定的中立第三方对有关证据和主张进行审理后作出裁决。同时,它利用网络技术在虚拟空间中进行仲裁,因而在信息传递和互动交流上比传统仲裁更为先进。

传统商事仲裁制度形成的路径显示,仲裁以一种私人秩序的形态产生,并逐渐在商业实践中被证明是一种行之有效的解决纠纷的制度,最终由立法加以确认,从而作为一项正式制度最终得到了公共规制的让渡。它从一种私人纠纷解决机制到国家认可的制度,从被国家严格控制到逐渐获得国家的支持,经历了漫长的制度演化过程。国际商事仲裁是生长于线下环境的内生争议解决制度,是一种制度均衡。

在线仲裁同样是一种私人制度。任何一种私人制度都需要自我维持、自我执行。如前所述,在线仲裁是由在线仲裁服务的提供者基于线下纠纷解决制度的设想直接移植到网络空间的机制，是网络空间的外生制度，因而不得不在移植过程中克服制度嵌入的风险。在这一过程中，它还将面对与网络空间中自发产生的私人机制的竞争，而后者由于产生于网络空间内部，更具有适应网络交易和网络纠纷解决的特性。因此，在线仲裁能否自我执行具有较大的不确定性。一项私人制度，如果不能自我维持，将会逐渐消亡。

为使在线仲裁一经出现便成为可供选择的在线纠纷解决机制，可供选择的路径之一是主动寻求与现行法律制度的连接关系，从而获得已有法律制度的支持。由于传统仲裁制度建立在物理地域之上，为实现与现有法律框架的有效连接，在线仲裁的制度设计不得不满足现行法律针对一般仲裁的强制性要求。贸仲进行的在线仲裁是这一做法的代表。根据贸仲的《网上仲裁规则》，仲裁地在当事人未作约定时为仲裁委员会所在地。裁决书仍然应当以书面形式作出，注明裁决作出日期及仲裁地，由仲裁员签署，并加盖仲裁委员会印章。这些规定满足了当前各国仲裁法律制度对于裁决书书面形式的要求，也肯定了仲裁地在仲裁中的重要法律意义。此类规定既满足中国法中的规定，使裁决在中国作出时不致被撤销或不予执行，也有利于裁决在世界范围内得以执行。贸仲的在线仲裁可以被视为一种与公共规制存在连接点的私人规制。

在线仲裁寻求现行法律框架的支持就必须满足线下仲裁的各种要件，但其合法性并非通过线下法律制度让渡获得。主动寻求连接的努力只能使在线仲裁在形式上获得与传统国际商事仲裁一样的法律地位，却无法替代传统商业仲裁已经获得的制度优势。

互联网环境的特性是缺乏物理意义上的"地点"概念，而传统规制模式却建立在物理边界的基础之上。主动寻求在线仲裁与线下法律制度的连接必然会令在线仲裁发生制度变形。一项为适应网络社会而设计出的制度不得不为获得仲裁制度的支持而在形式上模仿传统仲裁，这只能令在线仲裁如许多人指出的那样，仅仅成为传统仲裁在网络社会中的延伸。此外，与法律制度相连接也增加了在线仲裁的执行成本。因此，虽然在线仲裁可以成为一种与公共规制具有连接点的私人规制，但也为这一连接付出了代价。在线仲裁若要获得法律制度的明确认可，并逐渐成为网络社会的主要争议解决机制之一，则需要与法律制度共同演化。

(三) 与公共规制不存在连接关系的私人规制

私人规制替代公共规制的前提是必须具备自我执行特性。一些经典研究揭示了法律庇护下私人规制不依靠国家法律强制执行的现实可能性。根据格雷夫对历史上马格里布商人之间的贸易制度的研究,虽然法律制裁的阻吓力可以阻止不当行为的发生,但历史证据显示,即使不是绝大多数,也有很多的代理关系不是建立在法律合同之上的。只有很少的文献表明,商人和代理人之间的纠纷通过法庭来解决,而且这些文献还表明这种方式既费时又费钱。法庭面临着缉拿已经移民的代理人的难题,而且审判这类案件需要收集发生在审讯前好几个月、很远地方的信息,法庭也不具备这种组织能力。①丽莎·伯恩斯坦(Lisa Bernstein)对棉花行业私人法律秩序的研究表明,虽然行业内部的仲裁裁决可以通过法院执行,但这较少发生。不服从仲裁裁决的人将被排除出商业组织,且这一信息将被广泛地公开。由于会员资格对于参与国际棉花交易具有至关重要的作用,行业组织通过将这一措施与其他社会及信誉方面的惩罚相结合,往往足以促使商人及时执行仲裁裁决。②罗伯特·C. 埃里克斯(Robert C. Ellickson)在对沙塔县的研究中发现,农场主在不借助司法系统的情况下解决了大量纠纷,有些处理甚至违背了法律。但私人规制能够在没有政府干预的情况下最大化群体的福利。③以往研究表明,只要私人规制具有较强的自我执行属性,内部成员将满足于内部机制,纠纷将止步于私人规制。在这种情况下,私人规制与公共规制之间不发生实际的连接关系。

这种类型的私人规制的代表是互联网平台内部建立的多边声誉机制、纠纷解决机制、商盟制度等。在网络空间中,法律规则缺失,司法很难介入网络纠纷解决之中。一些网站如 eBay 和淘宝网建立了成熟的信用评价系统,利用声誉机制有效促进了交易各方的合作。

通过私人第三方进行争议解决具有一些重要功能。在网络空间中,

---

① 〔美〕阿夫纳·格雷夫:《大裂变:中世纪贸易制度比较和西方的兴起》,郑江淮等译,中信出版社 2008 年版,第 46 页。
② Lisa Bernstein, "Private Commercial Law in the Cotton Industry: Creating Cooperation through Rules, Norms, and Institutions", 99 *Michigan Law Review* 1724,1737-1738(2001).
③ Robert C. Ellickson, *Orders without Law: How Neighbors Settle Disputes*, Harvard University Press,1991, pp.3-4.

利用诉讼或替代性纠纷解决方式,成本与交易的标的差距较大。而在线进行纠纷解决能够将纠纷解决的成本降到相当低。嵌入网络平台的第三方争议解决机制具有补充网络平台声誉机制的重要作用。SquareTrade 脱胎于传统调解方式,却能在网络平台上发挥作用,其争议解决结果能够得到执行,关键在于其与网络平台的其他治理机制互为补充。卖方承诺将通过第三方争议解决机制处理纠纷能够积累潜在买家对其的信任。同时,那些保证使用在线争议解决的卖家将获得一个 SquareTrade 的印章,该印章的功能正如中世纪商人法庭对是否履行判决做出的记录一样,借助查询执行记录的惯例,信誉下降的商人就会受到商人群体的制裁。作为一种第三方的治理机制,它可以对欺骗行为进行信息传递,使不服从裁决的人因欺骗而失去交易机会。由于潜在的匿名交易者在网上交流信息的速度非常之快,违约以及不服从裁决的消息可以迅速传播,使得第三方私人裁决机制可以被推广到前所未有的规模。[①] 此外,在线纠纷解决机制还能够帮助交易者取消不合理的负面评价。

卖家商盟制度是淘宝网的一项创新。淘宝网鼓励拥有营业执照、满足一定入盟要求的不同等级或同等级的淘宝商家,结成行业、地区、合作三种类型的商盟。众多卖家结成商盟,特别是城市商盟,可以增强小卖家的谈判能力,降低商品配送费用和采购成本,还可以交流经验,互换商业信息。另外,商盟成员具有某种同质性,与其他第三方执行机制相比,商盟可以更清晰地、以更低的成本对争议进行裁决。[②]

商盟以集体声誉(collective reputation)作为抵押向买家发出可置信承诺,承诺商盟成员不会有欺骗行为。商盟成员的欺骗行为将损害整个商盟的集体声誉,买家因而可以对整个商盟实施惩罚。通过建立商盟,商盟向买家发出一个明确的承诺:商盟成员提供的商品都是高质量的,否则所有的成员都会受到牵连;如果某一成员提供了低质量的商品,商盟将对其实施严厉惩罚。欺诈行为一旦发生,买家举报后,商盟内部会对欺诈者先行予以处罚,然后交给淘宝网管理员处理。

由于商盟能够起到补充信用评价系统、增强交易双方信任以及减少

[①] 〔日〕青木昌彦:《比较制度分析》,周黎安译,上海远东出版社 2001 年版,第 93 页。
[②] 参见《淘宝商盟》,载百度百科官网,https://baike.baidu.com/item/%E6%B7%98%E5%AE%9D%E5%95%86%E7%9B%9F/10990765?fr=aladdin,访问日期:2021 年 9 月 9 日。

交易平台支出费用的作用,淘宝网在促销、推荐上对商盟进行宣传。eBay网也于 2006 年底成立了具有类似功能的 eBay 卖家公社。

(四)基于代码的数码式私人规制

网络治理的突出特点是基于代码的治理。与物理空间的规制手段不同,技术在网络空间的规制中占有独特而重要的地位。网络空间的规则,可以不通过法律制裁,甚至也不通过社会制裁,而仅以基于代码的手段得以执行。前面两章已经提及,代码就是网络空间中的法律。此处出于类型分析的必要性,再次举出一些代表性实例予以简单分析。

首先,利用自动化的专业计算机系统协助解决争议,是一种随互联网发展产生的完全新型的在线争议解决模式。这一模式主要提供计算机程序协助下的协商服务。在第一章中提到,目前使用这一方式的网站主要有 Cybersettle.com、Clicknsettle.com 和 OneAccordinc.Com[①]。以 Cybersettle 为例,该网站使用一种"不公开报价"(blind bidding)程序。该程序主要处理保险索赔、人身伤害及职工劳动补偿争议。它仅处理对有关纠纷应付的金额方面存在的争议,不就是否应当支付进行判定。在计算应付的金额时,当事人在不知晓对方请求的情况下,将自己希望达成的要求以及支付金额的意愿输入电脑,因此双方的磋商是在不公开的情况下进行的。如果双方的报价或请求落入了预定公式的审议事项识别范围内,纠纷就会得到解决。不公开的协商可能仅持续几小时,但通常将持续几天。只有当争议得到处理之后,才会产生相应的费用。根据标的大小,费用约在 100 美元到 200 美元之间。这类网站的程序在具体使用的计算机系统上存在差异,但理念大致相同,一般用于处理一些较为简单的争议。

其次,在第二章我提到了一种第三方保存服务(escrow services)。为解决网络交易安全问题,一些平台采取了"第三方担保交易模式"。网络交易的惯例往往要求买方先行付款,因此买家网上购物的最大风险是付款后收不到货物。如果利用第三方保管机构作为受托方代收代付,可以极大降低卖家欺诈的概率。支付宝是淘宝公司使用的第三方支付平台,

---

[①] Ernest M. Thiessen and Joseph P. McMahon,"Beyond Win-Win in Cyberspace",15 *Ohio State Journal on Dispute Resolution* 643(2000). 为说明 One Accord 的工作原理,二人假设了一个环境纠纷来说明这一项目也可以用于解决较为复杂的案件。

兼有第三方托管的功能。使用支付宝时，由买家首先将货款打到支付宝账户，由支付宝向卖家通知发货，买家收到商品确认后指令支付宝将货款发放给卖家，至此网络交易才完成。eBay 则推荐用户使用 www.escrow.com 加 PayPal 的方式，达到类似的目的。一些经济学研究显示，第三方保管的出现可以减少卖家欺骗所得的收益，进而降低欺骗的收益率，使得即使价格较高（欺骗的收益率也较高）的商品，也可以在网上交易。①因此，第三方保管这种私人机制能够有效补充网络交易平台的声誉机制。

最后，第二章还提到了域名争议解决机制。域名设计的初衷是为了方便计算机联网以及在网上进行通讯联系。但商业组织逐渐发现了域名在电子商务中的巨大潜力。商家通过使用商标、商号和其他商业标志作为网站的域名吸引消费者，扩大其在网上市场中的知名度，使域名具有了巨大的商业价值。在统一域名争议解决机制下，ICANN 及域名注册机构根据 UDRP 框架内的规定对域名进行控制。

ICANN 的争议解决程序与传统仲裁程序存在着一些重要区别。UDRP 争议解决程序的结果不具有终局性，法院并不受其约束。程序的参加者在程序中或是结束程序之后均可以提起诉讼。另外，域名注册人在接受域名注册协议中的条件时，以"或接受或放弃"的模式接受域名争议解决机制，并不像传统仲裁的当事人那样享有平等协商的权利。

ICANN 域名争议解决机制的重要价值之一是其自我执行属性。UDRP 的裁决结果不依靠任何司法机制的承认与执行，而是由 ICANN 授权的域名注册服务商直接根据专家裁决维持、撤销或者转移域名。ICANN 域名争议解决机制快速、高效的特点对域名而言具有重要的意义。持有域名最大的意义在于使用，一项耗时的诉讼程序将使商标所有人在网络上实现其商标价值的愿望落空。因而，虽然域名争议解决机制并不阻断当事人提起诉讼的权利，但这极少发生。UDRP 程序是最为重要的域名争议处理程序，也可以被认为是迄今为止最为成功的在线争议解决机制之一。

---

① 吴德胜：《网上交易中的私人秩序——社区、声誉与第三方中介》，载《经济学（季刊）》2007 年第 3 期，第 871、874 页。

在本章的第二节我还将介绍基于区块链的数字执行以及争议和争议解决机制，这是基于代码的数码式私人规制的一种最新发展。

三、总结与展望

本节以类型划分的路径展开研究具有重要意义：第一，新的网络商业行为层出不穷，网络私人治理机制纷繁多样，类型分析有助于理解特定类型的私人机制的一般作用特点，并且能够清晰呈现网络交易中的私人规制与传统商业社会中私人规制的重要差异。第二，互联网并非网络无政府主义理想中的除参与者持续的承诺之外再无其他执行和政策制定机制的可以完全由习惯规则构建的领域。①市场治理需要多种机制相互支持和相互补充，私人规制、行政规制和法律规制共同约束着网络商业活动的边界。市场治理整体性安排的复杂性和多样性将在数码时代持续存在，而对网络纠纷解决中的私序进行类型研究是为分析和认识这一复杂性进行的初步尝试。

在网络空间中，为确保合作得以实现，可以采取不同的策略或社会机制。有些领域可能需要一定的法律规制，有些领域可能需要完全的私人规制。网络的特性往往使电子商务的市场治理呈现出多种治理安排互补的复杂形态，某一种秩序有可能是由多种形态的治理机制互相支撑达成的稳定状态。例如 eBay 交易平台是由市场、网络架构、社区规范、第三方纠纷解决共同支撑的制度均衡。很多学者也赞同，在以合约为基础的私人网络中，应当由混合机制进行规制。② 一些纠纷当事人、被某种机制排除出市场的人以及对电子交易市场争议处理机制不满的人，当然希望能够通过本国或是某地的法院进行"上诉"。执行机制在互联网上正在发展成为一种内部自我规制机制与外部主权相混合的机制。就当前的趋势来看，网络治理是一种朝向混合模式发展的管理制度。

实现这一目标的可能路径是，法院承认互联网的"自我管辖权"，发展出一种与网络空间之间的"礼让"关系，一定程度上从解决争议的角色中回避出去，将互联网纠纷交由互联网自治解决。为使互联网自身的争议

---

① Neil Weinstock Netanel, "Cyberspace Self-Governance: A Skeptical View from Liberal Democratic Theory", 88 *California Law Review* 395, 497-498(2000).

② e.g. Henry H. Perritt, "Towards a Hybrid Regulatory Scheme for the Internet", 2001 *University of Chicago Legal Forum* 215, 235-236(2001).

解决机制能够有效工作,每一地域主权和每一纠纷当事人必须认可在线合约的有效性和可执行性。如果网络的规制是稳定的,社区的驱逐机制是有效的,法院应当在多数案件中予以认可,并在驱逐机制不当时及时介入。这也需要在国际范围内形成对一些基本规范和原则(如正当程序和公共政策)的共识。杂乱无章并且相互冲突的地方性规则只能危害或扼杀商业前景。[1]

第二节 执行问题:从司法、私人到去中心化数字执行

在互联网争议解决这一领域,私人机制与公共争议解决机制相比,显著优势在于有效的执行。特别是互联网活动经常出现跨境的情形,而建立在传统物理疆界基础上的跨境执行机制无论从法律资源供给还是执行成本方面看,都未必能够应对跨境执行问题。本节着重分析执行问题,并进一步讨论运用区块链技术实现的去中心化执行这种新发展。

一、司法执行的成就与不足:基于欧盟的考察

司法制度介入跨境电子商务争议解决及执行主要有两个途径:一是建立适应跨境消费者诉讼的诉讼程序,并保证判决的跨境执行;二是在争议双方采用替代性争议解决方式解决争议时,提供强制执行的保障。近年来,欧盟为解决因跨境电子商务引发的消费者争议进行了一系列立法活动,在区域内相当程度上实现了实体法和程序法的统一,在制度层面尽可能消除了跨境执行的障碍,因而可作为考察跨境执行制度建立及其实际运行效果的理想样本。

(一)司法判决的执行

20世纪80年代以来,为保护消费者的生命安全与身体健康权、知情权、获得救济权等合法权益,欧盟在电子商务领域制定了一系列实体法律。但实体法上的保护因程序法的繁琐(特别是在跨境交易时)而难以实

---

[1] Margaret Jane Radin and R. Polk Wagner, "The Myth of Private Ordering: Rediscovering Legal Realism in Cyberspace," 73 *Chicago-Kent Law Review* 1295,1317(1998).

现,传统的权利救济机制难以满足网络时代的要求。① 为此,欧盟在程序法方面进一步完善法律体系,主要方向为建立适应解决互联网争议的诉讼程序,特别是降低诉讼成本以应对小额争议解决的需要,并建立相应的跨境执行机制。为促进小额争议解决,多数欧盟成员国都建立了小额争议诉讼程序。② 一些国家还在司法改革中废除了小额诉讼中诉讼前强制调解的规定,因为这类规定违宪或限制了个人接近正义的权利。③ 为简化、加速跨境小额申诉并减少申诉成本,欧盟在 2007 年出台了《欧洲议会和欧盟理事会关于建立欧洲小额诉讼程序的第 861/2007 号(欧共体)条例》(以下简称《小额诉讼条例》)。④ 小额诉讼程序遵循简易、快捷和比例协调原则,处理标的不超过 2000 欧元的诉讼。根据《小额诉讼条例》的规定,法院判决可以在成员国之间直接得到相互承认。同时,欧盟国家还将小额诉讼程序作为发展电子诉讼的切入点,《小额诉讼条例》将电子诉讼引入欧盟成员国,以提高诉讼效率、加强消费者权益保护。⑤

在跨国涉消费者争议中,通常涉及两个以上国家及其法律适用问题。为避免法律适用上的不确定性,《欧洲议会和欧盟理事会关于合同之债准据法的第 593/2008 号(欧共体)条例》为所有成员国(丹麦除外)规定了统一的合同法律选择规则,以适应跨境购物尤其是跨境"企业对消费者(B2C)"电子交易增长的需要。在民商事判决执行领域,2012 年《欧洲议会和欧盟理事会关于民商事争议司法管辖及其判决的承认和执行的第 1215/2012 号(欧盟)条例》进一步促进了民商事判决文书在成员国之间的流转速度。尽管欧盟及其成员国在立法层面作出了相当努力,使管辖和法律均对消费者有利,但出于成本收益的考量,个人通常仍然不会寻求

---

① 参见邹国勇、李俊夫:《欧盟消费者在线争议解决机制的新发展——2013 年〈欧盟消费者在线争议解决条例〉述评》,载《国际法研究》2015 年第 3 期,第 58 页。
② See Horst Eidenmüller and Martin Engel, "Against False Settlement: Designing Efficient Consumer Rights Enforcement Systems in Europe," 29 *Ohio State Journal on Dispute Resolution* 261,266(2014).
③ 例如,在德国多数州法院免除了最小标的争议(低于 750 欧元)在诉讼前必须调解的规定。See Horst Eidenmüller and Martin Engel, "Against False Settlement: Designing Efficient Consumer Rights Enforcement Systems in Europe", 29 *Ohio State Journal on Dispute Resolution* 261,267(2014).
④ Regulation(EC) No 861/2007 of the European Parliament and of the Council of 11 July, 2007 establishing a European Small Claims Procedure.
⑤ 参见王福华:《电子诉讼制度构建的法律基础》,载《法学研究》2016 年第 6 期,第 101 页。

司法救济。① 事实上,由于欧洲小额诉讼程序要求争议双方熟悉外国法律和司法程序,加之翻译费用不断增长以及争议双方必须跨境亲自参加口头听证等客观障碍,多年来该程序未得到充分利用。② 欧盟成员小额诉讼法院的受案量也呈下降趋势。在德国,地方小额诉讼法院的受案量逐年递减约2%,其他欧盟国家也存在类似情况。造成这种情况的主要原因之一是进行争议解决的成本要远高于争议标的本身。对大多数争议(无论标的大小)而言,消费者至少需要花费三位数的诉讼费用进行诉讼。③ 欧盟消费者法研究组的研究报告显示,欧盟内平均标的额在2000欧元的案件,跨境诉讼的费用为2500欧元;根据各国情况不同,平均每起诉讼案件历时12至64个月。另一项欧盟2011年发布的数据表明,一年内欧盟居民因购买商品或服务而产生的问题比例高达21%,但其中仅2%的消费者采用了诉讼方式解决争议。④

相关研究及欧盟的实践表明,诉讼作为电子商务争议解决程序面临的最大挑战仍然是成本。即便存在小额诉讼、电子诉讼、国际公约等机制,司法执行特别是跨境执行仍然不具备太大的现实可能性。

(二)替代性争议解决的司法执行

司法救济的各种障碍是人们寻求诉讼外争议解决的直接动因。替代性争议解决⑤与网络技术结合形成了在线争议解决,并被认为有潜力替代繁杂、耗时、昂贵的司法救济。目前,几乎所有传统的替代性争议解决都有对应的互联网形式,而在线争议解决中相当一部分也属于这类。理论上,替代性争议解决的在线化并不必然导致原有替代性争议解决的法律框架失效或必须重新制定新的法律规则。因而,我们此处所讨论的在

---

① 参见邹国勇、李俊夫:《欧盟消费者在线争议解决机制的新发展——2013年〈欧盟消费者在线争议解决条例〉述评》,载《国际法研究》2015年第3期,第58页。

② 同上书,第57页。

③ See Horst Eidenmüller and Martin Engel, "Against False Settlement: Designing Efficient Consumer Rights Enforcement Systems in Europe", 29 *Ohio State Journal on Dispute Resolution* 261, 267-268(2014).

④ 参见于颖:《欧洲消费者纠纷的非诉解决机制》,载《人民法院报》2015年8月21日,第8版。

⑤ 对仲裁是否属于替代性争议解决可能存在争议。See Jean R. Sternlight, "Is Binding Arbitration a Form of ADR?: An Argument That the Term 'ADR' Has Begun to Outlive Its Usefulness", 2000 *Journal of Dispute Resolution* 97(2000). 本文所称替代性争议解决也包括仲裁。

线争议解决的执行问题很大程度上仍然是替代性争议解决的执行问题。与依托于国家司法权之决断力的诉讼不同,替代性争议解决程序不具有"直接"的强制执行力,当程序参与者不自愿执行时,争议解决结果需要依赖司法程序实现。具体如何实现,又取决于替代性争议解决程序的类型及争议解决结果的法律约束力。实践中替代性争议解决/在线争议解决类型繁多,各国差异较大,但仍可根据争议解决结果的效力作出具有法律约束力或不具有法律约束力的区分。只有具有法律约束力的结果才可以由国家强制力保障实施。否则,争议双方可以且只能重新诉讼或寻求私力救济,这使争议解决又回到诉讼的老路。这种区分决定了替代性争议解决司法执行的不同方式及可行性。

欧盟《消费者 ADR 指令》和欧盟《消费者 ODR 条例》以及联合国贸法会制定的《在线争议解决程序规则》均对在线争议解决的法律约束性进行了区分。欧盟立法的目标是为消费者提供简单、快速、成本低廉的诉讼外争议解决方式。但由于《欧盟基本权利宪章》第 47 条规定人人享有获得有效救济和公平审判的权利,因此《消费者 ADR 指令》前言部分第 45 条规定,替代性争议解决/在线争议解决不能取代法庭程序,也不得剥夺消费者或经营者诉诸法庭的权利,从而对替代性争议解决/在线争议解决程序的法律约束力进行限制。根据《消费者 ADR 指令》第 10 条,如果事前约定的将争议提交替代性争议解决的条款有剥夺消费者将争议诉诸司法解决的效果,则该条款无效;此外,不得将替代性争议解决的结果强加于消费者;如果替代性争议解决程序具有这种效果,则当事人必须在事前知晓并特别认可该程序的法律约束力。但事实上,这种规定存在一定弊端:非约束性的安排使争议解决结果失去了强制执行的保障、使程序丧失了某种促进当事人履行的激励;同时,不排除诉讼并不代表诉讼可行,由于诉诸法院过于昂贵、缓慢以及存在实际困难,消费者最终将被事实上剥夺接近司法的可能。这种实施效果有违制度设计的初衷。因此,可以考虑设置单方面具有约束力的替代性争议解决程序[①],也有学者建议推行

---

① 例如,《消费者 ADR 指令》叙述性条款第 43 段、第 49 段以及第 9 条允许成员国通过本国规定创设单方具有约束力的机制,一旦消费者收到替代性争议解决机构通知并接受争议解决结果,则其对消费者具有约束力。由于争议解决程序对消费者不具有约束力,当事人可以在程序的任何阶段撤回程序。对消费者而言可以获得一个可以强制执行的结果,同时不抵触消费者保护法的规定。

强制性的替代性争议解决。①

  具有法律约束力的替代性争议解决程序则可以得到司法的强制执行。这以仲裁为代表。促进仲裁裁决全球执行的《纽约公约》显然不是为在线仲裁设计的,但通过电子手段达成仲裁协议并作出仲裁裁决这一事实,不必然导致在线仲裁被排除在《纽约公约》的适用范围之外。

  促进替代性争议解决跨境执行的另一个成就是《欧洲议会和欧盟理事会关于民商事调解若干问题的第 2008/52/EC 号指令》(以下简称《调解指令》)。调解的劣势在于,依托当事人自主处分权达成的调解协议难以像司法判决及仲裁裁决那样获得国家强制力的直接支持。但《调解指令》利用立法技术,有效化解了调解协议执行力方面的劣势。《调解指令》第 6 条规定,争议当事人可请求成员国法院或适格的权力机构,依据请求作出地之成员国的法律,以判决、决定或某种具有公信力的文书赋予其强制执行力。这也适用于以在线方式进行的调解。事实上,采用调解这种非裁决性的方式解决争议的双方,一般对程序的信赖较强,通常会自愿遵守调解人建议的解决方案,不会申请强制执行。②不过,一旦法院介入,即便再简易的执行程序也可能会导致成本增加,这与请求法院执行仲裁裁决的困难如出一辙。

  对司法执行问题的分析并非老调重弹,再论以司法为中心的争议解决体系如何不能适应网络社会的争议解决,目的在于说明近年来国际层面对跨境争议解决执行所作的努力。欧盟以消费者保护和接近司法为指引,在内部逐步建立了统一的法律规则。联合国《贸易法委员会关于网上争议解决的技术指引》在性质上是一部"软法"。但前者的适用限于欧盟境内,后者则不具有约束力。一个最近的发展是,《联合国关于调解所产生的国际和解协议公约》(《新加坡调解公约》)于 2018 年 12 月通过,已经

---

  ① See Pablo Cortés,"What Should the Idea ODR System for E-commerce Look Like? The Hidden World of Consumer ADR: Redress and Behavior",https://www.law.ox.ac.uk/sites/files/oxlaw/dr_pablo_cortes.pdf,last visited on 10 September,2021.
  ② Maxime Hanriot,"Online Dispute Resolution (ODR) As a Solution to Cross Border Consumer Disputes: The Enforcement of Outcomes", 2 *McGill Journal of Dispute Resolution* 1,13(2015-2016).

有54个国家和地区签署了该公约。① 由此,商事调解达成的商事和解协议也拥有了如仲裁裁决一样的国际执行机制,虽然该公约的实施情况还有待未来长期观察。

二、司法执行之有效替代:私人执行

(一)公共执行到私人执行的转向

如上文所述,在解决因网络商事活动产生的争议时,特别是在处理大量小额消费争议时,目前的司法制度较难做到正义、效率和成本兼顾。而当依靠国家强制力实施的执行不具备现实可行性时,法律所保障的接近正义便失去了意义。目前业界已经普遍认识到,互联网经济与当前占主导地位的经济社会管理制度互不适应,作为工业时代产物的诸多现有法律,无力应对新的社会问题。因此,业界便自发建立起适应网络空间商业活动的治理机制。我们可以看到,在线争议解决的发展受到自发的私人秩序的推动,这是通过私人规则制定、私人管辖及私人执行进行的自组织模式。既然私人秩序是在"网络空间"自发形成的,私人执行就自然而然地越过了"跨境"执行问题,这也使研究者的视角突破了传统法学研究所主要关注的司法执行的狭窄范畴。

与公共执行相比,私人执行在专业性、成本、激励等方面均具有显著优势。目前互联网上较为成功的在线争议解决都主要依赖私人执行。然而,当权力由国家转移到私人手中时,对私人执行的担忧和质疑也随之而来,如私人组织制定的规则缺乏法律条文的稳定性,私人规制会产生一些具有强势地位的个体从而对其他参与者造成负面影响,私人执行无法保证程序公正等。实际上,私人执行和公共执行之间一直以来就存在着一种价值和目标上的对比关系:私人执行具有灵活性、隐私性,能够实现效率;公共执行则依赖制定的规则体现公共价值,保证判决一贯性,实现公平。但网络空间的特殊性在于,若不通过私人规制,公共手段往往也无从

---

① 《状况:〈联合国关于调解所产生的国际和解协议公约〉》,载联合国贸法会官网,https://uncitral.un.org/zh/texts/mediation/conventions/international_settlement_agreements/status,访问日期:2021年9月12日。

规制。① 这促使执行主体由公共机构向私人第三方转移。目前对"私人执行机制"没有确切的定义,联合国贸法会第三工作组将其定义为替代法院强制执行仲裁裁决或和解协议的一种办法。② 一般而言,"执行"暗指争议解决结果已经作出,且存在一种执行该决定的机制。但目前在线争议解决领域所讨论的争议"解决"机制既包括鼓励服从裁决的私人机制(如评分制度和信誉标记),也包括执行那些可能应在国家法院执行的决定(如和解协议、不具约束力的裁决或仲裁裁决)。③ 前者有助于建立消费者对电子商务的信心,促使其执行争议解决结果。后者可以直接执行争议解决结果。在在线争议解决的整体图景中,还可以观察到"工具"与"系统"两种形态。④ "工具"指某一种执行机制,如声誉机制、退款与担保。"系统"则以第三方交易平台、域名争议解决系统为代表,具有完整的自治性,集争议发生、解决和执行为一体。

(二)单一执行机制:声誉、退款与担保

商业社会中,信誉总是扮演着重要角色。在古代美索不达米亚,商人通过在石碑上镌刻与外国商人相关的跨境交易信息来建立商人的信誉评价机制。⑤ 11 世纪从事地中海商业活动的马格里布商人以诚信和声誉建立远程贸易代理机制。⑥ 由于互联网传播信息的速度和广度远远强于线

---

① Orna Rabinovich-Einy and Ethan Katsh, "A New Relationship between Public and Private Dispute Resolution: Lessons from Online Dispute Resolution", 32 *Ohio State Journal on Dispute Resolution* 695,722(2017).

② 参见联合国贸易法委员会:《跨境电子商务交易网上争议解决:现有私人执行机制概览》,A/CN.9/WG.III/WP.124,第 4 段,载联合国贸法会官网,https://undocs.org/zh/A/CN.9/WG.III/WP.124,访问日期:2021 年 11 月 21 日。

③ 参见联合国贸易法委员会:《跨境电子商务交易网上争议解决:现有私人执行机制概览》,A/CN.9/WG.III/WP.124,第 5 段,载联合国贸法会官网,https://undocs.org/zh/A/CN.9/WG.III/WP.124,访问日期:2021 年 11 月 21 日。美国学者舒尔茨总结了 7 种自我执行机制。See Thomas Schultz, "Online Arbitration: Binding or Non-Binding?", http://www.ombuds.org/center/adr2002-11-schultz.html, last visited on 10 September, 2021.

④ Orna Rabinovich-Einy and Ethan Katsh, "A New Relationship between Public and Private Dispute Resolution: Lessons from Online Dispute Resolution", 32 *Ohio State Journal on Dispute Resolution* 695,712(2017).

⑤ See Colin Rule and Harpreet Singh, "ODR and Online Reputation Systems", in Mohamed Abdel Wahab, Ethan Katsh and Daniel Rainey (eds.), *Online Dispute Resolution: Theory and Practice*, Eleven International Publishing, 2011, p.176.

⑥ 参见〔美〕阿夫纳·格雷夫:《大裂变:中世纪贸易制度比较和西方的兴起》,郑江淮等译,中信出版社 2008 年版,第 42—64 页。

下社会,声誉机制的效果更为显著。目前,以鼓励服从裁决或某些标准为目的的私人执行机制主要包括评分制度以及信誉标记。[①]这两种机制的共性在于,它们都是信用指标,利用信誉促进执行;不同点在于,前者由用户产生而后者由第三方机构提供。一些网络商业平台如淘宝有效地利用了评价机制。当一项在线交易完成之后,商家及消费者均可以留下对此次交易的评价信息,这一信息将被添加到交易者的在线信息集合中。由于任何不良交易历史都将被记录,声誉机制可以在交易之前将恶意交易者甄别出来。这种机制为扩大平台商业规模及盈利带来了巨大的好处,被证明是一种行之有效的争议预防机制。但评价机制易受评价人主观因素影响,交易双方也不一定在每次交易后均留下评价,且存在操纵评价导致评价信息不准确的可能,这些都影响了评价机制的可信度。因而实践中出现了中立且独立的第三方机制,如信誉标记。信誉标记是一种质量标签,由提供标记的机构建立行业行为准则,并授予符合资格的商户使用。商户可以将信誉标记上载至自身网站,消费者通过查看标识及所链接内容获取商户信息。在企业对消费者(B2C)的在线争议解决中,信誉标记通常有两种形式:一是由非诉讼争议解决或网上争议解决提供商向网上商家出售或以其他方式授予的图章或标志,使购买人知晓商家是第三方认可的值得信任的交易伙伴;二是由独立第三方以资格认可的方式授予网上解决提供商的图章或标志。[②]提供信誉标记服务的典型是SquareTrade。[③]该公司在为 eBay 提供在线调解服务时,曾保证使用在线调解的卖家获得一个 SquareTrade 印章。享有印章的用户有义务对商品作出清晰的描述,参加调解程序,在适当期限内对投诉进行处理并执行争议解决结果。

信誉标记的实施目前存在若干挑战。在电子商务市场上,由于缺乏

[①] 除这两种机制以外,还存在着如"黑名单"等机制。See Maxime Hanriot, "Online Dispute Resolution (ODR) as a Solution to Cross Border Consumer Disputes: The Enforcement of Outcomes", 2 *McGill Journal of Dispute Resolution* 1,18(2015-2016).

[②] 参见联合国贸易法委员会:《跨境电子商务交易网上争议解决:现有私人执行机制概览》,A/CN. 9/WG. III/WP. 124,第 20 段,载联合国贸法会官网,https://undocs.org/zh/A/CN. 9/WG. III/WP. 124,访问日期:2021 年 11 月 21 日。

[③] See Maxime Hanriot, "Online Dispute Resolution (ODR) as a Solution to Cross Border Consumer Disputes: The Enforcement of Outcomes", 2 *McGill Journal of Dispute Resolution* 1,16(2015-2016).

统一管理,存在着若干信誉标记提供者,他们各自建立行为准则并进行授权。消费者由于缺乏对信誉标记的认识及甄别能力,易对此产生混淆;如果商家和在线争议解决提供商可以通过交易方式获得信誉标记,则信誉标记也就没有中立性可言。因而如果意在在跨境交易中利用这种机制,则需要建立全球性的认证系统以及在全球范围内对第三方认证者进行规范。虽然欧盟在其数字议程中倡导建立欧盟境内统一的信誉标记,但《消费者 ADR 指令》和《消费者 ODR 条例》并未建立这种信誉标记。[①] 欧盟各成员国仅负有监管替代性争议解决及商户的义务,且这种监管体系也是分散的,与起初建立欧盟内部统一的信誉标记的设想存在巨大差距。

执行机制的代表是信用卡退款和第三方担保。这类制度通过控制资金流达到争议解决或执行的目的。信用卡退款允许购买人在某种情况下,针对扣款提出异议,并要求支付中介向商家索要退款(如果已经将购买款付给商家)。在这种情况下,支付中介实际上发挥着裁判者的职能(实际上,一些发卡机构为此有专门的仲裁委员会),即要求购买人提供信息说明对扣款有异议的原因,并决定是否同意扣款。在这种程序中,商家负有举证义务。信用卡公司对交易情况仅仅进行表面审查,在多数情况下会作出有利于消费者的决定。不同国家对触发退款的原因规定不同,但通常包括信用卡欺诈、不交付货物或是交付不符。[②] 退款一直以来被用于传统跨境交易,但在进行跨境电子商务交易时其仍然可以作为一种有效的执行机制。例如,在美国电商平台亚马逊上购物时,若买家认为出现了"未收到货物""货不对款""重复扣款"等情形,可以向信用卡发卡行发起退款,该银行会联系亚马逊获得交易详情。亚马逊再以电子邮件的方式联系卖家获得交易信息。若卖家 7 日内未回复亚马逊的通知,亚马逊会直接将这部分交易款项进行扣除。[③] 退款也可以与争议解决机制合

---

① See Maxime Hanriot, "Online Dispute Resolution (ODR) as a Solution to Cross Border Consumer Disputes: The Enforcement of Outcomes", 2 *McGill Journal of Dispute Resolution* 1,17(2015-2016).

② See Maxime Hanriot, "Online Dispute Resolution (ODR) as a Solution to Cross Border Consumer Disputes: The Enforcement of Outcomes", 2 *McGill Journal of Dispute Resolution* 1,19(2015-2016).

③ 参见《Chargeback Claim 怎么处理?手把手教你 Chargeback Claim 处理方法》,载亚马逊卖家论坛网,http://www.amazon1688.com/thread-55372-1-1.html,访问日期:2021 年 9 月 10 日。

作执行争议解决结果,即由在线争议解决机构进行裁决并通知执行中介将钱款退回消费者账户。对善意消费者而言,退款是一个有效的救济手段,也防止消费者和商家之间进一步产生争议。但就程序公正而言,该手段存在倾向保护消费者、损害商家利益的问题。由于在消费者提起请求时,商家被要求支付一定费用,且其信用评分也会受到相应影响,恶意退款就会伤害商家。另一个弊端是,退款的适用范围有限,其仅针对通过信用卡进行的支付,且主要在英美广泛使用。① 另外,发卡机构并非争议解决机构,因而很难符合对争议解决机构设定的行为规范和标准。②

在某些区域普遍使用的另一种执行制度是第三方担保服务。由于其不限于信用卡交易,较退款而言可以有更广的应用范围。在第三方担保制度下,由购买人向第三方账户付款。除非有任何投诉,或者经确认买家已按预期收到货物,在一段时间之后第三方担保机构便将钱款支付给商家。其通常要遵守国家法律和许可规则。在这种程序中,担保公司承担着第三方担保及争议解决的功能,接受并审查当事方的投诉并作出决定,即是否打款。提供这种服务的机构的代表是支付宝,利用支付宝增强交易安全是淘宝得以成功的关键之一。与退款机制类似的是,第三方担保机构不是真正意义上的争议解决机构,存在可信度和行为标准问题。

(三)整体性安排:第三方交易平台作为执行媒介

随着互联网商业模式向平台化发展,第三方交易平台上出现了最为成功的私人治理模式。由平台组织的争议解决是一种多重机制共治的系统,且机制之间存在制度性关联,能够弥补单个机制的不足。如上文所述,声誉机制能够规制反复交易的商家,防止恶意的机会主义行为;第三方争议解决服务不仅能够解决遗留的争议,还可以修正过于严格的声誉机制。第三方支付具有强执行力,同时也与争议解决服务一样,能够有效防止一次性交易引发的恶意行为,与声誉机制(针对反复交易)形成互补

---

① See Riikka Koulu, "Blockchains and Online Dispute Resolution: Smart Contracts as an Alternative to Enforcement", 13 *SCRIPTed: A Journal of Law, Technology and Society* 40, 45(2016).

② See Maxime Hanriot, "Online Dispute Resolution (ODR) as a Solution to Cross Border Consumer Disputes: The Enforcement of Outcomes", 2 *McGill Journal of Dispute Resolution* 1, 19-20(2015-2016).

关系。此外,第三方平台的存在能够为争议的解决提供担保和背书。《中华人民共和国消费者权益保护法》第 44 条、《中华人民共和国民法典》第 1204 条和《中华人民共和国电子商务法》(以下简称《电子商务法》)第 38 条中都规定了第三方平台在一定情形下承担连带责任的情形。一些平台本身也制定了消费者保证金和先行赔付规则,《电子商务法》第 58 条也对此予以肯定。

由平台组织进行争议解决的最大问题也出在平台本身。在上述模式下,交易平台实际上同时充当着规则制定者和执行者的角色:它们通过企业服务条款制定交易及争议解决规则,并作为执行者执行"审判"结果。这种集"立法者"和"司法者"于一身的角色招致了对平台行为正当性和中立性的质疑。具有垄断话语权的互联网企业,有着商业腐败的巨大风险。这是对私序正当性的挑战,也已为中国的互联网实践所证实。①

消除平台执行弊端的核心在于约束平台的巨大权力。这始终是各国互联网规制的难点。正因为存在垄断性力量,当这类企业歧视用户、滥用权力时,行业自治和市场竞争可能无法有效解决问题。化解问题的方案之一是利用众包减轻私人企业双重角色所带来的负面影响,下一节将对此详述。

目前较为成功的在线争议解决执行机制的共性在于,第三方控制了某种对当事人来说具有重要价值的资源。这种资源可以是金钱、声誉、域名。控制了资源的机构就获得了获取资源的途径,使其能够发布命令,令惧怕被剥夺资源的人有动力去执行命令。这一方式建立了一种自我执行统治,无论争议处理结果是约束性或非约束性的,执行都不再依赖传统的司法执行。联合国贸法会也强调私人执行的重要性,并希望在线争议解决能够与互联网中介、支付公司和银行(亦即具有市场力量、对商家起到鼓励作用的实体)有效合作。②但第三方私人执行也有其弊端。主要问题之一是第三方独立性、公正性以及合规问题。此外,依靠第三方进行的私人执行仍然存在成本。例如,退款需要商家支付费用,淘宝商家需事先缴

---

① 参见石雁、杨磊、张淇人:《淘宝腐败黑幕调查》,载《IT 时代周刊》2012 年第 08 期,第 36—40 页。
② 参见联合国贸易法委员会:《跨境电子商务交易网上争议解决:现有私人执行机制概览》,A/CN. 9/WG. III/WP. 124,第 45 段,载联合国贸法会官网,https://undocs.org/zh/A/CN. 9/WG. III/WP. 124,访问日期:2021 年 11 月 21 日。

纳赔付金或平台需进行先行赔付。虽然商家或第三方机构可以承担争议解决的成本,但增加的成本最终将由消费者负担。当人们仍然纠结于如何消除第三方媒介所带来的弊端时,新一轮技术革命已悄然兴起,去中心化的区块链技术为化解当前困境提供了新方案。

三、区块链技术之下:去中心化数字执行的兴起

一直以来,互联网架构和生产方式决定着商业模式及其规则的制定和实施。网络市场的交易规则可以分为三个阶段:过去、现在和未来。"过去"为辐射模式,即大型网络公司向消费者提供商品,消费中的交易规则由大公司制定。"现在"为共享经济模式,个人消费者通过中介平台与作为商品提供者的微型和中小型企业进行交易,交易规则由中介平台制定。"未来"为区块链架构之上的"点对点"交易,消费规则由交易双方直接规定。①相应地,辐射模式下争议由商家处理,共享经济模式下主要由平台型企业担任争议解决者的角色,而区块链技术将实现一种与以往任何模式均存在本质性差异的去中心化争议解决,也有学者称其为分散式司法权。②

（一）区块链技术的崛起

区块链是一种无需中介机构和监管机构来加以验证的、不可篡改的分布式账本技术。交易只能在一个仅能添加新数据（区块）而不可修改的数据库中按时间顺序被验证、执行和记录,并被盖上"时间戳",由此形成全部数据全天候向公众开放,随时供查阅和验证。区块链首先被应用于金融领域,促成了多种加密货币的出现,对全球金融市场及其法律监管机制都提出了挑战。但区块链的应用前景远不止于此。区块链账本可以被用来记录任何数据结构,包括所有权证明、身份和认证信息、合同等。目前智能合约作为基于区块链的第二代技术刚刚兴起。它是一种由计算机代码表述并自动执行的合同,其中包含一套具体的指令,指明当特定的条件满足时,一项交易便会完成。因此,智能合约集合同安排及合约执行于一体,其最重要的特征之一是自我执行属性,即合约执行自动依赖以数码

---

① See Koji Takahashi, "Blockchain and Online Dispute Resolution", http://mddb.apec.org/Documents/2018/EC/WKSP2/18_ec_wksp2_017.pdf, last visited on 16 June, 2021.

② See Wulf A. Kaal and Craig Calcaterra, "Crypto Transaction Dispute Resolution", 73 *Business Lawyer* 109,110-111(2017).

形式写进合约的条款,不需要第三方监督合约义务的达成或执行。智能合约的设计可以实现一般的合约条件(例如付款、留置、保密甚至执行),减少例外情况(违约)发生(无论故意或偶然),减小对可信任的第三方媒介的依赖。智能合约可达成的经济目标则包括降低欺诈造成的损失、降低仲裁及执行费用以及其他交易成本。①

如果说在传统互联网交易中,司法介入理论上可行,但面临多重现实障碍,那么区块链技术之下,传统司法机制的可适用性将面临更大挑战。首先,传统网络交易中双方的身份和财产信息仍然具备可证实性,区块链技术则具有更为彻底的匿名性。由于区块链使用数字加密技术,交易者身份以及用户的互联网协议(IP)地址都可以完全匿名化。另外,智能合约的双方多使用数字货币交易,后者也是匿名的、去中心化的系统,付款信息和财产所在地难以获知。这种情况下,传统管辖权原则,如地域管辖、属人管辖都无从建立。其次,传统网络交易利用传统合约机制,只是网络交易通过电子方式达成;而区块链智能合约是基于计算机代码而非传统合约机制和执行机制的。最后,传统网络交易仍然建立在中心化的服务网络之上;而区块链仅仅是一个去中心化的计算机系统的集合,它是存储于算法规则的纯信息,由位于全球的分布式匿名用户组成,每个个体可能并不承认或遵从任何法律权威。② 因此,区块链更加体现为一种基于代码的自治系统,要求一种内部治理方案。

这种自治与传统电子商务中的私人自治亦不相同。目前,有效的私人执行仍然要通过第三方媒介。而区块链技术的倡导者提出比特币以及智能合约能够超越在线争议解决,是更为彻底的自我执行的在线争议解决。③ 有建议称,对退款和担保的替代将通过使用比特币或其他电子货币进行交易来实现。由于其彻底去中心化并依赖于用户自身设计有效的

---

① See Nick Szabo, "Smart Contracts", http://www.fon.hum.uva.nl/rob/Courses/InformationInSpeech/CDROM/Literature/LOTwinterschool2006/szabo.best.vwh.net/smart.contracts.html, last visited on 10 September, 2021.

② See Wulf A. Kaal and Craig Calcaterra, "Crypto Transaction Dispute Resolution", 73 *Business Lawyer* 109,133-134(2017).

③ Riikka Koulu, "Blockchains and Online Dispute Resolution: Smart Contracts as an Alternative to Enforcement", 13 *SCRIPTed: A Journal of Law, Technology and Society* 40 (2016); Pietro Ortolani, "Self-Enforcing Online Dispute Resolution: Lessons from Bitcoin", 36 *Oxford Journal of Legal Studies* 595,610-616(2016).

自我执行机制,非国家货币系统将提供一个与此前所有模式完全不同的自我执行机制。①区块链技术将有助于解决联合国贸法会尚未解决的执行难题。

除争议解决形态发生变化外,争议解决机制的目标设定也有变化。当前在线争议解决机制设计的核心目标之一是消费者保护,主要解决跨境电子商务中出现的涉消费者争议。联合国贸法会早期的工作重点曾经是跨境消费者争议解决。但由于各国在消费者保护领域的法律制度差异较大、实难统一,联合国贸法会在其最终制定的《技术指引》中一定程度上回避了消费者保护这个"烫手山芋",在线争议解决程序规则既适用于"企业对企业"也适用于"企业对消费者"交易。旨在以消费者保护为中心的规则制定思路之局限在于:一方面,在全球范围内统一消费者保护标准的努力将遭遇联合国贸法会最初遇到的障碍;另一方面,随着在线市场扁平化发展,消费者的"弱势群体"特点逐渐丧失了显著性,这使将消费者保护作为首要立法目标的必要性被削弱。在诸如比特币这种"点对点"、非信任化的环境中,不再需要特别保护某一方利益。实际上,区块链技术之下的执行,强化了"去中心化""数字执行""自治"等属性,超越了以往执行中"跨境执行""消费者保护"的困境。

(二) 比特币托管与去中心化司法

1. 比特币托管交易与多重签名系统

在比特币1.0的世界里,交易不可逆,只要进行了转账,资金转入就自动执行。这存在一定的交易风险,因此人们意识到,在比特币交易中也需要某种担保机制。其原理与传统担保协议类似,金额并非直接从发出者进入接收者账户,而是临时存储在服务提供者的钱包里。在存在争议时,服务机构可以充当仲裁者的角色,最终由服务机构将金钱转给收钱方。这种机制存在的明显问题是,它要求双方和服务提供商之间建立信任关系。这不符合比特币系统"非信任"的理念,即接收者和服务机构都在一个去中心化的环境中运行,和接收者相比,汇出者没有理由更相信服务机构。此外,这种服务仍然十分初级。在争议发生、机构介入时,缺乏

---

① See Pietro Ortolani, "Self-Enforcing Online Dispute Resolution: Lessons from Bitcoin", 36 *Oxford Journal of Legal Studies* 595,620-621(2016).

争议解决所应遵循的清晰的程序和实体规则。① 更为关键的是，这种方式与目前依赖第三方支付媒介（如支付宝）无异，仍然无法排除第三方担保机构作恶的可能。② 这种问题可以通过一个建立在多重签名系统之上的比特币裁决系统予以改进。传统的比特币账户中，每个比特币地址都对应一个私钥。而多重签名地址有三个相关联的私钥，需要其中两个才能完成一笔转账。在没有争议的情况下，款项将从发出者的钱包转入接收者钱包，无需仲裁者介入。出现争议时，仲裁者可以就资金转移作出裁决。仲裁者和争议各方分别拥有一个私钥，在其中两个私钥同时使用时才可以解锁并完成交易。仲裁者无法单独解锁转入多重签名地址的比特币。多重签名地址技术的出现表明，比特币技术已经可以提供更为复杂的私人裁决和执行模式。③

通过这种方式进行争议解决的代表是公开市场（Open-Source Platform），一个类似淘宝的电商系统。与淘宝不同的是，公开市场是一个"点对点"的去中心化交易平台。④ 在公开市场上，买卖双方使用比特币进行交易，没有第三方审查交易，公开个人信息的决定权也掌握在用户手中。当公开市场上的买卖双方产生争议时，可以由一个公证人介入争议解决。第三方公证人也是公开市场网络的用户，是卖家和买家都信任的人。第三方为合约作证，并创建多重签名比特币账户，只有当集齐三个签名中的两个时，比特币才会被从多重签名地址发送给接收者。第三方公证人控制着第三把私钥，因此在买卖双方达成和解或者第三方作出判断之前，多重签名地址中的比特币不会被移动。在公开市场上用户隐私不被公开，因而必须有机制能够甄选出值得信任的第三方来做公证人。公开市场有一个信誉评分系统，允许所有的用户对其他用户进行反馈评分。在用户进行欺诈或者不能公正裁决争议时，他们的信誉将会受损。当用户在公开市场上购物和选择第三方公证人时，可以看到潜在公证人

---

① See Pietro Ortolani, "Self-Enforcing Online Dispute Resolution: Lessons from Bitcoin", 36 *Oxford Journal of Legal Studies* 595, 608-610(2016).
② 参见胡翌霖：《比特币多重签名技术的应用场景》，载 CSDN 官网，https://blog.csdn.net/luyong3435/article/details/38446521，访问日期：2021 年 9 月 10 日。
③ See Pietro Ortolani, "Self-Enforcing Online Dispute Resolution: Lessons from Bitcoin", 36 *Oxford Journal of Legal Studies* 595, 610(2016).
④ See Wulf A. Kaal and Craig Calcaterra, "Crypto Transaction Dispute Resolution", 73 *Business Lawyer* 109, 148(2017).

的信誉评分。虽然公证人是随机挑选的,但买家和卖家可以创建一个投票池,挑选出双方都信任的人。这种机制有助于确保公证人的专业性,同时又可以保持整个系统的保密性。[①]

2. 去中心化法庭

智能合约使合同条款可以事先约定,无法通过事后取巧,因而有效避免了争议的发生,但仍然有些条款无法通过代码进行表达,且人类行为的主观性造成的不完全信息、不可预见性、机会行为等问题,使争议无法被彻底排除。针对事后争议,区块链上发展出了去中心化司法机制,将争议解决、众包、在线公民参与、透明度等概念融合在一起。这种应用的代表为阿拉贡(Aragon Network)。[②] 其主要依靠众包机制解决争议,利用代币激励参与并执行裁决。

在阿拉贡社区,当用户对阿拉贡上的合约执行存有疑义时,可以发起诉讼程序。申请人需要缴纳押金并提出诉求。如果这个争议解决的结果有利于申请人,押金会被返还,否则会被拿走。申请人可以从同样交纳押金的用户中随机选出5人作为案件的"法官"。如果其中某人拒绝参加审判会被轻微处罚,申请人可以另选一人。"法官们"根据阿拉贡司法的基本规则及程序参与者提供的被加密的材料进行判决。决定如何裁判后,"法官"会生成一个秘密的随机数,同时提交判决结果的摘要给"法庭"。等裁判的期限过后,"法官"必须披露他们的随机数和判决结果,任何人都可以验证这个判决结果。如果判决结果和随机数披露失败,"法官"仍会受到惩罚。判决结果由多数票决定。投了正确票(多数票)的"法官"会被奖励一些不能转账的声誉代币,而投错票的"法官"会被严厉处罚。首轮审判之后可以进行两轮上诉。发起上诉方需要缴纳一笔数额更大的押金,这将打开一个预测市场,组织中的任何用户都可以通过提交押金而成为"法官"。如果审判结果和首次判决不同,所有上轮判决中投错票的"法官"都会被严厉惩罚,本轮投票正确的"法官"会得到奖励。如果申请人不满意前两轮的判决,可以继续上诉至最高级,然后由阿拉贡司法中声誉最高的9人组成"最高法院"进行裁判。在这种系统设计下,"法官"若不保

[①] See Wulf A. Kaal and Craig Calcaterra,"Crypto Transaction Dispute Resolution",73 *Business Lawyer* 109,146(2017).

[②] 这是一个以太坊上运行的去中心化自治组织管理应用,以太坊是一个能够在区域链上实现智能合约的底层系统。阿拉贡由代币控制,软件执行使用智能合约编写的代码。

持公正,他们的代币和押金就会被罚掉。系统的设计理念是尽量不鼓励启动审判程序,但也尽量为被侵犯利益的个体主持正义。① 与公开市场不同的是,阿拉贡没有促进争议解决专业化发展的机制。而根据民主原则随机选择出的"法官",如果缺乏专业化背景,则不利于提供公正而有效的审判。另外,阿拉贡的争议解决机制仅限于其用户,阿拉贡也不允许用户使用其他争议机制,系统缺乏开放性。②

区块链作为新一轮技术变革再次给互联网争议解决带来深刻影响,无论是交易平台、担保机制还是争议解决机制都呈现出新的面貌。特别是,区块链技术以及智能合约的应用实现了更为彻底的自我执行、数字化执行。其不仅使司法介入困难,与目前互联网上的私人争议解决相比也有更强的自治性。区块链去中心化的特点扩展了争议解决程序,限制了中心化司法机构的地位,实现了更为民主化的争议解决。虽然区块链技术及其应用目前仍然处于发展早期,但随着技术成熟及应用的普及,技术将有能力帮助人们建立新的规则。美国网络法学者莱斯格关于"代码即是法律"的论点得到了进一步印证。互联网的法律体系正在从"信息法"向"密码法"发展。③

四、总结与展望

联合国贸法会第三工作组关于在线争议解决规则制定的工作已经告一段落。《技术指引》作为一个示范性规则并没有解决电子商务的全球跨境执行问题。欧盟逐步在区域内建立了统一的法律规则,进一步实质性地推动了电子商务争议解决的跨境执行。但欧盟实践带来的经验是,法律的制度供给和商业的现实需求存在不匹配的情况。与之相对的是,从第一代互联网架构到区块链,私人争议解决和私人执行始终具有重要价值。它有助于提高效率和实现正义,可以补充公共执法的不足。内生机制以及互联网自治仍然是更有生命力的。当然,传统法律虽为外生于网

---

① See Wulf A. Kaal and Craig Calcaterra, "Crypto Transaction Dispute Resolution", 73 *Business Lawyer* 109,144-145(2017).
② Ibid.
③ See Aaron Wright and Primavera De Filippi, "Decentralized Blockchain Technology and the Rise of *Lex Cryptographia*", pp. 44-51, https://ssrn.com/abstract=2580664, last visited on 10 September, 2021;Lawrence Lessig, "Code is Law: On Liberty in Cyberspace", https://www.harvardmagazine.com/2000/01/code-is-law-html, last visited on 22 November, 2021.

络社会的制度,也对社会发展不断作出回应,体现为司法电子化浪潮以及司法系统逐渐认可在线争议解决并形成规则。因此,无论从实然还是应然角度,互联网的治理模式(包括争议处理和执行规则)都始终将是一种混合之治,既指公共执法和私人自治之混合,又指技术之治和法治之治的结合。

对我国而言,一方面应继续推进国内相关法律的制定、完善及法律法规间的衔接,并积极参与国际规则的制定。由于目前中国的电子商务产业发展势头迅猛、体量巨大,且对新生事物接受、利用和转化较快,我国实践和经验对世界互联网治理具有重要价值,同时也应通过参与规则制定掌握未来互联网治理的话语权。另一方面应鼓励私人自治发展。《电子商务法》第4章"电子商务争议解决"的条文实际上强调电子商务平台在组织争议解决中的主导作用。至于如何令电子商务网络平台上出现的私人秩序良好发展,特别是限制平台的垄断性作用,则还需要结合目前多部相关法律法规进一步探讨。就"技术之治和法治之治的结合"而言,技术层面的治理规则,由软件、算法、配套设施等技术要素构成;技术外部的、监管法规层面的治理规则,由法规框架、法律条文和行业政策等组成。混合之治更有利于保护所有参与者的利益并提升社会的整体福利,最终构建由监管机构、商业机构、消费者等共同参与的完善商业体系。

此外,对司法执行和私人执行的进展及局限的分析表明,迄今为止任何一种在线争议解决的执行机制都存在一些弊端。这些问题相当程度上与对第三方媒介的依赖有关。区块链被认为有潜力改变现有的争议解决机制,实现一种不依赖第三方的去中心化司法系统。这种"中心化—去中心化"的转变以及新型数字执行机制的出现是技术对法律制度的又一次冲击,同时也是技术变革对社会发展的馈赠。虽然区块链争议解决刚刚兴起,一些应用仍在发展之中,但这些初步尝试足以激发人们对未来互联网争议解决的想象。目前,我国互联网、信息技术等领域的一些企业正在着手研发或推出从基础设施到应用案例的系列方案,国内区块链的发展方兴未艾。无疑,区块链对互联网争议解决具有促进作用,尤其是区块链中的智能合约技术,能够使合约参与者直接基于技术达成公开的、平等的协议。在效率、成本和公开透明的层面上,智能合约技术明显比传统的合约执行以及纠纷解决机制具有优势。未来需要关注和进一步讨论的问题包括但不限于:区块链争议解决机制的适用范围,即并非所有争议都适合通过区块链架构解决;对争议解决程序正当性的控制;如何建立区块链标准体系框架等。

第三节 在线争议解决的一种新实践:众包

一、众包在线争议解决的概念

(一)众包争议解决的兴起

《纽约客》专栏作家詹姆斯·索罗维基(James Surowiecki)在2005年出版的题为《群体的智慧:为何众人比少数更聪明以及群体性智慧如何塑造商业、经济、社会和国家》(以下简称"《群体的智慧》")一书中,探讨了一个有趣的现象:一大群人比一小群精英分子更聪明。无论这群精英分子如何聪明,群体更擅长解决问题,更能孕育革新,更能作出智慧决策,甚至更能准确预知未来。索罗维基把这种现象称为群体智慧(wisdom of crowds)。① 杰夫·豪(Jeff Howe)在2006年6月出版的《连线》(Wired)杂志中创造了众包(crowdsourcing)的概念,描述一种互联网带来的新商业组织形式,即企业利用互联网公开召集大众,分配工作、发现创意或解决技术问题。② 过去十年,商业和公共机构开始应用众包解决实际问题。网站经营者们清楚地意识到,可以通过互联网及大众衡量所有提交到网络上的内容,比如将最受欢迎的物品或视频置顶,快速找到解决困难问题的答案。这种应用的成功代表是我们所熟知的维基百科(Wikipedia)。与传统上由专家编辑、出版商印刷销售的百科全书不同,维基百科的目标是向全人类提供自由的百科全书,让个人以自己的语言自由并无偿地参与编辑条目。截至2021年9月9日,英文维基百科条目数达到6373166条③,

---

① James Surowiecki, *The Wisdom of Crowds: Why the Many are Smarter than the Few and How Collective Wisdom Shapes Business, Economics, Societies, and Nations*, Anchor Books, 2005, p. 3.
② See Jeff Howe, "The Rise of Crowdsourcing", http://archive.wired.com/wired/archive/14.06/crowds.html? pg = 1&topics = crowds&topic _ set =, last visited on 10 September, 2021.
③ See "Wikipedia: Size of Wikipedia", https://en.wikipedia.org/wiki/Wikipedia:Size_of_Wikipedia, last visited on 11 September, 2021.

维基百科的文章质量与付费的百科全书相差无几。①

众包与 ODR 相结合则产生了争议解决领域的一个新概念——"众包在线争议解决"（Crowdsourced Online Dispute Resolution，CODR）。众包首先引起了决策和信息领域专家的关注，法律专家在过去二十年里探讨了在线争议解决的相关法律问题，但众包不久前才刚刚进入他们的视野。美国哈佛大学"伯克曼互联网与社会中心"在 2009 年举办的主题学术会议上，首次将众包在线争议解决作为一个学术术语来使用。②但运用众包理念解决争议的实践最早可以追溯至 1999 年美国公司 Perception Corporation 创建的在线争议解决平台 iCourthouse。③ 在这个平台上，任何人都可以提交争议并成为案件的"陪审员"（juror），有权提交"裁决"帮助当事人达成合意。电子商务网站 eBay 印度（eBay India）的社区法院（Community Court）被认为是网络平台利用众包进行争议解决的典型案例，因为其成功实现了速度快、成本低，依靠大量身处不同国家的人有效解决互联网争议的设想。众包在线争议解决的研究和实践方兴未艾。

本节将着重对中国淘宝网大众评审机制进行分析，对众包在线争议解决的运行原理和相关问题进行探讨。淘宝因其商业模式的巨大成功，不仅影响着中国网民的生活，推动着中国互联网规则的发展，也引起了国内外很多学者的关注。在专门探讨众包在线争议解决的文献中也有外国学者提及淘宝大众评审，但受制于资料获取、文化背景④或研究角度等因

---

① See Daniel Velizarov Dimov, *Crowdsourced Online Dispute Resolution*, AlphaZet prepress & Ipskamp Printing, 2017, p. 1. 在苹果电脑系统的"词典"应用中，"维基百科"与《牛津英汉词典》等并列出现在选择中。

② Law Lab, "Theoretical Aspects of Crowd Sourced ODR", http://lawlab.org/events/workshops-archive/theoretical-aspects-of-crowd-sourced-odr, last visited on 10 September, 2021.

③ See Robert Ambrogi, "Is There a Future for Online Dispute Resolution for Lawyers?", https://www.lawsitesblog.com/2016/04/future-online-dispute-resolution.html, last visited on 10 September, 2021. 目前 iCourthouse 的网站已不再运营。

④ 有文章提到，受制于文化的问题，作者不确定他们的众包设想能否应用于特定地区。因而可以想见，争议解决是高度地方化的，争议解决方式很大程度上受制于当地的文化和习俗。因此，外国研究者除非进行深入研究，否则很难把握制度的具体面貌，作出准确判断。See Colin Rule and Chittu Nagarajan, "Crowdsourcing Dispute Resolution Over Mobile Devices", http://colinrule.com/writing/mobile.pdf, last visited on 10 September, 2021.

素,他们的观察是不全面、不准确的。①

(二) 众包在线争议解决的概念

1. 众包的概念

群体的智慧已为许多文献所讨论。② 在上文提到的《群体的智慧》一书中,索罗维基探讨了许多众包的实例,从估算一头公牛的体重到预测哥伦比亚号航天飞机灾难。索罗维基的研究主要针对线下社会。豪将众包定义为,一个公司或机构将原本由雇员承担的工作以公开召集的方式外包给不确定的(通常是人数众多的)一群人处理。③ 豪的定义较为清晰地反映了众包的特点,是很多研究的起点。在网络世界中,群体智慧的对应概念是大众生产(peer production)、用户创造内容(user-generated content)、集体智识(collective intelligence)、维基经济(wikinomics)、Web2.0等。这些概念有时是指同一事物,被替换使用,有时又指代不同内容。④ 近年来全世界各地出现的众包现象表明互联网具有实现"众人智慧"的惊人能力,推动了众包的发展和应用。特别是,它能够将全世界的个体集中到一个平台之上,通过思想的即时交换以及非同步性,使分散各处的思想流汇聚于一个渠道。由于所有用户分散在世界各地,跨越不同文化,他们在做决定时又是独立的,这些都确保了互联网众包的可能性和正确性。⑤ 几乎所有的众包项目都具有两种共同的属性:第一,参与者不为金钱利益;第二,参与者贡献的是业余时间。⑥

根据不同标准可以对网络众包进行类型化。根据任务的难易程度,

---

① E.g. Anjanette H. Raymond and Abbey Stemler, "Trusting Strangers: Dispute Resolution in the Crowd", 16 *Cardozo Journal of Conflict Resolution* 357,382(2015). 该文献提到淘宝的大众评审已经不再工作,但目前为止,其仍然在有效运行,只是由网页端转换到移动端 APP。

② E.g. Howard Rheingold, *Smart Mobs: The Next Social Revolution*, Basic Books, 2003; Don Tapscott and Anthony D. Williams, *Wikinomics: How Mass Collaboration Changes Everything*, Portfolio, 2006.

③ Jeff Howe, "Crowdsourcing: A Definition", https://crowdsourcing.typepad.com/cs/2006/06/crowdsourcing_a.html, last visited on 10 September, 2021.

④ Daniel Velizarov Dimov 对这些概念进行了比较和澄清, see Daniel Velizarov Dimov, *Crowdsourced Online Dispute Resolution*, AlphaZet prepress & Ipskamp Printing, 2017, pp. 21-22.

⑤ See Daren C. Brabham, "Crowdsourcing as a Model for Problem Solving: An Introduction and Cases", 14 *Convergence* 75,81(2008).

⑥ 〔美〕杰夫·豪:《众包:群体力量驱动商业未来》,牛文静译,中信出版社2011年版,第9页。

众包可以被分为简单任务型和复杂任务型。前者如美国国家航空航天局（NASA）2000年请网络志愿者估算火星照片上的环形山数量或利用众包协助电子取证（electronic discovery）；后者主要指需要更高技能的人才能完成的工作，如众包应用InnoCentive将科学领域的各种复杂问题向大众寻求解决方案。①工作性质也可以作为类型化的标准。豪区分了四种众包类型：集体智慧（collective intelligence）、群体创造（crowd creation）、群体投票（crowd voting）及众筹（crowd funding）。②他的分类被认为比较全面地涵盖了众包的主要类型。关于众包在法律领域的应用，提摩西·阿姆斯特朗（Timothy K. Armstrong）认为众包可以帮助解决目前法律研究中资源公开获取存在障碍的问题③，卡桑德拉·伯克·罗伯森（Cassandra Burke Robertson）预测未来中产阶层可以依靠众包获得法律意见。④

根据丹尼尔·季莫夫（Daniel Dimov）的总结，所有众包的优势有三点：人群的多样性、迅速作出决定以及成本不高。众包的劣势主要有八项：(1)大量信息可能相关性较低；(2)作为结果提交的思想或是任务存在法律上的所有权问题；(3)众包人员的计件工资较低；(4)众包过程缺乏透明度；(5)参与者对众包过程缺乏信任感；(6)存在参与者过少的风险；(7)信息过量导致处理困难；(8)参与的人群在统计学上缺乏代表性。⑤

2. 众包在线争议解决

与"众包"及"在线争议解决"相比，众包在线争议解决进入研究者的视野较晚，研究成果也相对较少。鲁尔和纳加拉詹认为，传统争议解决机

---

① See Daniel Velizarov Dimov, *Crowdsourced Online Dispute Resolution*, AlphaZet prepress & Ipskamp Printing, 2017, pp. 17-18.
② 〔美〕杰夫·豪：《众包：群体力量驱动商业未来》，牛文静译，中信出版社2011年版，第226—227页。
③ See Timothy K. Armstrong, "Crowdsourcing and Open Access: Collaborative Techniques for Disseminating Legal Materials and Scholarship", 26 *Santa Clara Computer and High Technology Law Journal* 591(2010).
④ Cassandra Burke Robertson, "The Facebook Disruption: How Social Media May Transform Civil Litigation and Facilitate Access to Justice", 65 *Arkansas Law Review* 75, 97 (2012).
⑤ See Daniel Velizarov Dimov, *Crowdsourced Online Dispute Resolution*, AlphaZet prepress & Ipskamp Printing, 2017, pp. 25-28.

制以及在线争议解决机制因成本高昂、速度慢、需要人力资源,无力解决大量的互联网争议。① 但他们仅仅对众包在线争议解决进行了简要介绍,没有对其定义、类型等做进一步分析与归纳。亚普·范·登·哈里克(Jaap van den Herik)和季莫夫对众包在线争议解决进行了定义,即众包在线争议解决包括替代性争议解决及诉讼程序,利用网络技术及众包作为争议解决的组成部分。他们提出众包在线争议解决的构成要件包括人员、激励、目标和程序。② 努诺·鲁兹(Nuno Luz)、玛尔塔·波布勒特(Marta Poblet)和努诺·席尔瓦(Nuno Silva)指出众包与在线争议解决结合有三种形式:(1)利用在线争议解决辨别众包工人提供信息的正确性;(2)大众为争议双方提供解决方案;(3)全部或部分利用众包解决争议。③ 第一种形式下,众包利用了在线争议解决,在后两种形式下,在线争议解决利用了众包。

目前众包在线争议解决可以大致分为四种类型:(1)在线民意投票;(2)模拟在线审判;(3)可私人执行的在线审判④;(4)区块链技术之下的去中心化司法。第一种在线民意投票允许用户在一个在线平台上提出问题,获得社区成员的一些反馈,但系统不提供任何法律方面的评估,也不保证问题能够得到公正的解决⑤,代表为 iCourthouse(www.icourthouse.com)、People's Court Raw(www.peoplescourtraw.com)。第二种模拟在线审判不是真正意义上的争议解决,但可以给双方及其代理人提供一个模拟审判的机会。通过参与模拟审判,参与者可以预测审判结果,例如 eJury(www.ejury.com)及 Virtual Jury(www.virtualjury.com)。第三种可私人执行的在线审判是网络社区的争议解决机制,代表

---

① Colin Rule and Chittu Nagarajan, "Crowdsourcing Dispute Resolution over Mobile Devices", in Marta Poblet (ed.), *Mobile Technologies for Conflict Management: Online Dispute Resolution, Governance, Participation*, Springer Science & Business Media, 2011, pp. 93-105.

② Jaap Van Den Herik and Daniel Dimov, "Towards Crowdsourced Online Dispute Resolution", 7 *Journal of International Commercial Law and Technology* 99, 102-105(2012).

③ Nuno Luz, Marta Poblet and Nuno Silva, "Crowdsourcing Dispute Resolution: Survey and Challenges", in Paulo Novais and Davide Carneiro (eds.), *Interdisciplinary Perspectives on Contemporary Conflict Resolution*, IGI Global, 2016, p. 284-286.

④ Jaap Van Den Herik and Daniel Dimov, "Towards Crowdsourced Online Dispute Resolution", 7 *Journal of International Commercial Law and Technology* 99, 100(2012).

⑤ Nancy S. Marder, "Cyberjuries: A New Role as Online Mock Juries", 38 *University of Toledo Law Review* 239, 245-249(2006).

是美国 eBay、荷兰最大的电商平台市集网(www.marktplaats.nl)和中国最大的电商平台淘宝网的众包争议解决机制。因商业模式变化,eBay 社区法院已经暂停使用。在这个意义上,与之类似的淘宝大众评审就成为这个领域为数不多的成功案例。吉姆·埃里克森(Jim Erickson)①、刘立之(Lizhi Liu)和巴里·R.温格斯特(Barry R. Weingast)②、方旭辉③对淘宝大众评审进行了介绍。最后一种类型是建立在区块链技术之上的去中心化众包机制。传统上任何服务及应用都是通过中心化的方式被提供的,但区块链技术建立在对等网络(P2P)而非中心化网络的组网技术之上,无须中介参与。架构变化也带来了争议解决机制的创新和发展。目前在区块链架构上运行的争议解决应用有 Aragon Network④、CrowdJury⑤和 Kleros⑥,它们依靠众包机制解决争议,利用代币激励参与并执行裁决。沃尔夫·卡尔(Wulf A. Kaal)和克莱格·卡尔卡泰拉(Craig Calcaterra)的论文对此有较为详细的介绍。⑦

季莫夫的博士学位论文是目前为止众包在线争议解决领域较为全面的参考文献,除对众包在线争议解决的概念、类型、主要模式的优劣等进行了清晰描述外,该文还对众包在线争议解决的程序正义问题进行了分析。现有的中文文献主要在介绍淘宝机制,缺乏对众包在线争议解决制度整体性的理论分析。进一步的研究应当继续归纳和总结世界范围内出现的各种利用众包进行争议解决的案例,考察其应用效果,明确机制改进和开展研究的方向。

---

① Jim Erickson,"How Taobao Is Crowdsourcing Justice in Online Shopping Disputes",https://www.alizila.com/how-taobao-is-crowdsourcing-justice-in-online-shopping-disputes/,last visited on 10 September,2021.

② See Lizhi Liu and Barry R. Weingast,"Taobao,Federalism,and the Emergence of Law,Chinese Style",102 *Minnesota Law Review* 1563,1581-1582(2018).

③ 方旭辉:《ODR——多元化解决电子商务版权纠纷新机制》,载《法学论坛》2017 年第 4 期,第 157—158 页。

④ See Aragon website,https://aragon.one,last visited on 10 September,2021;参见高薇:《互联网争议解决中的执行问题——从司法、私人到去中心化数字执行》,载《法商研究》2018 年第 6 期,第 144 页。

⑤ See CrowdJury website,https://www.crowdjury.org,last visited on 10 September,2021.

⑥ See Kleros website,https://kleros.io,last visited on 10 September,2021.

⑦ Wulf A. Kaal and Craig Calcaterra,"Crypto Transaction Dispute Resolution",73 *Business Lawyer* 109(2017).

二、淘宝大众评审的构成要件分析

托马斯·W.马龙(Thomas W. Malone)等人通过对将近250个集体智慧系统(collective intelligence systems)的研究,提出了所有众包系统所共有的四个构成要件(building blocks):人群构成、激励机制、系统目标及组织结构与程序。[①]马龙建立的分析框架表明,众包不完全是随机发生的现象,而是可以通过与特定组织的需求相匹配得到进一步适当应用的。这种分析框架可以用于解构淘宝大众评审的运行机理。

(一)系统目标

2012年,淘宝网建立了大众评审的判定中心,发动全体淘宝会员参与到社区的管理中,所有提交问题将由大众评审员在判定中心通过集体投票方式解决。

大众评审旨在解决淘宝网上发生的争议。目前大众评审员可以处理的争议包括:(1)卖家违规行为类,包括但不限于淘宝主动排查发现或会员投诉/举报的卖家违规行为,卖家因其违规行为被处理后进行的申诉;(2)交易争议类,即买卖双方存在争议的交易款项归属或资金赔偿纠纷处理;(3)根据大众评审机制的发展而逐步放开的其他任务类型,具体开放范围详见"判定大厅"。目前在手机版大众评审的"判定大厅"界面中可以看到的几种争议类型包括[②]:商品鉴定(包括但不限于平台不良信息、不当描述等内容鉴定);纠纷法庭(包括但不限于买卖双方存在争议的交易款项归属或资金赔偿纠纷处理;卖家被违规处理后的申诉处理等);规则众评(大众广泛参与的规则共建);新人阵地(包括但不限于买家秀视频择优;清扫山寨品牌、远离山寨货等)。[③]淘宝大众评审针对的是淘宝平台上出现的大量、小额、同质性、跨境争议。其中大部分都是涉及消费者的简单争议,例如商品与描述不符、商品质量问题、买家未收到货物等。对于这类争议,问题得以迅速解决比严格适用法律规定更为重要。因

[①] Thomas W. Malone, Robert Laubacher and Chrysanthos Dellarocas, "Harnessing Crowds: Mapping the Genome of Collective Intelligence", https://papers.ssrn.com/sol3/papers.cfm? abstract_id=1381502, last visited on 10 September, 2021.

[②] 大众评审目前进行了改版,用户无法再使用网页版进行评审,需要使用移动端(APP)进行评审。因而正文会经常提及手机版上的内容。

[③] 参见淘宝手机版移动端(APP)"大众评审"界面及《大众评审员管理规则公告》(自2018年2月12日起生效)第1条,访问日期:2021年9月11日。

此大众评审员评审的主要依据是《淘宝规则》以及作为淘宝用户的经验。

(二) 组织程序

众包在线争议解决程序一般均经过四个阶段:申请人提交申诉、通知被申请人、作出决定及决定执行。①

大众评审的程序并不复杂。买家有权选择或淘宝视争议内容将争议交由大众评审进行判断,淘宝根据大众评审的判断结果对争议作出处理。②

淘宝系统随机向评审员派送判定任务,采取先到先得的原则。2013年发布的《淘宝网大众评审公约(试行)》规定,判定周期内,如参与判定的评审员不足 31 人(含本数),则构成无效判定,淘宝网将人工介入对该违规行为的判定处理;在符合人数要求的情况下获得 16 票的一方获胜。2014 年淘宝的规则修改为,判定周期内,如支持任何一方的评审员均不足 16 人(含本数),则构成无效判定。改变在于没有规定有效判定的总人数,而是规定支持任何一方的评审员达到 16 人就构成有效判定。在历次规则修改过程中,判定周期从最初的 24 小时(2013 年),到 48 小时(2014 年),再到 168 小时(2015 年),逐渐延长。③最新的手机版《淘宝网大众评审公约(试行)》对判定周期进行了更加灵活的规定,不统一规定判定周期的时长,仅强调每个任务的有效判定周期将根据任务类型定制,但大多数纠纷能够在 24 小时内得到解决。

对于构成有效判定的人数要求,最新的手机版规则仅原则性地规定,判定周期内,如支持任何一方的评审员达到"取胜人数"(含本数),则构成有效判定。例如交易纠纷的"取胜人数"为 7 人。④大众评审员每日可判

---

① See Daniel Velizarov Dimov, *Crowdsourced Online Dispute Resolution*, AlphaZet prepress & Ipskamp Printing, 2017, pp. 94-99.

② 《淘宝平台争议处理规则》,载淘宝官网,https://rule.taobao.com/detail-99.htm?spm=a2177.7231193.0.0.7ea017eaAVQ5bp&tag=self,访问日期:2021 年 9 月 11 日。

③ 《〈淘宝网大众评审公约(试行)〉变更生效通知》(2014.11.4),载淘宝官网,https://rule.taobao.com/detail-1871.htm?spm=a2177.7231193.0.0.4de617eaixHPpc&tag=self,访问日期:2021 年 9 月 10 日;《〈淘宝网大众评审公约(试行)〉变更生效通知》(2015.3.13),载淘宝官网,https://rule.taobao.com/detail-2338.htm?spm=a2177.7231193.0.0.4d3317eanZfXes&tag=self,访问日期:2021 年 9 月 11 日。

④ 参见淘宝手机版移动端(APP)中的"大众评审"注册页以及《淘宝网大众评审公约(试行)》,访问日期:2021 年 9 月 11 日。

定的任务总量有一定限制,目前最高不得超过 80 个任务。①

在众包决定的作出阶段有两个问题需要关注:第一,评审员能否询问争议双方。在争议解决程序中对双方进行询问,被认为有助于澄清问题。但在参与争议解决人数较多的情况下,则需要设计评审员询问当事人的机制。淘宝评审员没有向争议双方询问的途径。第二,决定作出前是否要经过评审员之间的共同评议。如果允许评议,则可能出现两极分化的情况并导致非理性决定,影响信任度及程序便利。若不允许评议,少数意见便不会被持多数意见的人群考虑。从结果上少数方便受到压制,丧失了表达自己观点的权利。②从现行手机版大众评审的实际操作上看,评审员的选择是分别进行的,在没有作出自己的选择之前无法看到其他评审员的选择,故不存在评议。

大众评审员的裁决为一裁终局,即不存在向大众评审的上诉。③淘宝系统将依据《淘宝规则》的违规处理措施执行评审员的判定结果。消费者通过卖家事先存入的保证金得到赔付或者由淘宝先行赔付再向商家追偿。

判定中心的设计便于用户加入和使用。在线争议解决的优势之一在于,可以通过图表、符号、流程说明等技术设计使争议解决的整个程序便于参与者理解和掌握。手机版淘宝大众评审用户可以通过新手帮助中心获取大众评审流程和机制的简明图示。新加入的评审员可以在"判定大厅"栏清晰地看到"商品鉴定""纠纷法庭""规则众评"和"新人阵地"版块,点击领取任务,并在"判定记录"栏目跟进评审进展。同时,这个平台使用的是"评审员""任务""评审新秀""评审达人"等符合中文语言习惯、具有文化认同度、同时也显示淘宝企业特点的表达,而不是"陪审员""法官"等

---

① 参见淘宝手机版移动端(APP)"大众评审"界面"重点问题 Q&A 集锦",访问日期:2021 年 9 月 11 日。
② See Daniel Velizarov Dimov, *Crowdsourced Online Dispute Resolution*, AlphaZet prepress & Ipskamp Printing, 2017, pp.97-98.
③ 建立在区块链技术上的争议解决项目可以进行众包上诉,如 Aragon Network,这是一个以太坊上运行的去中心化自治组织管理应用。以太坊是一个能够在区块链上实现智能合约的底层系统。Aragon Network 由代币控制,软件执行使用智能合约编写的代码。

称谓。①

（三）人群构成

众包理论要求群体具有多样性。这种"多样性胜于个体精英能力"理论的基础在于，能力强的人是一个同质化的群体，他们在背景、观点和技能等方面具有类似性。虽然他们在某些方面优于大众，但许多问题的解决不能依靠一种思路。每个个体都具有独特性，不同的世界观会给出不同的问题解决方案，其中一些会是较优的方案。② 这种多样性可以体现为性别、国籍、经济地位、宗教信仰等方方面面的差异。③ 多样性能够去除系统性偏见（systematic bias），与最终结果的质量高度相关。增加评判人员的社会多样性，而不是提高人群的平均教育水平更能提高审判结果的准确性。④

在淘宝大众评审员的人群构成中，"80后"数量最多，占到总数的近75%。⑤ 评审员年龄跨度较广，最年长的评审员74岁，最小的16岁。数据显示，男性淘宝会员更愿意担当大众评审，在大众评审团队伍中男女比例为1.5∶1。另外，浙江、广东、江苏三省的淘宝用户最活跃，占大众评审员省籍比例最多。⑥ 卖家与买家的数量基本相当。在一年的试用期

---

① eBay印度的社区法院也曾意识到同样问题。eBay的团队意识到使用"法院"及"陪审员"（juror）的话语对用户体验不利，因此将社区的评审团体改为"委员会"（panels）。Colin Rule and Harpreet Singh, "ODR and Online Dispute Resolution Systems: Maintaining Trust and Accuracy Trough Effective Redress", in Mohamed Abdel Wahab, Ethan Katsh and Daniel Rainey (eds.), *Online Dispute Resolution: Theory and Practice*, Eleven International Publishing, 2011, p.193.

② 〔美〕杰夫·豪：《众包：群体力量驱动商业未来》，牛文静译，中信出版社2011年版，第95—98页。

③ Daren Carroll Brabham, "Diversity in the Crowd", https://crowdsourcing.typepad.com/cs/2007/04/speakers_corner.html, last visited on 10 September, 2021.

④ See Fred L. Strodtbeck, Rita M. James and Charles Hawkins, "Social Status in Jury Deliberations", 22 *American Sociological Review* 713(1957).

⑤ 《淘宝公布大众评审制首张成绩单》，载快科技网，https://news.mydrivers.com/1/439/439353.htm，访问日期：2021年9月11日。根据一些学者观察，在群内最有生产力的多是年轻人，大致在30岁以下，这个群体是用户创造内容的Web 2.0时代最为活跃的年龄组。See Amande Lenhart and Mary Madden, "Teen Content Creators and Consumers", https://www.pewinternet.org/2005/11/02/teen-content-creators-and-consumers/, last visited on 10 September, 2021.

⑥ 《淘宝公布大众评审制首单：吸纳74岁资深剁手党》，载环球网，http://tech.huanqiu.com/internet/2015-07/7053894.html，访问日期：2021年9月10日。

内,有 82 万淘宝用户注册大众评审员,其中 48 万是买家,33 万是卖家。① 2013 年 12 月至 2015 年 6 月,评审员中的买家卖家比例基本上为 1∶1。② 对于利用众包的电商平台而言,需要根据掌握的数据进一步观察哪些指标对争议解决的结果影响更大,例如是性别差异还是卖家和买家的数量差异,并对所选取的指标反映的信息予以评估。比如,在每一单项指标中(如买家卖家或年龄),除考察参与个体的数量外,还需考察某类个体的参与频率。例如,虽然卖家参与的总数少,但某些个体判定的任务可能多于买家,即活跃度更高。

在目前的众包在线争议解决应用中,一类程序是所谓的开放式众包,不要求参与者满足任何条件,众包机制也不隶属于网络社区,如在线民意测试;另一类是封闭式众包,参与者为特定群体,需要掌握解决特定问题的足够知识,代表是 eBay 和淘宝这类平台。后者似乎与众包是依靠普通人智慧的这一大众认知相左,但研究表明,封闭性的众包在线争议解决程序可以对参与者的信息进行自动筛选,从人群中找到适格的争议解决者。③

第二章提及,与争议解决密切相关的有两类知识或称为信息,即有关在线交易的信息和解决争议的信息。大众评审员均为淘宝的注册用户,是交易活动的直接参与者,很多是深度用户。他们掌握着大量有关交易的信息,包括交易流程、交易规则,特别是遭遇过交易中可能发生的各种情况。这种信息对争议的解决至关重要,非亲身经历不能获得,是一种私人信息。理论上法律专家更善于解决争议,掌握争议解决的技能和信息,这对他们而言是私人信息。但在淘宝的案例中他们却并不一定比网络用户更善于解决"淘宝网上发生的争议"。这主要是因为淘宝争议的特点决定了争议解决对法律知识的依赖程度低,更为重要的是《淘宝规则》和交易信息,而淘宝用户对这类信息的掌握更为充分。与作为个体的"淘宝小二"、法官相比,众包的重要特点还在于,群体可以将这种每个用户拥有的

---

① 阿里巴巴集团:《2016 阿里巴巴生态系统互联网志愿者研究报告》,载豆丁网,https://www.docin.com/p-1954069131.html,访问日期:2021 年 9 月 11 日。
② 数据来源于阿里巴巴 2015 年 6 月公布数据,参见《淘宝大众评审团,默默耕耘三年,首晒成绩单》,http://www.tianxiang17.cn/wz/epirah5.html,访问日期:2019 年 1 月 26 日。
③ Jaap Van Den Herik and Daniel Dimov, "Towards Crowdsourced Online Dispute Resolution", 7 *Journal of International Commercial Law and Technology* 99,106(2012).

重要信息进一步整合,互联网为这种信息聚集提供了更大可能,这使网络众包比线下众包更有优势。在信息掌握的意义上,淘宝用户是比较适合解决淘宝争议的群体。

为确保大众评审员能够具备这样的知识,淘宝平台首先设置了招募条件,对人群进行筛选。大众评审员通过公开招募产生,依据2013年《淘宝网大众评审公约(试行)》的规定,符合以下条件的淘宝网会员均可登录判定中心申请成为评审员:(1) 会员注册时间满3个月;(2) 已通过支付宝实名认证;(3) 无其他不适合担任评审员的情形。2014年《淘宝规则》将招募条件中的会员注册时间要求从满3个月延长为满1年,并分别针对买家和卖家补充设置了招募条件:(1) 买家须同时符合下述要求:① 会员等级大于等于Vip2;② 信用等级大于等于三心;③ 近90天要求淘宝介入的交易笔数小于等于三笔。(2) 卖家须同时符合下述要求:① 信用等级大于等于一钻;② 近30天争议退款率低于行业平均值;③ 申请成为评审员的当个自然年内无违反《淘宝规则》中严重违规(含出售假冒商品)相关规定被扣分。[①]最新的手机版大众评审在2014年规则的基础上,将"已通过支付宝实名认证"的要求修改为"芝麻信用分大于等于600分"。此外,用户在"商品鉴定"和"纠纷法庭"两个版块下,需要通过认证考试并达到相应的分值才能参与相关的评审任务并获得经验和点滴值。[②]大众评审员的资格要求是与买家和卖家的信誉密切联系的,信用评分的具体信息可以在淘宝网站上获得。

淘宝也有促进评审员技能提高的机制。大众评审虽然不是职业的争议解决者,但他们可以在判定过程中不断习得和积累解决争议的经验。淘宝平台上的巨大交易量为用户不断获取经验创造了可能,很多活跃的评审员能够在短时间内处理大量任务。淘宝允许用户根据判定的任务数量,获取经验值并提高等级。经验值就直接体现了评审员对信息的掌握程度。网页版淘宝大众评审运营期间,判定中心设有"你说我说"一栏,将

---

① 《〈淘宝网大众评审公约(试行)〉变更生效通知》(2014.11.4),载淘宝官网,https://rule.taobao.com/detail-1871.htm? spm=a2177.7231193.0.0.4de617eaixHPpc&tag=self,访问日期:2021年9月10日。

② 参见淘宝手机版移动端(APP)中的"大众评审"注册页、《淘宝网大众评审公约(试行)》以及"重点问题Q&A集锦",访问日期:2021年9月11日;《如何成为大众评审?》,载淘宝官网,https://consumerservice.taobao.com/self-help? spm=a21pu.8253649.0.0.38e978d50zjIcL#page=issue-detail&knowledgeId=5498330,访问日期:2021年9月11日。

"最热议""最纠结""最新鲜"的已判定任务作为案例供用户学习和讨论,进一步帮助他们学习评判技巧和经验。①

(四) 激励机制

众包的成功在于大众参与,但招募人员参与是众包项目的重要挑战之一。人们参与众包的动机可能是多种多样的。目前招募大众参与主要有五种激励模式:(1) 荣誉或赞许;(2) 经济报酬;(3) 服务社区的感觉;(4) 能够得到最终结果的反馈;(5) 为娱乐目的。②在淘宝大众评审中这几种激励同时存在。

在完成任务后被"点名"(naming and shaming)和"表扬"(credit)是激励用户参与的重要手段之一。③将用户参与争议解决的相关信息以某种方式公布出来,这类似于维基百科对词条撰写者的激励,也像在科学领域中学者获得承认能够正向激励进一步的研究行为。④淘宝通过一些办法来建立和衡量评审员的声誉。例如,大众评审员每评审一个任务可获得经验值,累积起来可以获得相应等级的勋章。评审员在获得经验值的同时,还能得到"点滴"奖励,"点滴"累积到一定数目后,除可以参与公益捐赠以外,还可以兑换公仔、水杯、防晒伞、纪念邮册、笔记本、双肩包、充电宝、话费充值券等物质奖品。反之,淘宝也会定期对在判定过程中存在严重误判等违规行为的评审员进行处罚和清退。⑤

安嘉·S.戈茨(Anja S. Göritz)的研究显示,物质激励能够提升平均19%的众包应用回报率。⑥但迈克尔·R.曼尼阿齐(Michael R. Maniaci)

---

① 目前淘宝手机版移动端(APP)大众评审界面已无此栏目。
② Daniel Velizarov Dimov, *Crowdsourced Online Dispute Resolution*, AlphaZet prepress & Ipskamp Printing, 2017, pp. 78-82. 也有学者提到激励包括:(1) 参与者被某一机构要求贡献力量;(2) 招募方付费给参与者;(3) 寻求志愿者;(4) 让使用争议解决服务的人付费。See AnHai Doan, Raghu Ramakrishnan and Alon Y. Halevy, "Mass Collaboration Systems on the World-Wide Web", http://citeseerx.ist.psu.edu/viewdoc/download? doi = 10.1.1.154. 444&rep=rep1&type=pdf, last visited on 11 September, 2021.
③ Jaap Van Den Herik and Daniel Dimov, "Towards Crowdsourced Online Dispute Resolution", 7 *Journal of International Commercial Law and Technology* 99,103(2012).
④ Daniel Velizarov Dimov, *Crowdsourced Online Dispute Resolution*, AlphaZet prepress & Ipskamp Printing, 2017, pp. 78-79.
⑤ 参见淘宝手机版移动端(APP)大众评审界面"等级奖励"和"点滴捐赠"栏目以及注册页面的《淘宝网大众评审公约(试行)》,访问日期:2021年9月11日。
⑥ Anja S. Göritz, "Incentives in Web Studies: Methodological Issues and a Review", 1 *International Journal of Internet Science* 58,65(2006).

和罗纳德·D.罗格(Ronald D. Rogge)认为,金钱激励的大小与回报率并不呈现出正相关。大额的金钱激励甚至会导致相对递减的回报率。[1] 其他领域的研究也表明,人们做事并不一定依靠利益刺激,而引入经济刺激后反而会破坏事情原本的价值和目标。[2] 众包成功的关键在于满足人们的精神追求和实现某种意义。如果有物质收益,也必须排在其他意义之后。[3] 如果金钱刺激成为主要激励,就不会有成功的众包。目前主要的众包在线争议解决机制即便收取费用,费用也较为低廉。[4] 淘宝大众评审是免费服务,也不会占据评审员大量时间,这应该很大程度上是人们愿意尝试淘宝大众评审的原因。为了激励评审员积极参与交易争议判定,淘宝给每位成功投票的评审员一定的经验和"点滴"作为奖励,无论判决是否正确。道德风险似乎始终存在,有评审员为获得奖励,不认真审核交易双方的举证材料,草率投票导致交易争议被误判。[5]这就需要淘宝采取有效防范措施杜绝此类行为,并针对大众评审员的渎职行为提出相应的惩处办法。目前还无法衡量如果淘宝大众评审成为收费服务,用户是否会继续选择由"淘宝小二"解决争议。

淘宝大众评审的参与者本身就是卖家及买家,这既是成为评审员的条件,也是用户主动参与的重要动力。作为社区的一员,用户有动力为建

---

[1] Michael R. Maniaci and Ronald D. Rogge, "Conducting Research on the Internet", in Harry T. Reis and Charles M. Judd, *Handbook of Research Methods in Social and Personality Psychology* (Second Edition), Cambridge University Press, 2014, p.464.

[2] 经济学家曾做过这样一个研究,在一个托儿所,根据规定每天下午4点前接孩子。但家长们常常迟到,所以每天傍晚总要有一个老师留到最后等待家长。据统计,每个托儿所每周会有8起晚接孩子的事情。为解决这一问题,经济学家设计加入罚金,每个晚接孩子10分钟的家长都被要求支付3美元的罚金。结果是,不接孩子的事件不但没有减少反而迅速增多了。这种安排的问题是,引入的经济激励(3美元的罚金)挤走了道德激励(家长们晚来所感到的愧疚)。通过几美元,家长们就消除了罪恶感。See Uri Gneezy and Aldo Rustichini, "A Fine is A Price", 29 *Journal of Legal Studies* 1(2000). See also Steven D. Levitt and Stephen J. Dubner, *Freakonomics*, HarperCollins Publishers, Inc., 2005, pp.21-23.

[3] 〔美〕杰夫·豪:《众包:群体力量驱动商业未来》,牛文静译,中信出版社2011年版,第149—150页。

[4] "At present, only the providers of online mock juries provide remuneration to the crowd members. TrialJuries pays USD 30 to each juror for his participation in a simple case. For more complex cases, TrialJuries pays a higher amount. Depending on the complexity of the case, JuryTest pays each juror between USD 5 and USD 50." Daniel Velizarov Dimov, *Crowdsourced Online Dispute Resolution*, AlphaZet prepress & Ipskamp Printing, 2017, p.81.

[5] 王月盈:《淘宝网店运营交易纠纷解决机制存在的问题及对策》,载《船舶职业教育》2017年第1期,第76页。

立公平公正的交易社区贡献力量。用户也可能会希望通过评审的方式去帮助有同样问题的用户解决问题,这就是所谓的"感同身受"。评审过程也为买家和卖家提供了一个机会,使他们可以在评审中同时观察买卖双方的交易行为,并调整自身的交易行为和判断角度。用户主动参与争议解决的理由会有多种,但无论参与者目的为何,人群中总有一些活跃的、有能力、有热情的用户会主动参与完成任务。[①] 这些积极的参与者是推动众包成功的重要因素。例如,有资深评审员自大众评审成立3天即参与,几乎每天上线进行评审,常年居于评审员全球排行前三名。也有评审员秉承教育工作者的严谨作风,坚持对评审案件进行细致分析再判断,并认为参与评审就是和一群志同道合的人一起做一件有意思的事。[②]

研究表明,人群中的成员如果能够收到投票的结果反馈,比如支持或反对的意见,从而知晓其作出的决定是否与多数意见相符或仅仅是少数意见,这将是一个极为有效的激励。[③] 淘宝目前的做法是,大众评审员完成判定后可以看到当前的投票人数。如果达到有效判定人数,就可以在判定结果的界面看到自己的选择是否与最终结果一致。

娱乐或消磨时间也是人们参与众包项目的原因之一。帕诺斯·伊佩罗蒂斯(Panos Ipeirotis)对亚马逊土耳其机器人(Amazon Mechanical Turk,AMT)[④]应用的研究表明,20.5%的参与完成任务的人是在消磨时间,42%为娱乐目的。人们参与众包的动机是通过参与众包工作获得本

[①] 在YouTube等新型社交网络中,只有1%的用户是活跃的内容创造者,另有10%的用户和内容互动并且作出改变,剩下89%的用户都是被动的观察者。〔美〕杰夫·豪:《众包:群体力量驱动商业未来》,牛文静译,中信出版社2011年版,第175—176页。

[②] 《评审员故事》,载大众评审网站,http://pan.taobao.com/#n3,访问日期:2021年9月11日。

[③] Daniel Velizarov Dimov, *Crowdsourced Online Dispute Resolution*, AlphaZet prepress & Ipskamp Printing, 2017, p. 80.

[④] 土耳其机器人(Mechanical Turk)的名称来自18世纪一个国际象棋游戏机器人,机器人中有一个真人躲在秘密隔间中操纵机器人和人对弈,看似智能的背后隐藏着人为的操作。亚马逊将电脑程序中的部分任务外包给真人,包括转录、评级、图像标记、调查和写作等,创造出"人工型人工智能"(artificial artificial intelligence)一词,并选择用土耳其机器人来命名他们的网络服务,意寓在看似自动进行的电脑程序服务背后隐藏着人类的智慧和操作。See "Amazon Mechanical Turk," https://en.m.wikipedia.org/wiki/Amazon_Mechanical_Turk, last visited on 11 September, 2021.

能的乐趣以及与他人社交的机会。① 理论上,淘宝大众评审不排除这种情形。

除上述五种原因外,淘宝大众评审还以做慈善的方式激励评审员参与。在中西方的不同文化中都可以找到"慈善"的根源和相似表达。这反映出"慈善"是一种人类的共同精神归宿和人性美德,简单讲即从行善中获得精神满足和自我完善。② 淘宝大众评审员每评审一个事项将获得5—20点不等的经验值和1—10点不等的"点滴"。经验值可以反映评审员的资历,"点滴"除了用于兑换物质奖品以外,还可以被用来参与公益捐赠,如给贫困儿童送爱心餐、为乡村诊所捐钱等,捐赠者信息将被公布在网站上。参与公益项目能够让评审员们感受到评审工作的价值,也能够感觉到是在为改善他人生活做贡献。当然,如果希望以此持续激励评审员,可能还需要完善公益捐赠后的反馈途径,比如项目募集的资金数量、实施情况等。否则,当评审员的预期无法明确实现时,动力便会减弱。

三、对淘宝大众评审程序正义的评估

(一)何谓程序正义

自亚里士多德以来,西方思想史上有关正义的理论文献可谓汗牛充栋。在不同的正义观下,也形成了"分配的正义"和"矫正的正义","实体正义"和"程序正义"等不同的概念和分类方法。约翰·罗尔斯(John Rawls)在著名的《正义论》中对纯粹的程序正义进行了论述。③ 简而言之,相对于裁判结果而言,程序正义要求裁判过程符合公平正义的要求。正如法律格言所称:"正义不仅应得到实现,而且要以人们看得见的方式加以实现(Justice must not only be done, but must be seen to be done)。"对我们而言,讨论程序正义的重要性在于,它将影响争议解决结

---

① Panos Ipeirotis, "Why People Participate on Mechanical Turk, Now Tabulated", https://www.behind-the-enemy-lines.com/2008/09/why-people-participate-on-mechanical.html, last visited on 11 September, 2021.
② "慈善"这个词最早起源于古希腊"Philanthropie",包括现在法语和英语的"慈善"都是以"Philanthropie"为词根的。这个词是由"philein"和"anthropos"两个词组合而成,"philein"是"爱"的意思,"anthropos"是"人"的意思。"慈善"这个词的起源所蕴含的意思,归根结底就是两个字:爱人。
③ 参见〔美〕约翰·罗尔斯:《正义论》,何怀宏、何包钢、廖申白译,中国社会科学出版社1988年版,第79—85页。

果,影响使用者对结果的接受程度。利用众包解决争议的优势只有在保证公正性的前提下实现才有意义。

季莫夫在讨论众包在线争议解决时,进一步区分了两种程序公正:一是客观性程序公正(objective procedural fairness),即程序是否符合某种标准;二是主观性程序公正(subjective procedural fairness),即个体主观上是否认为程序足够公正。① 后者主要被社会心理学家用于观察某个程序的参与者对程序的反应。影响主观性程序公正的因素有很多,如评价者的道德观念和文化归属。因此一个人认为的公正,对另一人而言可能是不公正的。② 限于篇幅此处不再展开其他学科的研究成果,也不讨论结果公平的问题,而仅从规范性角度分析淘宝大众评审是否符合客观性程序公正的要求。

欧盟《消费者 ADR 指令》第 7、8、9 条与程序公正相关,具体表现为九项标准:专业性(expertise)、独立性(independence)、中立性(impartiality)、透明度(transparency)、公平听证(fair hearing)、平衡度(counterpoise)、合理的程序时长(ensuring a reasonable length of procedure)、决定附理由(providing reasons)、自愿参与(voluntary participation)。③《贸易法委员会关于网上争议解决的技术指引》提出了在线争议解决系统应采取的方针,这些方针体现了公正、独立、高效、有效、正当程序、公平、问责和透明原则。④ 我国《电子商务法》第四章"电子商务争议解决"第 63 条规定,电子商务平台经营者可以建立争议在线解决机制,制定并公示争议解决规则,根据自愿原则,公平、公正地解决当事人的争议。从法律效力和规则制定者所要达到的政策目标看,《消费者 ADR 指令》作为欧盟法律指导性文件,为消费者争议解决设置了较为严格和细致的要求,各成员国必须制定符合指令要求的国内法律法规或行政规章。⑤ 这体现出欧盟在互联网治理政策上一贯的"监管者"色彩。《贸易法委员会关于网上争议解决

---

① Daniel Velizarov Dimov, *Crowdsourced Online Dispute Resolution*, AlphaZet prepress & Ipskamp Printing, 2017, p.7.
② Ibid., p.117.
③ Ibid., p.109.
④ 参见《贸易法委员会关于网上争议解决的技术指引》,载联合国贸法会官网,https://uncitral.un.org/sites/uncitral.un.org/files/media-documents/uncitral/zh/17-00381_c_ebook_technical_notes_on_odr.pdf,访问日期:2021 年 9 月 11 日。
⑤ 《消费者 ADR 指令》第 25 条。

的技术指引》不具有约束力,旨在为所有在线争议解决提供程序性指引。我国《电子商务法》的规定是原则性的。但它们都要求在线争议解决程序具有公正性,具有相似的内核。这就为我们考察众包在线争议解决提供了基本的规则框架和标准。下文结合淘宝机制对自愿性、专业性、独立性/中立性、公平听证、透明度、程序时长、裁决附理由这些要求做进一步分析。

(二)淘宝大众评审是否合乎程序正义的要求

若争议解决的提起存在法律或事实上的强迫,则存在违反要求的可能。互联网用户为获得平台提供的服务,需要与网络平台运营商签订用户协议。这种协议由平台单方面制定,用户在注册时通过点击"确认"接受,对双方具有约束力。淘宝的争议解决规则属于其用户协议的一部分,注册为用户就得接受其所有安排,包括争议解决规则。由于平台的强势地位,滥用格式条款的现象时有发生。[①]这种滥用有时体现为平台限制用户寻求法律救济手段。[②]淘宝平台给予了用户选择权,他们可以自由选择是由大众评审还是由"淘宝小二"来解决争议,也可以寻求司法救济,在这一点上不存在格式条款滥用的情形。值得注意的是,2021年7月27日修订的《淘宝平台争议处理规则》第2条规定,对于部分买卖双方的争议,除了买方可以选择大众评审外,淘宝也可以视争议内容交由大众评审判断。[③]淘宝曾就该规则的修订公开征求意见,有35%的用户反馈意见为"可再评估",其中有用户反馈担心大众评审资质良莠不齐,可能导致一些争议的判断不够准确和公正。淘宝反馈将根据争议的复杂程度交由专业评审员进行评审[④],并在之后的规则解读中,将此项规定解释为淘宝可以选择由大众评审进行"预判",再据此作出处理。[⑤] 此时,大众评审的作用

---

① 例如淘宝平台因实施新规导致的卖家抗议事件,参见《淘宝10.11事变》,载百度百科官网,https://baike.baidu.com/item/淘宝10.11事变/7126749? fr=aladdin,访问日期:2021年6月16日。

② 参见王红霞、杨玉杰:《互联网平台滥用格式条款的法律规制——以20份互联网用户注册协议为样本》,载《上海政法学院学报(法治论丛)》2016年第1期,第52页。

③ 《淘宝平台争议处理规则》,载淘宝官网,https://rule.taobao.com/detail-99.htm? spm=a2177.7231193.0.0.7ea017eaAVQ5bp&tag=self,访问日期:2021年9月11日。

④ 《关于〈淘宝争议处理规则〉修订公开征求意见结果反馈》,载淘宝官网,https://zhongyiyuan.alitrip.com/detail-4999.htm? tag=self&cId=161,访问日期:2021年9月12日。

⑤ 《〈淘宝平台争议处理规则〉变更公示通知》,载淘宝官网,https://rule.taobao.com/detail-11000206.htm? spm=a2177.7231193.0.0.7b0817eaf2gXQO&tag=self,访问日期:2021年9月12日。

主要在于为淘宝的决定提供帮助,并未实质性地限制用户寻求法律救济。此外,大众评审的选择启动是单方面的,即一般由买家提出申请启动程序,卖家无法拒绝,只能被动等待评审。这种权力分配格局显然有利于一般被认为属于弱势群体的消费者。对卖家有利的是,使用大众评审而发生的退款将不计入纠纷退款率,不会影响对卖家至关重要的声誉。[①]

专业性一般要求解决争议的人具备必要的、相关的知识和技能。欧盟《消费者 ADR 指令》第 6 条(1)a 就要求争议解决者具备必要的解决消费者争议的知识和技能以及对法律有一般性的理解。为此,淘宝要求评审员具有一定的资格。前文也指出淘宝用户对解决淘宝平台上发生的争议比其他群体更具有信息优势。同样重要的是,这种优势是建立在成本衡量的基础之上的,我们不能排除当某些争议被提交给专业人士处理时他们会作出更优的处理,但这显然要付出更大成本。

独立性表现为第三人与双方不存在利益冲突。在仲裁中,独立性是通过仲裁员披露可能引起对其公正性和独立性产生合理怀疑的任何事实或情况予以保障的。eBay 评审员的独立性表现在其与争议双方都没有发生过交易。依靠仲裁员的主动披露并不能杜绝仲裁员与双方存在利益关联,而网络平台则可以通过技术手段确保不存在利益关联,这是互联网争议解决的技术优势。对于淘宝来说,首先,《大众评审公约(试行)》第 5 条明确规定了评审员需要披露的信息。其次,平台通过技术化的处理来增强公正性,如限制评审员挑选案件,监控评审员之间的关系以限制相互影响。[②] 此外,淘宝的大众评审员匿名参与评审,人员是随机选择的,也有清退机制。中立性则是一个较为抽象的概念,要求裁判者头脑中保持"不偏不倚"。上述机制如人员选择的随机和匿名性有助于保证中立性。eBay 对评审人的中立性进行的测试可供参考:第一,评审人在多少个决定中属于少数意见;第二,评审案件所需时间;第三,评审人作出决定所依据的理由;第四,对被怀疑有问题的评审员,使用已经裁决过的案件对其进行公正性测试。[③] 值得一提的是,"淘宝小二"的腐败问题曾经引发各

---

① 彭雅丽:《大众评审为什么这么红?对于 ODR 淘宝判定中心的探究》,载 2005 年《互联网+时代法科生创新创业第一届全国法学本科生学术论坛论文集》,第 250 页。
② 同上注,第 252 页。
③ Daniel Velizarov Dimov, *Crowdsourced Online Dispute Resolution*, AlphaZet prepress & Ipskamp Printing, 2017, p.142.

种批评。如果将争议交由大众评审,贿赂在网络上随机挑选出的大众评审员几乎是不可能的。

公平听证的基本要求是,双方均有公平参与的机会,包括及时获得通知,获得所有案件相关信息,能够针对对方意见进行反驳。淘宝大众评审允许双方各自提交证据材料,但不存在双方进行互相反驳的设计。

透明度体现在两个方面,一是程序规则应具有透明度,二是平台应提供与争议解决结果相关的信息及反馈。例如欧盟《消费者 ADR 指令》第 7(2)条要求各成员国确保 ADR 实体每年出版关于其 ODR 程序运行情况的统计信息。[①] 在淘宝网站上所有人都可以获得大众评审规则。目前,淘宝并未专门定期发布大众评审的数据年报,在一些公告和研究报告中会附带提及大众评审的有关数据。

在争议双方提交完证据、程序进入判定周期后,根据淘宝发布的数据,任务一般能够在 24 小时内获得结果。从公布的淘宝大众评审规则看,淘宝大众评审的判定周期随着规则的修改不断被延长,而判定需达到的有效人数却在减少。理论上"合理"延长时间能够给予评判者更充裕的审理案件时间。[②] 人数减少有利于尽快达到有效判定人数以作出决定,但不确定人数是否会对公正性造成影响。判定周期与人数的变化关系以及这两项指标对判定效果的影响需要通过进一步的研究来说明。

裁决附带理由被认为对争议解决有积极的作用,理由在于:对于受结果影响的人是一种尊重;能够获得更好的争议解决结果;有利于进行上诉。[③] 裁决不附理由的直接影响至少包括不利于从外部判断案件裁决过程中是否存在偏见或其他违反规则的情形。缺乏必要的信息也不利于平台改进系统。淘宝大众评审改版前允许但不要求判定附理由。在争议解决后,双方可以看到附具的理由。从现行手机版大众评审的实际操作上看,评审员在评审一项任务时,不再能够附带理由。

根据以上分析,淘宝的大众评审一定程度上符合公正性要求,这是其

[①] Daniel Velizarov Dimov, *Crowdsourced Online Dispute Resolution*, AlphaZet prepress & Ipskamp Printing, 2017, p. 30.

[②] 淘宝平台的机制变化也可能出于其他考虑。时间延长的原因以及是否有利于争议解决,则有待进一步研究给出答案。

[③] Daniel Velizarov Dimov, *Crowdsourced Online Dispute Resolution*, AlphaZet prepress & Ipskamp Printing, 2017, pp. 115-116.

能够为用户接受并到目前为止仍然能被平台使用的重要因素之一。

四、众包在线争议解决的价值和未来

(一)淘宝大众评审的价值再审视

上文从机制本身出发分析了淘宝大众评审作为一种争议解决方式的价值。若将它放在中国互联网发展的大框架中予以审视,有助于我们进一步评价其制度价值。

在过去一些年中,淘宝发展出的市场机制在一些方面能够代替国家治理网络商业活动。它的角色已经不仅仅是一个电子商务平台,而是凭其巨大的影响力参与并推动了中国互联网规则的形成。[①]这具有重要的示范意义。也正由于淘宝平台的重要性,淘宝的发展和变化带来的辐射效应也会是多方面的。

淘宝大众评审的宣传语"沉淀群体智慧,共治现在,共建未来"对此进行了清晰表达:"群体"——聚点滴智慧与力量,让"社会治理"工作简化,人人参与,随时随地;"共治"——通过群众投票、少数服从多数的方式,实现大量争议的即时解决;"共建"——促成大众参与行业规则及公共政策的讨论,保证民意进入到公共政策中。[②]

淘宝大众评审的制度价值还体现在其与淘宝平台的关系上。一方面,淘宝众包不是第三方机构提供的争议解决服务,而是"内嵌"于淘宝网整体架构中的一环。由平台组织的争议解决是一种多重机制共治的系统,机制之间存在制度性关联,能够弥补单个机制的不足。这有效克服了一般众包在招募人员和执行方面的缺陷。另一方面,众包又是独立于网络平台之外的争议解决机制。将争议外包给大众解决,企业的权力就受到了约束。用户使用大众评审首先避免了对"淘宝小二"不公和腐败的担忧。大众也可以帮助企业书写各种规范,如淘宝大众评审能够推动交易争议规则优化。当一条规则在实践中被证实已不适用于判定争议时,大众评审员有权向平台提出质疑。淘宝会根据大众评审的案例进行分析总结,对平台现有争议处理规则做主动校验和改进。无论依靠大众进行争

---

① See Lizhi Liu and Barry R. Weingast, "Taobao, Federalism, and the Emergence of Law, Chinese Style", 102 *Minnesota Law Review* 1563,1564(2018).

② 参见淘宝大众评审网站首页宣传语,https://pan.taobao.com,访问日期:2021年9月11日。

议解决还是规则制定都体现了互联网的生产方式和思维模式是更民主的。当企业将经营中的某些环节外包给网络用户时,也将风险进行了转移,能将私人企业从"独裁者"的诟病中解救出来。

淘宝大众评审作为目前为数不多的成功的众包争议解决机制,验证了众包的有效性,丰富了人们对众包作为争议解决方式的认识。根据淘宝公布的大众评审"成绩单",2013年大众评审对640条淘宝规则的执行状况进行监督,优化了22条有争议的规则[①];截至2018年,大众评审的注册评审员人数为431万人,172万人参与判定,累计完成超1亿次争议判定。[②] 2016年,每日交易争议总量的10%是通过大众评审的方式处理完成的。[③]当然上文的分析也揭示出淘宝大众评审存在的问题。对于淘宝这种对中国网民深具影响力的互联网平台,无论为企业自身发展还是促进网民福利而言,改进都是极其必要的,具体体现在以下三个方面:

第一,需要完善大众评审规则,增加程序和规则的透明度。淘宝需要考虑是否有必要以及如何完善一些程序细节,如评审员作出决定时是否需要附具理由。淘宝对大众评审的规则会作出更新,对其中一些部分进行修改,例如判定机制的变更(包括有效判定规则和判定周期)。这些规定是判定过程的核心要素,对这些步骤的修改应当作出说明,并与所有规则一起公布在网站的显著位置。这也是我国《电子商务法》对平台规则透明度的要求。

第二,需要改进机制,提高程序的合理性、公正性。上文在对淘宝大众评审公正性予以分析时,同时提出了一系列值得平台考虑和改进的问题。此处不再赘述。

第三,需要合理化人员资格。如果招募条件或机制设置不当,则会影响到争议解决结果。淘宝大众评审员的招募条件主要是根据买家和卖家的身份进行区分的。淘宝招募买家作为评审员主要依据其会员等级和信用。这些与买家的消费能力有关,可以反映出买家熟悉交易流程的程度以及买家还款信用是否良好,却不一定能保证买家熟知交易规则。

---

① 阿里巴巴集团:《2016阿里巴巴生态系统互联网志愿者研究报告》,载豆丁网,https://www.docin.com/p-1954069131.html,访问日期:2021年9月12日。

② 傅蔚冈:《网购平台的"自营"神话》,载中国网,http://opinion.china.com.cn/opinion_60_195360.html,访问日期:2021年9月12日。

③ 申欣旺:《淘宝互联网纠纷解决机制的启示》,载《民主与法制》2016年第5期,第26页。

卖家成为评审员的条件更为严格:要求店铺信誉 1 钻以上,30 天争议退款率低于行业平均值,自然年内无违规行为。对卖家争议退款率的要求无疑是为了筛选出值得信任的评审员,但也令众多有经验的卖家无法担任大众评审员。从买家卖家的参与度看,某种意义上卖家可能比买家更适合担任大众评审员。一方面,卖家为了店铺运营业绩会主动研究淘宝交易规则,他们对交易争议的责任认定非常了解。而买家无论等级多高,多数时间均花费在甄选商品、咨询和讨价还价上。另一方面,卖家天生也是买家,而大部分买家却从未担任过卖家角色。如果同时兼具两种角色,能更好地做到换位思考,因此在判定时卖家可能更有经验。[①]另外,淘宝的大众评审属于众包程序,评审人全部由用户组成。未来可以设计混合型程序,类似美国的陪审团制度,使评审团中既有法律专家(仲裁员、调解员、法官),也有大众评审员。[②]必要时,专家可以在大众审议案件前对法律问题进行说明,有助于防止大众评审偏离法律和规则的要求。

(二)其他实践:哔哩哔哩网站风纪委员会"众裁"

与淘宝众包类似的争议解决机制也出现在其他社区,如"闲鱼小法庭"和哔哩哔哩(bilibili)风纪委员会的"众裁"。

与淘宝同属阿里巴巴集团的"闲鱼"是一款个人闲置物品交易平台。闲鱼目前通过随机抽选高信用闲鱼用户作为评审员来解决用户间纠纷。经常使用闲鱼的高信用户会不时收到闲鱼小法庭的邀请,参与闲鱼用户的纠纷解决机制。被邀请的用户会在系统消息里收到"小法庭邀请通知",点击即可参与评审。在开始评审前,会出现简要介绍闲鱼小法庭的界面,系统将告知评审者评审规则,规则中称是 17 票 9 胜。经过实际观察,闲鱼 App 界面以及闲鱼官网无任何进入小法庭或了解小法庭规则的通道。用户只能在接到闲鱼系统的邀请后方可了解规则并决定是否参与评审。

"闲鱼小法庭"与淘宝大众评审代表了电商领域的众包实践,哔哩哔哩风纪委员会的"众裁"则代表了众包在线争议解决在视频网站内容治理

[①] 王月盈:《淘宝网店运营交易纠纷解决机制存在的问题及对策》,载《船舶职业教育》2017 年第 1 期,第 75 页。

[②] Daniel Velizarov Dimov, *Crowdsourced Online Dispute Resolution*, AlphaZet prepress & Ipskamp Printing, 2017, pp.91-92.

中的应用,可与前者对应分析,故在此予以简单介绍。

哔哩哔哩是国内规模较大的综合性视频社区。哔哩哔哩风纪委员会是由用户组成的自发维护社区氛围与秩序的组织。成为风纪委员可参与对社区举报案件的"众裁",投票判决被举报案件是否违规。

相比淘宝的众包,风纪委员会对风纪委员的要求更为苛刻。首先需要具备一定的会员等级(大于四级)。不同于淘宝网一经注册就能成为"淘宝会员",经过少量次数的在线购物就能够符合成为大众评审员的要求,哔哩哔哩网站需要经答题合格或收到会员等级为 Lv.5 或 Lv.6 的会员分享的邀请码后,才能成为正式会员并开始计算会员等级。会员升级需要大量的视频观看时间和社区互动次数(包括发送弹幕、点赞、投币等)。[①]此外还需要进行实名认证[②],并且要求会员在 90 天内无违规情形。这种要求与哔哩哔哩网站的社区氛围和风纪委员的职责相关。一方面哔哩哔哩视频网站有特定的分区,每个分区都有自己的"亚文化",担任风纪委员者必须要对社区氛围和默认规则非常了解才能对他人行为是否符合社区规范作出判断。另一方面,风纪委员会众裁的对象为用户举报的不能直接定性为封禁的情况,但该对象可能违反 B 站社区规则,比如评论、弹幕、标签、个人资料、投稿、动态等,这关乎一个用户在该社区的"生存"资格,案件的众裁结果将直接影响被众裁对象在该网站的发言权和账号使用权。

除对招募标准有较高要求外,平台还要求风纪委员持续保持身份上的合格性,包括且不限于:(1)公正投票:会员在担任风纪委员期间,可不定期领取随机案例,通过系统随机发放案件保障公正性和非指向性。该身份到期后,系统会分析其担任委员期间的判定情况,可能存在恶意投票情况的会员会永久失去担任风纪委员的资格。(2)以身作则:不在相关视频下讨论或发布不相关的内容。相关违规举报被落实处罚后,将会失去风纪委员资格。

在正式参加评审前,与淘宝大众评审类似,哔哩哔哩网站也需要首先对风纪委员进行培训。哔哩哔哩网站的风纪委员必须完成"新手教程"的学习才能参与案件众裁。哔哩哔哩网站风纪委员自注册之后就会出现

[①] 参见《哔哩哔哩弹幕网全站使用说明:会员等级相关》,载哔哩哔哩官网,https://www.bilibili.com/blackboard/help.html#/?qid=59e2cffdaa69465486497bb35a5ac295,访问日期:2021 年 9 月 12 日。

[②] 主要是对身份证号实名认证,需上传身份证照片并进行实质审核。

"新手教程"的画面,并且每一个环节都会跳出"下一步"的确认框。在此过程中,风纪委员可以真实地体验案件众裁过程,了解众裁规则与注意事项,在此基础上对案件进行判定。

在淘宝大众评审中,为了防止利益相关方作出不公正的裁定,案件双方身份是不公开的,而风纪委员众裁则不同,其中,可能违规的弹幕发布者是匿名的,评论发布者则不匿名,这主要是因为:第一,对发布者言论是否违规的判断与其身份并无太大关联,没有回避的必要;第二,风纪委员众裁案件的参与人数较多(一般在100人以上),其结果不会因为个别人的身份而改变。

从裁决的过程看,首先,风纪委员查看举报理由的原理与一般的众包案件原理类似,都是查看案件发生的原因,以便风纪委员结合哔哩哔哩网站社区规范考虑众裁对象是否违规。针对一些可能违反哔哩哔哩网站社区规范的言论,他人对信息进行举报时需要选择举报理由,如引战、人身攻击、散播谣言等,但风纪委员在众裁案件时可能会发现言论内容不属于举报人选择的举报理由,此时应当以内容本身为准。

在淘宝的大众评审中,评审员主要通过双方提交的证据材料了解详细案情,而在哔哩哔哩网站上,风纪委员可以通过查看原视频客观评估被举报内容是否违规,这使风纪委员能够对案件发生的起因、具体的环境和语境有更加直观和细致的了解,增加裁定的公平性和准确性。通过查看被举报内容在视频中的具体位置信息,可以快速找到"案发现场"。对于风纪委员不了解的相关内容,如弹幕中涉及其他 UP 主的人身攻击等内容,可以通过查看相关视频了解情况。但同时,风纪委员在原内容地址下不能讨论或发布无关信息,否则可能失去风纪委员资格。

在淘宝的大众评审中,评审员只能直接对案件作出判定,无法查看其他评审员对案件的观点,风纪委员众裁则增加了"查看众议观点"这一选项。众议观点是风纪委员观点的集合。参考其他委员的意见,能让评议者的想法更完善,在此可以点赞优秀众议观点,对违规观点进行点踩并同步向小管家举报。

在投票阶段,因为涉及观看原视频和查看相关评论等环节,风纪委员的投票时间更长,对投票的专注度要求也更高,单个案件最长审理时间为30分钟,超时将视为弃权。同时,投票期间不能离开投票页面,离开投票页面将视为弃权。在具体的投票过程中,若认定该内容为违规内容则需要注意：(1)需提出合适的处理建议并发表对案件评判有帮助的众议观点；(2)需审慎考虑是否封禁；(3)不能发布违背社区规范、风纪原则以及无益的观点；(4)如举报理由不准确则需选择正确的举报理由。若认为该内容不违规则需要：(1)发表对案件评判有帮助的众议观点，为其他风纪委员提供参考；(2)不能发布违背社区规范、风纪原则以及无益的观点；(3)如举报理由不准确则需选择正确的举报理由。在无法根据现有案情作出判断的情况下，鼓励风纪委员主动弃权。

每个案件的众裁时限是 24 小时，如果在 24 小时内投票数量达到 500 票，则在达到 500 票后的 30 分钟后结案，如果 24 小时仍未达到 500 票，仍然结案。案件众裁结果将根据案件得票情况进行判定，得票超过 60% 的一方取胜。若案件众裁结果为"不违规"则驳回举报，结果为"违规"则删除对应违规内容，并依据《小黑屋处罚条例》对违规用户进行相应处罚。若任何一方得票不足总数的 60% 或总得票数未超过 100 票，则案件将不被裁决。没有得出众裁结果的案件在一段时间之后又会被放回待众裁的案件库中等待开始新一轮的众裁。

（三）众包在线争议解决未来的发展方向

淘宝大众评审和哔哩哔哩风纪委员会的"众裁"仅仅是众包在线争议解决的众多应用之一。众包在线争议解决还可以在以下方面（但不限于）进一步发展，研究也可以相应展开：

第一，进一步认识众包在线争议解决机制，推动其在更多领域应用。本节主要考察了淘宝的众包机制，还需要对其他众包在线争议解决程序予以总结和研究。同时，为使众包在线争议解决发展成为一个成熟的领域，众包在线争议解决不应仅仅停留在学者讨论之中，还应为争议解决实践提供方案。例如，可以期待众包机制在产生大量争议的网络平台（如在线招聘网站、社交媒体等）上得到应用。目前相当数量的众包应用已经出现，包括但不限于数据挖掘、数据获取、信息提取等，可将众包在线争议解决与这些应用进行整合。

第二，评估众包程序的公正性。公正性是人们内心的需求，并以法律文本和规范性文件作为载体。这就要求首先建立或明确众包在线争议解决的程序公正标准。目前国际国内层面已经制定了在线争议解决的初步标准。本节通过一些指标对淘宝众包的公正性进行了评价，未来需要考虑如何在法律上或是技术上采取手段以更好地满足这些公正性指标。此外，法学研究主要关注客观性程序公正，目前很少涉及众包在线争议解决的分配正义问题（distributive fairness），即个人对所获报酬的公正知觉，也就是依据一定的标准对分配最终结果的评价，亦称结果公平。负面的分配正义评价将影响争议人对程序的态度，给机制发展带来负面影响。这值得法学家们关注。

第三，促进技术特别是人工智能与众包在线争议解决的结合。例如，可以通过计算模型来研究和模拟人类的决策行为，帮助机制设计者改善设计或者进行结果比对。

本 章 小 结

本章分三节从三个方面对网络空间中的私人争议解决进行了讨论。

在公共规制缺失的情况下，网络交易中自发的私人机制可以较好地发挥作用，起到替代作用。本章首先明确了在线争议解决中三种类型的私人规制，并进一步分析了特定类型私人机制在网络空间中的重要特性，是对纷繁复杂的网络私人治理机制的一种澄清。

由于区块链技术带来了"中心化—去中心化"的变革，技术与法律的关系又被推到台前。在一个由区块链和智能合约等技术规范建立的系统内，交易不可更改，合约无法撤销，这种高度的（数学上的）确定性，在人类社会中从未有过。它带来了效率并实质上消除了违约风险，因为人们无法选择违约并造成损害。但法律的追诉权被排除，法律制度在解释和执行合约时的灵活性也被一并排除，这是否是一件彻底的好事？未来，如果法律能够以代码的方式来表述，那么违反法律的唯一方式是违反代码。法律之治还是代码之治，技术的"先发制人"和法律的事后执行能否以及如何结合，都值得深思和进一步探讨。

众包改变了争议解决的形态，使争议解决（至少某些类型争议的解决）从小部分专家手中转移到业余爱好者手中，从一个封闭系统走向开放。利用众包进行争议解决的关键在于如何在技术和法律层面上完善机制设计，例如设定清晰的目标，选择合适的人群，并在泥沙俱下的情况下筛选出智慧的解决方案。众包不仅仅是互联网社会的流行词，它是一种前所未有的社会行为，深刻影响着我们对于专业性、商业模式以及智力劳动价值的传统看法。作为一种新的争议解决方式，它需要时间的检验。但无论如何，当固有的思维模式在技术进步中不断被打破后，我们可以期待一个新事物有更广泛的发展。

第四章 在线仲裁:定位、困境与发展

第一节 在线仲裁的机制设计

一、在线仲裁概述

在线仲裁(online arbitration)通常是指仲裁材料的提交和仲裁的所有程序都通过电子邮件、聊天组、电话或视频会议等线上方式进行的仲裁。虽然在线仲裁出现较早,但其并未如人们所设想的,一经出现便迅速成为替代传统争议解决模式的有效机制。甚至在其出现后的相当长时间内,都未实现这一目标。我国贸仲作为世界上最为繁忙的国际仲裁机构之一,早在2009年就颁布了《网上仲裁规则》,但在规则颁布后的很长一段时间内,几乎没有在线仲裁案件。美国仲裁协会(AAA)早在2001年就制定了在线仲裁规则,提供全流程的在线仲裁服务,虽然越来越多的当事人选择通过网络递交申请、支付费用以及选任仲裁员,但他们并不希望所有程序都在网上进行。[①]在1997年有学者发表题为《网络上的国际商事仲裁——未来是否来得太早?》的文章,提出了在线仲裁可能会遇到的种种法律问题,集中表现在仲裁协议、仲裁程序以及仲裁裁决的执行方面。[②]

世界范围内的在线仲裁服务主要有两类,一是由仲裁机构提供在线仲裁服务,二是由私人建立网站提供在线仲裁服务。

[①] "Debi Miller-Moore on the Online Dispute Resolution Activities of AAA WebFile (American Arbitration Association)", G. Kaufmann-Kohler and T. Schultz, *Online Dispute Resolution: Challenges for Contemporary Justice*, Kluwer Law International, 2004, p.294.

[②] Jasna Arsic, "International Commercial Arbitration on the Internet-Has the Future Come Too Early?", 14 *Journal of International Arbitration* 209, 215-220(1997).

在利用网络技术和信息手段协助仲裁方面，AAA 和 ICC 的案件管理系统卓有成效。AAA 的案件管理系统有两种，一是为当事人提供案件管理服务的 WebFile 系统，能够实现案件在线处理，包括在线选择争议解决规则、跟踪案件进展、网上付费等；二是为专家组提供案件管理服务的 Panelist eCenter，能够实现传输和浏览案件文件、获取案件基本信息、跟踪案件进展、提交和跟踪付费请求等类似于 WebFile 的功能，同时为专家组提供履历管理、裁决清单管理、仲裁员继续教育等特殊功能。① ICC 于 2005 年推出的 NetCase 案件管理系统，是一个兼具快速、安全和保密性的以网页为基础的交互式平台，信息传送经过加密②，任何用户都可以在系统内轻松迅速地浏览信息并在案件之间进行切换。目前 NetCase 已停用，ICC 正在研发新的平台产品，部分当事人会使用谷歌文档等通用服务来交换和存储文件。③ 无论是 ICC 的 NetCase，还是 AAA 的 WebFile 和 Panelist eCenter，都是协助进行仲裁的案件管理系统，而非严格意义上的全在线仲裁服务系统。以 AAA 为例，当事人在使用 WebFile 的同时，可以选择线下庭审，也可以选择在线庭审④，其视频庭审等程序由第三方平台实现。⑤

AAA 曾于 2001 年制定实施《在线仲裁补充程序》(Supplementary

---

① AAA, "AAA-ICDR Software and Online Tools", https://www.adr.org/TechnologyServices/aaa-icdr-software-and-online-tools, last visited on 22 July, 2021.

② ICC, "ICC NetCase: A Secure Online Environment for ICC Arbitration", https://iccwbo.org/content/uploads/sites/3/2016/11/NetCase-Pamphlet-English.pdf, last visited on 12 July, 2021.

③ Ihab Amro, *Online Arbitration in Theory and in Practice: A Comparative Study of Cross-Border Commercial Transactions in Common Law and Civil Law Countries*, Cambridge Scholars Publishing, 2019, p. 91; Sven Lange and Irina Samodelkina, "Digital Case Management in International Arbitration", http://arbitrationblog.kluwerarbitration.com/2019/08/13/digital-case-management-in-international-arbitration/, last visited on 21 July, 2021; ICC Commission on Arbitration and ADR, "An Updated Overview of Issues to Consider when Using Information Technology in International Arbitration", https://library.iccwbo.org/content/dr/commission_reports/cr_0055.htm, last visited on 21 July, 2021.

④ AAA, "International Dispute Resolution Procedures (Including Mediation and Arbitration Rules)", https://adr.org/sites/default/files/ICDR_Rules_1.pdf, last visited on 22 July, 2021.

⑤ AAA, "AAA-ICDR Virtual Hearing Guide for Arbitrators and Parties", https://go.adr.org/rs/294-SFS-516/images/AAA268_AAA%20Virtual%20Hearing%20Guide%20for%20Arbitrators%20and%20Parties.pdf, last visited on 22 July, 2021.

Procedures for Online Arbitration)①,主要对如何通过案件管理系统进行仲裁加以规定,同时规定除非当事人要求且仲裁员同意进行庭审,否则仲裁员将进行书面审理并作出裁决。如果进行庭审,可以采取现场、电话或视频会议等方式。②我国贸仲于 2009 年 5 月 1 日起实施《网上仲裁规则》(已于 2014 年修订),是继 AAA 之后全球第二个在线仲裁规则,也是我国首个在线仲裁规则,强调以线上为原则,线下为例外。③该规则适用于电子商务争议或当事人约定适用的其他经济贸易争议。对于此类案件相关程序的处理,无论是申请人的申请、被申请人的答辩,还是审案专家的案件处理及裁决书制作发布,均通过网络进行。在证据方面,电子、光学、磁或者类似手段生成、发送、接收、储存的文件均可以作为证据。电子签名也与手写签名和盖章具有同等的效力。仲裁裁决需以书面形式作出,以符合目前仲裁法律对于裁决书面形式的要求。该规则同时也保留了以常规线下方式进行庭审等仲裁程序的可能性。贸仲于 2020 年 4 月 28 日发布《关于新冠肺炎疫情期间积极稳妥推进仲裁程序指引(试行)》,规定通过在线立案系统④和智慧庭审平台⑤分别提供线上立案和庭审服务,同时保留现场立案和线下庭审的可能性。⑥

以上三个国际仲裁机构提供的在线仲裁服务在提供平台或服务系统方面具有的共性是,它们并非建立一个系统"一站式"地解决所有程序问题,而是建立不同系统,或负责案件管理,或负责在线庭审,且令当事人在不同环节都具有选择权。但三家机构都有实现全流程在线的能力。具体案件既可以全流程在线化,也可以部分在线化,这取决于当事人意愿、案件情况以及仲裁庭的判断。三个机构在规则制定方面的不同是,除了指

---

① Christopher R. Drahozal,"New Experiences of International Arbitration in the United States," 54 *American Journal of Comparative Law* 233,251(2006).
② North American Energy Standards Board,"Attachment C: Supplementary Procedures for Online Arbitration", https://www. naesb. org/pdf/r03033. pdf, last visited on 22 July, 2021.
③ 万学忠:《贸易仲裁委员会出台全国首家在线仲裁规则》,载中国法院网,https://www.chinacourt. org/article/detail/2009/04/id/356022. shtml,访问日期:2021 年 7 月 22 日。
④ 贸仲在线立案系统,http://online. cietac. org/,访问日期:2021 年 7 月 22 日。
⑤ 贸仲智慧庭审平台,https://kt. cietac. org/portal/main/domain/index. htm,访问日期:2021 年 7 月 22 日。
⑥ 《贸仲发布〈关于新冠肺炎疫情期间积极稳妥推进仲裁程序指引(试行)〉》,载贸仲官网,http://www. cietac. org. cn/index. php? m=Article&a=show&id=17048,访问日期:2021 年 7 月 22 日。

南和指引以外,AAA 和 ICC 的仲裁规则同时对线下及在线仲裁进行了规定,而贸仲专门制定了单独的在线仲裁规则,适用于电子商务纠纷以及当事人约定适用该规则的其他经贸纠纷,并在规则中强调全流程在线仲裁。AAA 于 2001 年制定实施的《在线仲裁补充程序》目前在公开渠道已无法查询。

另一类在线仲裁服务由私人建立网站提供。NovaForum Inc. 由加拿大多伦多的三个律师于 2000 年发起成立,是加拿大第一个面向商业社会提供在线仲裁的机构。其争议解决程序主要包括如下步骤:(1) 双方当事人均同意使用 NovaForum 快速可靠的在线仲裁服务;(2) 双方当事人登陆 NovaForum 网站注册以取得加密案件管理系统用户名和口令;(3) 当事人与 NovaForum 签约并同意案件程序应当适用的规则;(4) 当事人凭借用户名和口令进入加密工作区域填写格式表格,准备案件文件;(5) 当事人利用 NovaForum 网络工具和网络资源来完成案件材料提交;(6) 当事人可对程序进行适当处理,进行文件翻译等以满足自己的特别要求;(7) 仲裁员根据当事人所同意的规则进行案件审理,解决争议;(8) 当事人得到书面裁决,该裁决具有终局性约束效力,可依法申请执行。[①]

根据传统仲裁理论,仲裁的强制性、终局性是其区别于其他诉讼外争议解决机制的重要特征之一。在线仲裁仍然具有传统仲裁的法律框架,即以仲裁协议为依据,由选定的中立第三方对有关证据和主张进行审理之后作出裁决。与传统仲裁相比,在线仲裁在纠纷解决机制的基本原理上没有根本性创新,也没有改变国际商事仲裁的本质属性,只是仲裁的主要程序通过电子邮件、网络通讯工具、视频会议或其他技术手段进行。因此,仅以在线方式受理案件而仲裁程序在线下环境进行的仲裁,不属于在线仲裁的范畴。同时,也不能认为那些大部分程序在网上进行,仅有个别环节在线下进行的仲裁方式就不是在线仲裁。

二、在线仲裁的机制设计与实施

(一)在线仲裁的机制设计

尽管在线仲裁具有诸多传统仲裁所没有的优势,但很多在线仲裁项

---

① 参见李虎:《在线仲裁法律问题研究》,中国民主法制出版社 2005 年版,第 71—72 页。

目都宣告失败了。一些尚在运营中的提供在线仲裁服务的网站也存在缺乏案源、需求不足等问题。在线仲裁在现实发展中遭遇了困境。作为一种新型的纠纷解决机制，在线仲裁首先需要在机制本身的设计上满足对仲裁程序公正、效率、保密性等方面的基本要求。无法有效解决这类问题，是阻碍在线仲裁发展的原因之一。

1. 公正性和透明度

为保证争议解决的公正性，在线争议解决机制应当在服务提供者的资金供给、争议解决者的选择、争议解决程序的进行等方面体现公正公平的要求。

对于那些仅由私人企业支持的争议解决程序，其公正性以及独立性总是会受到一定的质疑。ODR用户往往并不知道某一ODR服务是如何盈利或是如何被资助的。一些网站上关于投资者以及合伙人的信息并不能为使用者提供足够的信息（如NovaForum及Online Resolution）。还有一些网站完全不对资金来源进行任何说明（如SettleOnline，e-Mediator及SettleTheCase.com）。[①]单一的资金来源有可能导致争议解决程序的不公平性。一个比较成功的例子是SquareTrade。SquareTrade一方面由私人投资者支持，另一方面，其资金还来自那些使用其认证和争议解决服务的用户。

不公正的问题还存在于仲裁员的选任上。例如，从事争议解决的第三方有可能是网站本身的工作人员，他们更容易利用内部关系获得参与争议解决的机会。为保证程序的公正性，一些ODR提供者要求其雇员符合某种行为准则或是满足某些特别的资格。大部分网站仅表明其雇员是具有足够资格的，对仲裁员或调解员需要具备的学历、专业能力、职业经历等没有具体规定[②]（如WebMediate，e-Mediator及the Virtual Magistrate[③]）。总之，规则缺失、服务提供者信息提供不充分以及机制设计不透明是早期对ODR公正性的重要阻碍。

---

① SettleOnline，e-Mediator及SettleTheCase.com目前都已不再提供服务。以目前仍正常运营的SmartSettle为例，其官网并未披露具体的投资者及资金来源，仅列出合作商业组织等信息。SmartSettle，"External Links"，https://info.smartsettle.com/resources/links/，last visited on 11 August，2021.

② Amy J. Schmitz and Janet Martinez, "ODR Providers in the U.S.", https://papers.ssrn.com/sol3/papers.cfm? abstract_id=3599511, last visited on 22 July, 2021.

③ WebMediate，e-Mediator及the Virtual Magistrate目前都已不再提供服务。

2. 保密性、信任感和去人格化

保密性与安全性是在线争议解决程序必须达到的标准之一。一般来说,在线仲裁程序应当满足如下一些标准:确认每条信息从何处发出;证明发送的文件已经完全发出;确保已经发出信息的完整性;确保信息被存储在未得到授权则无法进入的数据库中;能将原始文件和拷贝文件区分开。由于电子邮件传输信息的不安全性,多数 ODR 网站使用了安全网页或是安全的平台。最常用的机制是安全套接层(Secure Sockets Layer,SSL),它能够为通信主体提供安全、保密、可靠的信道,表现为网站地址显示带锁标志。

在网络空间中匿名的成本要低于在现实世界中匿名的成本。在线争议解决可以以匿名或非匿名的方式进行。为消除匿名性带来的信任危机,一些网站可以为程序的参加者提供第三人或是当事人的简历甚至照片,希望以此使各方参与人对他人有一个形象的认识,建立起相互间的信任,从而更好地解决纠纷。不过多数 ODR 提供者没有采取这种方式,主要原因可能是匿名性有助于消除偏见。

互联网作为信息交换的媒介,为争议解决带来了诸多好处。技术的使用缩短了程序时间,降低了费用,交流也可以不受时间的限制。但在线方式给交流也带来了一定的障碍,这特别表现在协商或调解过程中,仲裁中也存在类似的问题。例如,人们很容易认为,只有双方面对面地坐在桌子两边进行交谈才能有效避免误解产生。纯文本以及非同步的交流方式限制了口头以及非口头表达的多样性。动作、语调、表情等都无法通过网络被感知。另外,本来可以通过肢体语言弥补的语言表达问题在在线环境中却会增加双方之间的敌意及不信任。不过,去人格化也有价值。心理学家认为,人的个性在互联网环境中会有所改变。那些在现实生活中相对保守的人在网络环境中却能够有力地捍卫其利益。在互联网上,当事人能够更全面、冷静地进行思考。而第三人则能够更好地考虑和整理双方提供的信息及提出的论点,过滤出焦点问题。

3. 技术架构

早期 ODR 程序可以分为"瘦客户端"(Thin Client)和"胖客户端"(Fat Client)两类。瘦客户端指的是在客户端—服务器网络体系中的一个基本无需安装应用程序的计算机终端。客户通过接入互联网调用网页集成的程序。胖客户端则要求在客户终端上安装一个应用程序。对程序的调用和操作基本在本地系统中完成,并通过互联网来传输程序输出的信息。SmartSettle 程序即是一个胖客户端的代表。相比胖客户端,瘦客户端有两个弱点:一是网页集成的程序过于简单,往往无法实现复杂的功能;二是争议解决程序的进行必须以接入互联网为前提,容易受到信息安全问题的困扰。①

"云计算"技术现在已经在仲裁领域得到广泛运用。目前在所有的网络安全技术措施中,使用最多的是"共享电子数据或通过电子方式传输的数据的云技术平台"(cloud-based platforms for sharing electronic or electronically submitted data),使用比例有42%,代表着云技术平台的运用已成为诸多仲裁程序相对标准化的实践。②通常而言,在线仲裁系统包括云基础设施(cloud infrastructure)和特殊目的工具(purpose-built tool)即软件这两项核心技术要素。其中,可扩展的云计算是基础和保障。③云客户端用户通过网络浏览器、使用安全链接来访问共享文件。这些用户为仲裁程序的参与方,包括申请人、被申请人及其代理人、仲裁庭或当事人指定的专家、仲裁机构及仲裁庭的工作人员等。访问云客户端中存储的文件需要基于双重认证(two-factor authentication),实践中更倾向于选择智能卡(smart card)加数字证书(digital certificate)的方式。④

4. 基本程序

在线仲裁与传统线下仲裁相比,立案程序差异不大,主要的差别集中在庭审流程上。以国际仲裁机构提供的在线仲裁为例,其庭审流程主要包括以下环节:

(1) 召开庭前会议。在开庭前(具体时间由当事人约定),仲裁庭和

---

① Ernest M. Thiessen and Ken Fraser, "Mobile ODR with Smartsettle", https://citeseerx.ist.psu.edu/viewdoc/download? doi=10.1.1.96.5165&rep=rep1&type=pdf, last visited on 12 September, 2021.

② Queen Mary University of London and White & Case LLP, "2021 International Arbitration Survey: Adapting Arbitration to a Changing World", p. 31, http://www.arbitration.qmul.ac.uk/media/arbitration/docs/LON0320037-QMUL-International-Arbitration-Survey-2021_19_WEB.pdf, last visited on 22 July, 2021.

③ Charlie Harrel, "The Digital Future of Arbitration: the U. S. Lags in Use of Technology to Streamline the Entire Dispute Resolution Process, Especially Arbitration", https://www.plaintiffmagazine.com/recent-issues/item/the-digital-future-of-arbitration, last visited on 22 July, 2021.

④ Maud Piers and Christian Aschauer, *Arbitration in the Digital Age: the Brave New World of Arbitration*, Cambridge University Press, 2018, pp. 76-77.

当事人双方代理律师会就与庭审有关的程序性事项进行一次庭前会议，主要目的在于协商庭前各项准备工作的内容与时间安排，并确定基本庭审流程。庭前会议讨论的事项包括但不限于庭审的具体时间表，盘问证人和专家的顺序、时间以及证人和专家的连线地点，庭审案卷的提交日期，在线庭审、电子案卷、庭审笔录和口译员等第三方服务机构的选择程序，以及其他程序性事项，如庭审参与者名单的提交日期、庭前测试日期等。

（2）选择第三方机构。一场国际仲裁的在线庭审通常需要以下几类第三方服务机构的参与：视频会议平台与在线庭审服务机构、承担电子案卷和庭审笔录工作的平台与服务机构以及口译员。[①] 一些行业协会和国际仲裁机构都在其网站上公布了可供当事人参考的第三方服务机构名单，当事人可根据自身需求和预算选择合适的平台与机构。

（3）商定在线庭审网络工作协议（Cyber-Protocol）。由于在线庭审涉及数据传输和数据保护等技术问题，当事人和仲裁庭通常会在开庭前商定网络工作协议，协议的内容通常包括庭审的技术规格、技术要求和技术支持人员安排，庭审的保密性和安全性，在线庭审礼仪，证人和专家盘问以及证据出示的程序，派驻观察员等。[②] 为提高疫情期间的国际仲裁程序效率，一些国际仲裁机构发布了在线庭审网络工作协议的参考条款，例如，ICC 的《国际商会关于减轻新冠肺炎疫情影响的若干可参考措施的指引》附件二、韩国商事仲裁院（Korean Commercial Arbitration Board）发布的《国际仲裁视频会议首尔议定书》等。

（4）准备电子案卷。在线下庭审中，庭审案卷的内容须经双方代理律师一致确认无误后，根据仲裁庭的要求打印、装订成纸质案卷。在线庭审中电子案卷的准备工作除打印和装订外，与前者并无太大差别。

（5）进行庭前测试。为保证在线庭审质量，包括当事人、律师、出庭证人和专家、口译员、技术支持人员在内的全部庭审参与者在开庭前要进行测试。

[①] 谌莹云：《后疫情时代下的国际仲裁在线庭审（上）》，载天同律所官网，http://www.tiantonglaw.com/Content/2020/12-04/2244400335.html，访问日期：2021 年 8 月 28 日。

[②] ICC, "ICC Guidance Note on Possible Measures Aimed at Mitigating the Effects of the COVID-19 Pandemic", https://iccwbo.org/content/uploads/sites/3/2020/04/guidance-note-possible-measures-mitigating-effects-covid-19-english.pdf, last visited on 29 August, 2021.

（6）正式庭审。正式庭审将按照之前已经商定的步骤与网络工作协议展开。实践中，应用最广泛的方式是在线视频庭审，程序分为庭审开始、庭审调查以及庭审辩论三个阶段。当事人一般需要保障网络良好，并排除现实环境中的杂音。[①] 在视频庭审的开始阶段，仲裁庭须通过视频系统远程验证当事人的身份并核对基本情况，仲裁员会将当事人通过视频方式提供的身份证件同其申请仲裁时提供的证件进行比对，并比对当事人面容。在验证之后，首席仲裁员宣读案由和仲裁员名单，告知当事人相关的仲裁权利和义务，询问当事人是否需要申请回避。在线上庭审调查阶段，当事人在举证、质证环节出示的证据基本上是以电子、光学、磁或者类似手段生成、发送、接收或者储存的电子文件。[②] 在辩论阶段，线上庭审与传统庭审并无实质差别。容易发生的问题是，由于网络问题而导致双方辩论不能同步，造成信息遗漏或者理解偏差。在庭审中出现此类问题时，可行的做法是由仲裁员重新调整辩论进程，或者延期审理。

（二）在线仲裁的机制实施

在线仲裁在机制设计上的不足无疑将影响其可利用性，但这可以通过技术改进予以消除。ICC 的 NetCase 和 AAA 的 WebFile 在功能上的安全性和有效性证明，技术手段已经可以有效支持在线仲裁的进行并提高程序运行的效率。因此，在目前的信息技术水平下，或者说随着信息技术的不断发展，在线仲裁完全有条件满足对其程序完备性的要求。但完善的机制设计仅仅是在线仲裁能够获得成功的必要不充分条件。

与在线仲裁刚出现时相比，目前在国内及国际立法层面，相关立法都对电子技术对国际商事仲裁的影响有所回应。不过，在线仲裁与法律制度的衔接还存在不确定性。

1996 年联合国《电子商务示范法》首次采用"功能等同法"解决数据电文的法律效力问题，为各国及国际社会修改仲裁相关规定开启了思路。采用功能等同法不同于对传统书面形式做扩大解释，而是将数据电文的

[①] AAA, "AAA-ICDR Virtual Hearing Guide for Arbitrators and Parties", https://go.adr.org/rs/294-SFS-516/images/AAA268_AAA%20Virtual%20Hearing%20Guide%20for%20Arbitrators%20and%20Parties.pdf, last visited on 24 July, 2021.

[②] 《网上仲裁规则》，载贸仲官网，http://www.cietac.org.cn/index.php?m=Article&a=show&id=2744，访问日期：2021 年 7 月 24 日。

效用与书面形式的功能进行类比确定其法律效力,从而摆脱书面这一单一媒介的束缚,同时也为认可未来出现的以更新技术为载体的仲裁协议形式提供了问题解决方案。目前,共有 77 个国家总计 156 个法域(jurisdiction)参照贸法会《电子商务示范法》制定了相关法律法规。

一些国际贸易协定体现了对电子认证方式与电子签名的认可。2019年版的《美韩自由贸易协定》(KORUS)第 15 章"电子商务"第 4 条中,规定了美韩双方均不得采用或维持禁止电子交易中当事人协议选择合适认证方式或电子签名的法规,亦不得仅仅因为签名的电子形式就否定其效力。① 2018 年的《美墨加协定》(Agreement between the United States of America, the United Mexican States, and Canada)第 19 章"数字贸易"第 6 条,规定了各国只有在有国内立法的情况下才能仅因为签名的电子形式否定其效力,且各国都不得采取或维持禁止电子交易中当事人协议选择合适认证方式或电子签名的措施。② 2019 年的《美日数字贸易协定》(UJDTA)在其第 10 条中对于电子认证和电子签名作出了与《美墨加协定》基本一致的规定。③ 上述条文还都另外规定了各国可以就某种特定的交易要求其电子认证方式或电子签名满足其法律法规的要求。我国《电子签名法》第 4 条规定,能够有形地表现所载内容,并可以随时调取查用的数据电文,视为符合法律、法规要求的书面形式。根据该条,以电子方式订立的仲裁条款可以满足书面形式的要求。该法第 14 条还规定,可靠的电子签名与手写签名或者盖章具有同等的法律效力。我国《民法典》第 469 条也规定,以电子数据交换、电子邮件等方式能够有形地表现所载内容,并可以随时调取查用的数据电文,视为书面形式。在我国,满足上述条件的数据电文形式的仲裁条款,可以符合法律对仲裁协议的形式要求。

---

① KORUS, "Chapter Fifteen, Electronic Commerce", https://ustr.gov/sites/default/files/uploads/agreements/fta/korus/asset_upload_file816_12714.pdf, last visited on 26 June, 2021.
② USMCA, "Chapter 19, Digital Trade", https://ustr.gov/sites/default/files/files/agreements/FTA/USMCA/Text/19-Digital-Trade.pdf, last visited on 26 June, 2021.
③ Agreement Between the United States of America and Japan Concerning Digital Trade, https://ustr.gov/sites/default/files/files/agreements/japan/Agreement_between_the_United_States_and_Japan_concerning_Digital_Trade.pdf, last visited on 26 June, 2021.

此外，我国《仲裁法》正在修订中。① 我们还缺乏统一的针对在线仲裁的法律规范。虽然我国仲裁机构的实践往往突破仲裁法的严格规范，努力与国际做法相接轨，有关司法解释和其他的一些法律规范也在电子化方面作出了规定，但在线仲裁在较短时间内还存在一定的不确定性。

除在线仲裁外，ODR还包括如在线调解、在线法院、电子交易平台上的内部争议解决机制等，在线仲裁与这些争议解决机制间存在制度互补或制度替代关系。此时，在线仲裁与其他制度之间的关系体现的是它们对特定纠纷类型的适应水平，换句话说，是在处理特定类型的纠纷时，不同机制解决纠纷能力的强弱。嵌入问题的实质在于在线仲裁能否与新兴的线上商业交易模式或者社会交往模式相适应，能否与特定争议类型相适应，能否在解决某类或几类争议方面（在特定时间观察）具有比较优势。简而言之，在线仲裁作为一种服务，它的成败取决于能否适应市场的特定需求。

第二节 对仲裁可执行性问题的突破：非约束性仲裁

一、非约束性仲裁

一般而言，仲裁结果的强制性、终局性是仲裁区别于其他ADR机制的重要特征之一。而无论在现实还是虚拟环境中，还存在一种非约束性仲裁。"非约束性"这一措辞本身就表明了非约束性仲裁与传统仲裁的不同，也正因为此，此类仲裁常常游离于学者们的研究视线之外。非约束性仲裁是传统诉讼外争议解决机制的一部分。如美国一些州支持的诉讼外争议解决项目大都规定，仲裁裁决将产生约束力，除非当事人请求裁决作出后可将案件重新提交法院以对整个案件进行法律及事实审理。根据美

---

① 司法部已于2021年7月30日发布《中华人民共和国仲裁法（修订）（征求意见稿）》，其中第30条第3款原则性地规定，"仲裁程序可以通过网络方式进行"，但并未针对在线仲裁制定更为详细的规则。

国仲裁协会制定的非约束性仲裁规则①,在特定类型的争议产生之后,当事人如果协商未果,其可以在诉诸约束性仲裁、诉讼或其他争议解决程序之前将争议提交美国仲裁协会,由协会根据其非约束性仲裁规则进行仲裁。根据美国国家技术与争议解决中心(The National Center for Technology & Dispute Resolution, NCTDR)提供的数据,世界范围内有134个提供在线争议解决服务的网站,其中一些网站提供非约束性在线仲裁服务。②在ICANN制定的UDRP框架中,专家裁决不具备传统仲裁的约束力,投诉人或被投诉人在争议处理程序开始之前或结束之后,都可以将争议提交有管辖权的法院处理。③

非约束性在线仲裁具有常规仲裁的程序架构。作为在线仲裁的一种类型,它利用网络信息技术提供仲裁服务,其"非约束性"特点意味着争议解决的结果不具备约束双方当事人的效力,不能够直接得到国家机关的强制执行,这是其区别于约束性在线仲裁的首要标志。以美国1996年开始运作的"虚拟执法官项目"(the Virtual Magistrate Project)为例,虚拟治安裁判庭采用自己的规则及美国仲裁协会的规则进行仲裁,每起案件均由一名同时具备法律和网络知识的仲裁员负责,他以电子邮件的形式作出裁决并发送给当事人。非约束性在线仲裁程序的进行原则上并不阻却当事人向法院起诉的权利,但争议双方可以协议不得向法院起诉,不遵守裁决的效力等同于一般合同违约。④ 虚拟执法官项目最终宣告失败。⑤

与在线调解相比,非约束性在线仲裁的"约束性"强,在听证、证据交

---

① AAA, "Non-Binding Consumer Arbitration Rules", https://www.adr.org/sites/default/files/Non-Binding_Consumer_Arbitration_Rules.pdf, last visited on 24 July, 2021; AAA, "National Patent Board Non-Binding Arbitration Rules", https://www.adr.org/sites/default/files/National%20Patent%20Board%20Non-Binding%20Arbitration%20Rules.pdf, last visited on 24 July, 2021.

② The National Center for Technology & Dispute Resolution, "Provider List", http://odr.info/provider-list/, last visited on 11 August, 2021.

③ ICANN, "Uniform Domain Name Dispute Resolution Policy", https://www.icann.org/resources/pages/policy-2012-02-25-en, last visited on 12 September, 2021.

④ 何其生主编:《互联网环境下的争议解决机制:变革与发展》,武汉大学出版社2009年版,第343—344页。

⑤ 虚拟执法官网站目前已失效,项目宣告失败。See Philippe Gilliéron, "From Face-to-Face to Screen-to-Screen: Real Hope or True Fallacy?", 23 *Ohio State Journal on Dispute Resolution* 301, 308 (2008); Amy J. Schmitz, "'Drive-Thru' Arbitration in the Digital Age: Empowering Consumers through Binding ODR", 62 *Baylor Law Review* 178, 196 (2010).

换等方面仍然具有传统仲裁的一般特性。而与约束性在线仲裁相比,非约束性在线仲裁的"约束性"较弱,作出的裁决更类似于一种"权威意见"(advisory opinion)。当事人在将争议提交非约束性在线仲裁时,应当意识到争议解决者并不具备司法权威性,也不会作出具有法律约束力的裁决。非约束性在线仲裁的主要功能在于,根据当事人提交的费用及其选择的方式"协助"他们尽可能达到解决争议的目的,其形式类似于一种模拟的裁判(mock trial),它有助于双方当事人重新衡量自身所处地位及得失,也可以帮助他们预测向法院提起诉讼或将争议提交其他机构仲裁的结果。通过这种方式作出的裁决并不具有仲裁裁决或法院判决的效力,也不能在任何诉讼、仲裁或其他程序中作为证据或者先例被援引。若当事人在仲裁程序开始后的一定期限内无法达成解决争议的方案,可以尝试其他争议解决方式。

二、非约束性在线仲裁的优势

约束性在线仲裁具有传统仲裁"一裁终局"的特点,其裁决的约束性阻断了当事人就同一事项向法院起诉的可能,消费者因而会担心其诉讼权利被剥夺。而非约束性在线仲裁的程序更具灵活性和弹性,其争议解决程序可以与其他争议解决方式相衔接,当事人可以选择获得一个具有约束力的裁决,也可以在裁决作出后采取其他方式寻求进一步的救济。非约束性在线仲裁的理想结果是,当事人或是对争议结果满意并自愿执行,或是仅仅损失不多的时间和金钱参与仲裁,同时保有采取其他手段解决争议的权利。与最终解决争议相比,非约束性在线仲裁的核心价值在于,作为一种维护当事人权益的"前置程序"增强消费者对电子商务的信心。非约束性在线仲裁的价值还在于它为消费者提供了一种不同于其他纠纷解决方式的可供选择的纠纷解决机制,其成本低廉且能促进公正的实现。电子商务中涉及消费者的多是简单的小额交易,但此类交易发生频繁,交易双方多位于遥远的两地,容易产生跨境涉外争议。运用传统的诉讼程序解决这类争议,成本较高。尤其在解决跨国电子商务纠纷时,法律的适用和管辖权问题将成为很大的阻碍,此类问题在短期内无法得到解决。加之各国对消费者保护的态度不同,更增加了域外诉讼的风险。传统诉讼外争议解决方式或约束性在线仲裁使得程序成本高于实际争议金额,从而可能导致当事人放弃索赔,与之相比,非约束性在线仲裁以较低的费用在较短的时间内解决争议,使一些潜在的争议(potential disputes)得到解决,降低了实现正义的成本,其所表现出的经济性和效率性成为电子交易公正性的保障。

非约束性在线仲裁"非约束性"的劣势同时也是它的优势,其依靠国家强制力之外的其他约束力量促进当事人之间的合作。由于具有可行的强制性保障,国际商事仲裁的存在本身即是一种威胁:人们将根据对执行可能性的正向评估来调整自己的行为,遵守法律并自动执行仲裁裁决。同时,在当事人意思自治的基础上进行仲裁,如果裁决是由具有专业知识的仲裁员在正当法律程序下作出的,则当事人在多数情况下也会自愿履行裁决。一些历史学和经济学研究仲裁裁决揭示出不依靠国家强制力而得到执行的可能性。① 这意味着,只要对争议双方存在足够的约束,就可以促进合作,而这一约束不一定表现为法律的形式。

根据美国学者舒尔茨的考察②,非约束性在线仲裁的"自我执行机制"主要有七种:(1)信赖标志。一些信赖标志组织制定了一定的行为准则(Code of Conduct),满足该准则要求的电子商务业者被允许在其网站上贴出信赖标志(Trustmarks),以证明其订有清楚的合同条款,提供正确的信息,能够保证交易的安全性等。信赖标志将电子商务业者与其他竞争者区别开来,以此增强消费者的信赖,增加商机。信赖标志应网络市场的需求自发形成,实为一种争议预防机制,它与在线争议解决机制相结合后将达到更好的争议解决效果。(2)限制市场参与(exclusion of participates from a marketplace)。这种激励方式主要依靠技术手段,如取消颁发给商家进入特定网络市场的密码,来拒绝商家进入虚拟市场交易。对于商家而言,被排除在交易市场之外所带来的经济损失可能远远大于其执行非约束性在线仲裁裁决的金额,执行裁决将是更为理性的选择。但这一方式可能对进行偶然交易的商家不具有太大的威胁。(3)第三方保存服务(escrow services)。这主要是指买方先不将货款支付给卖方,而是暂时交由第三方支付平台保存,买方收到货物并确认无误后,再由第三方将货款付给卖方。(4)裁决执行基金(judgment funds)。根据

---

① Lisa Bernstein,"Private Commercial Law in the Cotton Industry: Creating Cooperation through Rules, Norms, and Institutions," 99 *Michigan Law Review* 1724,1763(2001).

② Thomas Schultz, "Online Arbitration: Binding or Non-Binding?", http://www.ombuds.org/center/adr2002-11-schultz.html, last visited on 24 July, 2021.

这一机制,商家预付一定数额的资金作为裁决执行基金,若商家与消费者发生争议,则从基金中扣除非约束性仲裁决定的商家应赔付的金额。若商家向在线争议解决服务商预先支付基金,则在线争议解决服务商可以在作出裁决后直接进行执行。(5)交易保险机制(transaction insurance scheme)。交易保险机制是一种钱款返还制度,适用于当事人不能通过协议解决争议的情形。与裁决执行基金不同,它并不要求当事人事先支付一定的金额。在争议发生后,当事人可以在协商未果、调解也不能达到双方预想的结果时,选择仲裁员仲裁并获得一份仲裁裁决。若买方(消费者)胜诉,则他可以从在线争议解决服务提供商或者其他相关组织那里得到赔付,争议解决机构或其他相关组织再向败诉方追偿。(6)发卡人优先支付(privileged links with credit card issuers)。这主要是指,仲裁机构与信用卡发卡人签约,发卡人再与商家签约,约定如果商家与消费者之间的争议经仲裁机构审理并裁决商家应予赔付,则发卡人从商家信用卡中自动扣除相应款项。发卡人扮演支付中介的角色,控制着商家欠款的支付。若商家违约,则发卡人可能中断对商家的信用卡服务,以此迫使商家执行裁决。(7)特定技术控制手段(particular technological tools)。在某些领域,特定技术手段将直接被用来执行裁决。如在互联网域名争议仲裁中,域名管理机构自身并不处理域名争议,而是指定专门的争议解决机构解决域名争议。同时,域名管理机构授权多个企业作为域名注册机构向用户提供域名注册服务。在争议解决机构对争议作出裁定后,由域名注册机构利用域名解析技术直接执行裁定,或维持域名注册,或撤销域名注册,或将被执行人所设域名转移给权利人。现实中,成千上万的争议通过世界知识产权组织的争议解决机制得到了解决。虽然ICANN制定的UDRP允许当事人在某些条件下将争议提交诉讼,但极少有人这样做。

三、我国发展非约束性在线仲裁的可能性

根据我国《仲裁法》的相关规定,在我国现有仲裁法律框架内进行的在线仲裁只能是约束性仲裁。我国进行约束性在线仲裁还存在着诸多风险,包括法律风险和市场风险。与约束性在线仲裁相比,非约束性在线仲裁可以有效避免法律障碍,同时具有运作成本低的优势,特别适用于解决电子商业零售所引发的争议。在我国当前的法律框架下,非约束性在线仲裁应当被定位为一种游离于法律体系之外的私人纠纷处理机制。非约束性在线仲裁的特点决定了其作为一种可供选择的在线争议解决方式的价值,有外国学者对此表示了较大信心,并主张这种自我管理型的在线仲裁及其他类似性质的在线争议解决方式是电子商务乃至在线争议解决机制的主要形式。[①]

根据其他国家的实践经验,我国发展非约束性在线仲裁可以采取(但不限于)以下途径:一是继续发展域名争议解决机制;二是由提供在线争议解决服务的网站或仲裁机构提供非约束性仲裁服务;三是将非约束性在线仲裁与诉讼程序相结合,作为法院诉讼的前置程序。非约束性在线仲裁如何适应我国的法律及经济环境,还需要进一步实践和论证。以发展的眼光来看,任何纠纷解决机制的形成和发展都需要经历一定的过程。非约束性在线仲裁必须经过市场和时间的检验,在市场竞争中明确自己的适用领域。

目前我国电商平台大多建立了自己的内部争议解决机制,一些机制具备仲裁的特征。在淘宝平台,商家与消费者发生纠纷时,可以由"小二"或者大众评审进行裁决。前者属于平台雇员,后者来源于用户的自愿参与。这种仲裁无论是在争议提交淘宝处理前、处理中还是处理后,都不排除消费者向有关部门投诉、申请仲裁、起诉的权利。《淘宝平台服务协议》"交易争议处理"一节中还规定"如您依据淘宝平台规则使用淘宝平台的争议调处服务,则表示您认可并愿意履行淘宝平台的客服或大众评审员('调处方')作为独立的第三方根据其所了解到的争议事实并依据淘宝平台规则所作出的调处决定"。由此,用户在注册时通过认可上述内容,使平台的处理结果在一定程度上可以获得尊重。淘宝也有权通过保证金、支付宝等手段划扣相关款项。这种非约束性仲裁兼顾了纠纷解决的高效性和处理结果的可履行性。

---

① Thomas Schultz, "Online Arbitration: Binding or Non-Binding?", http://www.ombuds.org/center/adr2002-11-schultz.html, last visited on 24 July, 2021.

第三节 仲裁程序的新尝试:异步在线庭审

一、仲裁机构的仲裁程序创新

近年来,我国各地仲裁委员会陆续推出在线仲裁服务。除视频庭审形式之外,武汉仲裁委员会、衢州仲裁委员会、南平仲裁委员会等更进一步开创了异步在线庭审模式。

2019年8月1日,武汉仲裁委员会发布并实施《武汉仲裁委员会网上仲裁规则》,将"在线仲裁"定义为通过互联网进行仲裁的争议解决方式,并相应地将"网上开庭"方式划分为两种,即利用互联网以非同步电子交互或者同步视频开庭形式所进行的庭审活动。非同步电子交互仲裁庭审是指,仲裁庭与申请人、被申请人以及其他仲裁参与人在规定的期限内依据各自选择的时间,登录相应电子平台,按照规则采用非同步方式完成的仲裁活动。

武汉仲裁委员会在其《网上仲裁规则》中进一步说明了这种新型开庭审理方式的程序事项。该规则第38条规定,"当事人可以自收到受理通知书或者仲裁通知书之日起3日内选择网上开庭方式。当事人未选择或者未能选择一致的,仲裁庭采用非同步电子交互形式进行网上开庭。"第39条规定,"采用非同步电子交互形式审理案件的,仲裁庭与申请人、被申请人以及其他仲裁参与人应当在规定的期限内依据各自选择的时间按照本规则的规定采用电子交互方式完成相应的仲裁活动。非同步电子交互审理流程中每个环节的启动均应通过电子方式送达当事人。"第40条规定,"除质证外,非同步电子交互审理还包括以下程序:(一)仲裁庭可以通过本会云平台向当事人发送问题函的形式进行仲裁庭调查。当事人应当在收到问题函后24小时内作出回复。(二)当事人在收到仲裁庭发出的辩论通知后48小时内不分先后发表辩论意见。(三)当事人在收到仲裁庭发出的陈述通知后24小时内向仲裁庭进行最后陈述。当事人提交的回复意见、辩论意见、最后陈述可以直接编辑提交也可以上传图片提交;期限内未提交的,不影响仲裁程序进行。"

随后,衢州仲裁委员会、南平仲裁委员会也分别于2020年1月1日、2020年7月1日起实施《衢州仲裁委员会网络仲裁规则》和《南平仲裁委员会网络仲裁规则》,同样采纳武汉仲裁委员会的做法,将非同步电子交互形式纳为仲裁网上开庭的方式之一。在操作上,亦与武汉仲裁委员会相似。

从程序操作上看,上述三个仲裁委员会所采取的非同步电子交互仲裁庭审方式,与互联网法院异步庭审方式存在相似性。

杭州互联网法院于2018年4月2日发布《涉网案件异步审理规程(试行)》,标志着全球首个异步庭审方式的正式启动。①根据该审理规程,涉网案件异步审理是指"将涉网案件各审判环节分布在杭州互联网法院网上诉讼平台上,法官与原告、被告等诉讼参与人在规定期限内按照各自选择的时间登录平台以非同步方式完成诉讼的审理模式"。就其适用范围而言,"异步审理适用于事实清楚、法律关系明确、适合网上审理的民事案件。适用普通程序或当事人不予同意的案件,不适用异步审理"。在程序启动上,"各方当事人自愿申请异步审理的,是否启动由法官决定。法官可以根据案情、技术条件向当事人推送异步审理,各方当事人同意或一方同意、另一方未在规定时间内发表意见的,可以适用该审理方式。各方当事人均未选择的,不能启动异步审理"。

继杭州互联网法院之后,广州互联网法院也于2019年10月22日发布了《在线审理规程(试行)》,并于第十章规定了"在线交互式审理"。第82条规定,"在线交互式审理是指当事人及其他诉讼参与人在本院规定的期限内,自主选择时间登录诉讼平台,完成陈述、答辩、举证、质证、接受询问并充分发表意见后,本院不再开庭审理,迳行裁判的审理方式"。具体适用条件规定于第83条,"同时符合以下条件的小额诉讼程序案件,可以适用在线交互式审理:(一)当事人及其他诉讼参与人均已在线认证关联;(二)当事人均同意不开庭审理;(三)不开庭审理能够查明案件事实"。

北京互联网法院于2020年2月21日发布《电子诉讼庭审规范(试行)》,并在第20条第2款对异步庭审适用条件予以规定,即"如果实现同时庭审确有困难,经当事人书面申请且其他各方当事人书面同意,法院审核后,可以采用当事人、其他诉讼参与人在不同时间参加庭审的非同时庭

---

① 余建华、岳丰:《扩展时空让审理异步进行——杭州互联网法院创新审理模式工作纪实》,载《人民法院报》2018年4月3日,第1版。

审方式,并在合理时间内完成庭审"。

互联网法院异步审理模式在时间和空间两个维度上颠覆了传统的司法理念,"非同步式""非面对面"的特征对于民事诉讼所追求的直接言词原则和司法亲历性造成了显著冲击。①同互联网法院的异步庭审类似,非同步电子交互仲裁庭审也采用了各方参与人登录平台以非同步方式完成纠纷审理的模式。但与互联网法院的诉讼程序相比,上述仲裁委员会的异步审理仲裁程序未设置诸如互联网法院实行异步审理的有限适用范围和条件以及欠缺对当事人程序选择权(或同意权)的尊重。

二、法院对异步在线仲裁庭审的态度

为了解采用异步在线仲裁庭审形式作出的仲裁裁决在司法实践中的执行情况以及法院对这种方式的态度,在威科先行法律信息库以"非同步电子交互""非同步电子交换"或"非同步网络仲裁"为全文关键词进行"精确搜索",并以"异步"为关键词进行补充检索后(截至2021年8月12日),我们共获得法院裁判文书88份。这88份裁判文书的案由均为申请执行或者撤销衢州仲裁委员会以非同步电子交互形式进行网上审理的仲裁裁决书。其中,当事人向法院申请执行仲裁裁决的有86件②,法院裁判结果均为不予执行或者驳回当事人的执行申请;申请不予执行仲裁裁决书的有1件,法院裁判结果为不予执行;申请撤销仲裁裁决书的有1件,也仅在这一案件中,浙江省衢州市中级人民法院支持了衢州仲裁委员会以非同步电子交互审理形式作出的仲裁裁决。

总结有关判决可以看到我国法院目前对此有三种态度。第一种是回避型。如在"上海快升金融信息服务有限公司与秦远征金融借款合同纠纷案"中,裁判焦点为是否执行衢州仲裁委员会作出的一份仲裁裁决。仲裁委员会采用的是非同步电子交互的形式进行网上庭审,并通过电子方式送达仲裁应裁通知、组庭与书面审理通知、仲裁裁决书等法律文书。辽宁省丹东市中级人民法院仅以电子送达仲裁裁决违反法定程序为由裁定

---

① 肖建国、丁金钰:《论我国在线"斯图加特模式"的建构——以互联网法院异步审理模式为对象的研究》,载《法律适用》2020年第15期,第98—99页。
② 重庆市第二中级人民法院44件、安徽省安庆市中级人民法院31件、安徽省阜阳市中级人民法院7件、辽宁省丹东市中级人民法院2件、广西壮族自治区梧州市中级人民法院1件、云南省文山壮族苗族自治州中级人民法院1件。

不予执行,未对非同步电子交互的庭审方式进行任何论证和评价。①第二种是保守型。如安徽省安庆市中级人民法院认为,"在被执行人未参与网络仲裁的情况下,衢州仲裁委员会以独任仲裁的方式进行了网上开庭审理,并作出裁决,其裁决过程未充分保障被执行人依法享有申请仲裁员回避、提供证据、答辩等基本程序权利……仲裁程序违反法律规定"。② 安徽省阜阳市中级人民法院也认为,"在被执行人……未参与网络仲裁的情况下,衢州仲裁委员会以独任仲裁的方式采用非同步电子交互形式进行网上开庭审理,并作出裁决,其裁决过程未充分保障被执行人依法享有申请仲裁员回避、提供证据、答辩等基本程序权利"。③第三种是支持型。如浙江省衢州市中级人民法院在"高强与上海方达小额贷款有限公司申请撤销仲裁裁决案"中认为,"关于衢州仲裁委员会的审理方式、送达方式等问题,衢州仲裁委员会采用非同步电子交互形式进行网上开庭,以短信的形式对仲裁案件的相关文书进行送达符合案涉《个人授信借款合同》的约定及《衢州仲裁委员会网络仲裁规则》的规定,未损害当事人的程序性权利"。④

前述88份裁判文书中,84份采取保守型态度,3份采取回避型态度,1份采取支持型态度。由此可见,法院对于仲裁机构采用非同步电子交互形式进行网上开庭审理所作出的仲裁裁决,在执行时多采取保守态度。目前在一方当事人未参与在线仲裁的情况下,裁决过程若未充分保障被执行人依法享有申请仲裁员回避、提供证据、答辩等基本程序权利,极易被法院认定为违反法律规定。

三、异步在线仲裁庭审的问题

目前异步在线仲裁庭审出现问题的原因可被总结为以下几项。

第一,有关仲裁规则在非交互式庭审方式的适用条件上规定过于笼统。无论是武汉仲裁委员会的《网上仲裁规则》,还是衢州仲裁委员会、南

---

① 上海快升金融信息服务有限公司与秦远征借款合同纠纷案,辽宁省丹东市中级人民法院(2021)辽06执237号执行裁定书。
② 上海万达小额贷款有限公司与吴召刚借款合同纠纷案,安徽省安庆市中级人民法院(2021)皖08执155号执行裁定书;宁波云联小额贷款有限公司与张金枝借款合同纠纷案,安徽省安庆市中级人民法院(2021)皖08执106号执行裁定书;等。
③ 上海万达小额贷款有限公司与杨震借款合同纠纷案,安徽省阜阳市中级人民法院(2021)皖12执195号执行裁定书。
④ 高强与上海方达小额贷款有限公司申请撤销仲裁裁决案,浙江省衢州市中级人民法院(2020)浙08民特17号民事裁定书。

平仲裁委员会的《网络仲裁规则》,对于适用非同步电子交互审理的争议范围均笼统地设置为"因网络交易产生的争议及非因网络交易产生的争议",或者在此基础上进一步具体化为"民商事争议",无视案情的复杂难易程度。互联网法院进行异步庭审试点时,尚极力缩小适用范围至"事实清楚、法律关系明确、适合网上审理的民事案件",或者"同时符合不开庭审理能够查明案件事实等条件的小额诉讼程序案件",又或"实现同时庭审确有困难"等情形。各仲裁机构试点非同步电子交互仲裁庭审方式时,在适用条件的设定上更应审慎。

第二,程序权利保障不足。就开庭方式来看,武汉仲裁委员会、衢州仲裁委员会、南平仲裁委员会均设置非同步电子交互形式和同步网络视频形式两种方式。规则要求当事人自收到受理通知书或者仲裁通知书之日起3日内选择网上开庭方式。当事人未选择或者未能选择一致的,则采用非同步电子交互形式进行网上开庭。衢州仲裁委员会、南平仲裁委员会还赋予仲裁庭在认为必要时也可采用同步网络视频形式进行网上开庭的权利。

此类规定,未能充分保障当事人对网上开庭程序选择的权利,也不同于互联网法院对于异步庭审方式的适用以各方当事人同意为前提条件。互联网法院采取异步审理案件方式的正当性在于"以当事人行使程序处分权为基础,法官职权保障和监督案件解决以实现程序的高效和公平"。[①]仲裁的发生及进行更全部基于当事人的合意。仲裁规则剥夺当事人对开庭方式的选择权有违仲裁制度的本质。而倘若一方当事人因客观原因未能收到仲裁通知而无法选择,仲裁庭便迳行剥夺了当事人对程序的参与权,则有违程序正义原则。前述安徽省安庆市中级人民法院、安徽省阜阳市中级人民法院对于衢州仲裁委员会采用非同步电子交互形式所作的仲裁裁决不予执行或者驳回执行申请,即是例证。

第三,操作流程欠妥当。异步在线仲裁庭审,将传统的仲裁庭调查、质证、辩论、陈述等一系列的当庭审理流程拆分成不同的环节。当事人只需在规定的时间里,依照仲裁庭的指令完成相应环节的仲裁活动即可。区别于线下的当庭审理程序要求当事人即时回复,武汉仲裁委员会、衢州

[①] 林洋:《互联网异步审理方式的法理思辨及规则建构》,载《甘肃政法学院学报》2020年第4期,第127页。

仲裁委员会、南平仲裁委员会均在非同步电子交互形式的仲裁庭调查阶段、发表辩论意见阶段、最后陈述阶段分别给予当事人 24 小时、72 小时（武汉仲裁委员会为 48 小时）、24 小时的回复时间。这种操作的妥当性还值得商榷。毕竟，当事人在庭上的即时回复、当场反应，往往能最为真实地还原案件事实原貌、展示当事人对于纠纷的心理态度及主观看法。在非同步电子交互仲裁庭审情景下，各方当事人本就无法进行"面对面"的质证交流，与同步庭审相比，"各程序参与方甚至并未通过网络设备与其他各方同步对话，传递给对方的或者从对方获取的可能只是文字或者录音录像，且不要说其在攻击防御或者法庭指挥的效果上不如传统在场审理方式，甚至还达不到通过网络设备进行同步审理的效果"。[①]倘若再在仲裁庭调查等阶段给予当事人过长的回复时间，就可能为当事人提供了谋求外部人协助、编造并篡改纠纷事实的机会。"异步审判增加了当事人或证人陈述不真实的可能"[②]，更不利于纠纷的公平、正当解决。

异步在线仲裁庭审作为新生事物，未来可在经验积累的基础上逐步完善，在保障当事人正当程序权利的同时，切实提高纠纷解决效率并真正成为一种可供选择的 ODR 方式。

第四节　近期发展：疫情对在线仲裁的影响

一、疫情对仲裁机构的影响

自新冠疫情暴发以来，各国际仲裁机构线下办公室的工作均受到影响。主要国际仲裁机构纷纷采取在线仲裁作为重要的替代性工作方式，并出台相关指引文件，积极采取措施推进整个程序的电子化、信息化建设。13 家国际仲裁机构[③]于 2020 年 4 月 16 日共同发表了一份联合声明，鼓励当事人和仲裁员通过先进的案件管理策略，以公开和建设性的方

---

① 段厚省：《远程审判的双重张力》，载《东方法学》2019 年第 4 期，第 106 页。
② 段厚省：《远程审判的程序正当性考察——以交往行为理论为视角》，载《政法论丛》2020 年第 2 期，第 123—124 页。
③ 13 家国际仲裁机构为：ICC International Court of Arbitration、AAA International Centre for Dispute Resolution、HKIAC、ICSID、CRCICA、LCIA、SCC、SIAC、VIAC、DIS、IFCAI、CAM 以及 KCAB INTERNATIONAL。See "Joint Statement: Arbitration and COVID-19", https://iccwbo.org/content/uploads/sites/3/2020/04/covid19-joint-statement.pdf, last visited on 29 August, 2021.

式探讨危机的影响和减轻影响的潜在方法。在危机管理方面,这些机构发布了一份高级别的危机管理政策声明(CMPS),在不确定和不可预测的情况下提供了必要的保证和团结。[1]疫情背景下,在线仲裁有了全新的角色应用,作为一种替代性纠纷解决机制,它在疫情防控中展现出诸如安全性、便捷性等独特的优势。世界范围内几家主要仲裁机构的情况如下。

1. 香港国际仲裁中心

香港国际仲裁中心(HKIAC)的《2018香港国际仲裁中心机构仲裁规则》第13.1条规定:"仲裁庭应考虑争议的复杂程度、争议金额和科技的有效使用,而采取适当的程序仲裁,以避免不必要的延误和费用,但该程序须保证各方得到平等的对待,且各方得到合理的机会陈述其案。"

在2020年3月27日,HKIAC发布了《HKIAC关于新冠肺炎疫情的应对措施及服务》(HKIAC Service Continuity during COVID-19),其中提到疫情期间,案件管理团队将保持全面运作,大部分工作人员实行远程办公,整个仲裁过程可以根据所适用的规则通过电子邮件或其他电子方式送达文书。[2]此外,HKIAC还出台《在线庭审指南》(HKIAC Guidelines For Virtual Hearings),给出了对用户的14条建议,不仅介绍HKIAC在线庭审系统的具体功能、用户在申请在线仲裁时的具体流程,还包括了针对参与人、证人、专家的相关措施和笔录、翻译服务的相关规定。这份指南最大的特点是实用性,它为参与方提供了详细的行为指引。如第10.a条规定,"除了发言,其余时间必须保持麦克风静音"以及第10.c条规定"请勿在有其他参与方发言时同时发言"等。[3]

2. 新加坡国际仲裁中心

《新加坡国际仲裁中心仲裁规则》第19.1条规定:"仲裁庭在征询当事人的意见之后,应当以其认为合适的方式进行仲裁程序,以确保公平、快捷、经济、终局地解决争议事项。"新加坡国际仲裁中心(SIAC)的规定与HKIAC的规定相似,在仲裁规则中为在线仲裁预留了空间。

---

[1] Maxi Scherer, Niuscha Bassiri and Mohamed S. Abdel Wahab(eds.), *International Arbitration and the COVID-19 Revolution*, Kluwer Law International, 2020, p.23.

[2] HKIAC, "HKIAC Service Continuity during COVID-19", https://www.hkiac.org/news/hkiac-service-continuity-during-covid-19, last visited on 22 July, 2021.

[3] HKIAC, "HKIAC Guidelines For Virtual Hearings", https://www.hkiac.org/site/default/files/ck_filebrowser/HKIAC%20Guidelines%20for%20Virtual%20Hearings_3.pdf, last visited on 22 November, 2021.

在此次疫情期间,SIAC 在官网发布了一些疫情背景下的常见问题①,为用户及相关参与方提供指引。其中,问题 13 对上述仲裁规则第 19.1 条进行了进一步解释,明确仲裁庭可以在适当的情形下开展在线仲裁。问题 14 鼓励当事人和仲裁庭商议是否采取在线仲裁的形式,并鼓励各方主体就在线仲裁中如何提交证据、如何保证听证安全以及如何保证仲裁的保密性进行协商。问题 15 明确指出 SIAC 可以在 Maxwell Chambers 的支持下进行线下、线上或混合式的听证,使用的视频会议平台为 BlueJeans 和 Zoom。②

3. 国际商会仲裁院

国际商会仲裁院《国际商会仲裁规则》第 26 条第 1 款规定:"在任一当事人要求开庭时,或者当事人虽未要求但仲裁庭自行决定开庭审理时,案件应当进行开庭审理。案件决定开庭审理的,仲裁庭应当以适当方式通知当事人在其确定的时间和地点出席开庭。仲裁庭可在协商当事人之后,基于案件有关事实与情形,决定开庭将会以现场出席或者通过视频会议、电话或者其他适当的通讯方式进行。"该规定是 ICC 在其 2021 年版仲裁规则中重新起草的,明确仲裁庭在征求当事人的意见后,可以根据案件的具体情况,决定在现场或通过视频会议、电话以及其他仲裁庭认为适当的通信方式进行庭审。这一方面是受到了疫情影响,另一方面显示出 ICC 鼓励仲裁庭及当事人根据个案情况充分利用相关技术等合理手段推进仲裁程序的态度。而"其他适当的通讯方式"这一用词也涵盖了未来远程庭审技术持续发展可能带来的新的技术形式。

此次疫情期间,ICC 的工作人员主要采取远程办公,原定于在巴黎总部进行的线下活动也被推迟或取消,直至 2020 年 4 月 13 日才恢复。根据 ICC 的规定,仲裁申请、紧急仲裁申请以及其他相关申请都应该以邮件方式进行。2020 年 4 月 9 日,ICC 出台了疫情相关的指引文件,为当事人、各方代理人以及仲裁庭提供了常见问题的基础性指引,还包括关于组织在线仲裁的两个附件:《在线庭审互联网协议清单》以及《建议纳入互联

---

① SIAC, "SIAC COVID-19 Frequently Asked Questions (FAQs)", https://www.siac.org.sg/faqs/siac-covid-19-faqs, last visited on 11 July, 2021.
② Maxwell Chambers, "Hybrid and Virtual Hearings", https://www.maxwellchambers.com/2020/06/24/hybrid-and-virtual-hearings/, last visited on 11 July, 2021.

网协定和关于组织在线庭审的程序性裁令的条款》。①

4. 美国仲裁协会

为了应对COVID-19的肆虐对争议解决提出的新挑战,美国仲裁协会——国际争端解决中心(AAA-ICDR)在2020年提供了七种出版物。其中有三份专门针对在线仲裁的庭审程序,包括《仲裁员和当事人虚拟庭审指南》(Virtual Hearing Guide for Arbitrators and Parties)、《仲裁员和当事人使用Zoom的虚拟庭审指南》(Virtual Hearing Guide for Arbitrators and Parties Utilizing Zoom)和《视频会议虚拟庭审的指令和程序》(Model Order and Procedures for a Virtual Hearing via Videoconference)三份指引性文件。②

《仲裁员和当事人虚拟庭审指南》的具体内容包括如何优化在线庭审的体验(如所使用的设备、视频和音频质量、连接流畅度等)、在线庭审的安全问题(如会议ID、密码设置、不使用公共场所互联网、信息保密、禁止私下聊天等)、为在线庭审进行准备(如提前测试、发送庭审邀请、对文件资料和通讯方式进行沟通等)、在线庭审的进行(如提前进入会议室、身份验证、宣读规则、在适当的情形下进行录音等)。③《仲裁员和当事人使用ZOOM的虚拟庭审指南》主要是在以上要求的基础上,针对Zoom制定的专门规定,包括Zoom技术支持、Zoom庭审录音等。④《视频会议虚拟庭审的指令和程序》针对以视频会议方式进行的在线庭审,包括视频会议协议、指令、庭审记录和录音、技术问题(如庭审邀请、提前测试、备份线路、

---

① Mark L. Shop, "The International Arbitral Institution Response to COVID-19 and Opportunities for Online Dispute Resolution", 13 *Contemporary Asia Arbitration Journal* 67, 70 (2020); ICC, "ICC Guidance Note on Possible Measures Aimed at Mitigating the Effects of the COVID-19 Pandemic," https://iccwbo.org/content/uploads/sites/3/2020/04/guidance-note-possible-measures-mitigating-effects-covid-19-english.pdf, last visited on 12 August, 2021.

② David Harrell and Ann Ryan Robertson, "How the AAA-ICDR® is Meeting the COVID-19 Challenge", https://www.jdsupra.com/legalnews/how-the-aaa-icdr-r-is-meeting-the-covid-81616/, last visited on 23 July, 2021.

③ AAA, "AAA-ICDR Virtual Hearing Guide for Arbitrators and Parties", https://go.adr.org/rs/294-SFS-516/images/AAA268_AAA%20Virtual%20Hearing%20Guide%20for%20Arbitrators%20and%20Parties.pdf, last visited on 11 July, 2021.

④ AAA, "AAA-ICDR Virtual Hearing Guide for Arbitrators and Parties Utilizing Zoom", https://go.adr.org/rs/294-SFS-516/images/AAA269_AAA%20Virtual%20Hearing%20Guide%20for%20Arbitrators%20and%20Parties%20Utilizing%20Zoom.pdf, last visited on 11 July, 2021.

音频/视频质量等)、证人及证据开示、庭审时间表、技术难点、视频会议成本等。①

5. 中国国际经济贸易仲裁委员会

贸仲早在2009年5月就制定了在线仲裁规则,是我国最早制订在线仲裁规则的机构。该规则于2014年修订,新版本自2015年1月1日起实施。

疫情期间,贸仲在2020年4月底发布了《关于新冠肺炎疫情期间积极稳妥推进仲裁程序指引(试行)》,该指引建议当事人以协议的方式约定优先以线上的方式来推进仲裁流程,并且在其中明确了整个仲裁程序推进的具体流程,覆盖了从立案到裁决的9个流程。该指引的附件部分还明确规定了视频庭审的具体规范,为保障当事人权利做出了努力。

二、在线仲裁对仲裁参与各方的挑战

新冠疫情对现场庭审产生了影响,但在2020年,面对严峻的疫情态势,仲裁依然是国际争议当事人重要的选择。从仲裁机构公布的2020年统计数据看,大多数仲裁机构的受案量有所增加。如香港国际仲裁中心在2020年新受理案件318件,创下十多年来的最高纪录。ICC 2020年新受理案件946件,为2016年以来的最高纪录。②新加坡国际仲裁中心在2020年新受理案件1,080件,创下首次年度受案量超过1,000件的历史记录,是前一年数量的两倍以上。③贸仲2020年受理案件3,615件,同比增长8.5%,其中涉外案件739件,也再创新高。④ 即使是极少数受案量没有增长的仲裁中心,如美国仲裁协会国际争议解决中心,虽然受案量较2019年略有下降,但索赔总金额却有所增加,中心收到的紧急仲裁申请

---

① AAA, "AAA-ICDR Model Order and Procedures for a Virtual Hearing via Videoconference", https://go.adr.org/rs/294-SFS-516/images/AAA270_AAA-ICDR%20Model%20Order%20and%20Procedures%20for%20a%20Virtual%20Hearing%20via%20Videoconference.pdf, last visited on 11 July, 2021.

② ICC, "ICC announces record 2020 caseloads in Arbitration and ADR", https://iccwbo.org/media-wall/news-speeches/icc-announces-record-2020-caseloads-in-arbitration-and-adr/, last visited on 12 September, 2021.

③ SIAC, "SIAC Annual Report 2020", https://www.siac.org.sg/images/stories/articles/annual_report/SIAC_Annual_Report_2020.pdf, last visited on 12 July, 2021.

④ 张维:《2020年贸仲委仲裁业务再创佳绩:受案量增长8.5%争议金额再破千亿》,载《法治日报》2021年2月23日,第10版。

也从2019年的94件增加至2020年的111件。① 可以想见在疫情进入常态后,这种不断增长的受案量确实对在线仲裁制度的各方面提出了新的、迫切的挑战。

虽然仲裁机构纷纷制定了在线仲裁相关规则,但实践起来仍然存在不确定性。例如,对于在线仲裁规则仍不够明晰这一问题,从各仲裁机构现有的应对方案来看,大多采取的是"解释仲裁规则+补充制定用户指引"的形式。但实践中,短短几页的用户指引只能向用户提供一个大致的流程导览,无法面面俱到地应对各类问题,这也进一步导致仲裁庭在衡量相关程序时更多地依靠自由裁量权而非明确的仲裁规则。

仲裁庭面临的风险则在于,是否应当决定采取在线仲裁的方式庭审。ICC 2020年4月发布的《国际商会关于减轻新冠肺炎疫情影响的若干可参考措施的指引》规定,仲裁庭在决定是否举行在线仲裁时,应权衡所有情况,包括:新冠肺炎疫情所致的后果,会议或庭审的性质及时长,案件复杂程度及出庭人的数量,是否存在不得迟延的特别理由,重新制定庭审时间表是否会导致不必要或过度的迟延,以及在个案情形下当事人是否有为庭审做适当准备的需要。② 这种规定仅为仲裁庭作出决定提供了一个参考因素列表。

此外,各个机构对当事人权利的规定不同。HKIAC规定一个案件是否适宜部分或全部采用在线庭审,须由当事人与仲裁庭决定。而另一些仲裁庭却拥有较大的自由裁量权。如奥地利最高法院2020年9月28日在第18 ONc 3/20s号案中为奥地利的仲裁庭确定了一项重要原则:即便一方当事人明确反对,通过视频会议进行庭审仍属于仲裁庭的裁量权,尚不能达到质疑仲裁员的标准。

该案仲裁的仲裁地为维也纳,由维也纳国际仲裁中心(VIAC)管辖。各方原定于2020年3月某天进行为期1天的听证,仲裁庭于2020年初决定延期至2020年4月15日。在2020年3月中旬的案件管理会议上,

---

① Simon Chapman, Rebecca Warder and Jacob Sin, "Rise in Arbitration Cases in 2020 Despite Reduced Volume of In Person Hearings due to Coronavirus Pandemic", https://hsfnotes. com/arbitration/2021/03/03/rise-in-arbitration-cases-in-2020-despite-reduced-volume-of-in-person-hearings-due-to-coronavirus-pandemic/, last ristted on 22 November, 2021.

② ICC, "ICC Guidance Note on Possible Measures Aimed at Mitigating the Effects of the COVID-19 Pandemic", https://iccwbo. org/content/uploads/sites/3/2020/04/guidance-note-possible-measures-mitigating-effects-covid-19-english. pdf, last visited on 12 July, 2021.

鉴于新冠疫情以及疫情期间的出行限制,当事各方讨论了远程庭审的可能性,但被申请人一方明确表示拒绝并要求之后进行现场庭审。2020年4月8日,仲裁庭决定在2020年4月15日如期进行庭审,并将以视频会议的方式进行,时间是维也纳时间下午3点,即洛杉矶时间上午6点(被申请人的代理人及证人位于洛杉矶)。庭审开始后,被申请人对远程庭审的方式以及开始时间过早的问题提出了异议。庭审结束后,被申请人向VIAC理事会提出异议但被VIAC理事会驳回,被申请人因此向奥地利最高法院起诉。被申请人提出的异议点主要是"由于时差问题,较早的开始时间对位于洛杉矶的被申请人律师构成重大不利,此外,仲裁庭驳回了被申请人在复活节周末前提出的延期请求,也没有给被申请人足够的准备时间",且"远程庭审违反了仲裁庭公平对待当事人的义务,因为仲裁庭并没有采取措施防范干扰作证的行为。尤其是仲裁庭和当事人都无法确定证人能够接触到哪些文件,证人的房间里是否还有其他人,以及证人在接受质询时是否接收过聊天信息"。奥地利最高法院最终驳回了被申请人的请求,认定仲裁庭在其中一方当事人明确反对的情况下依然进行远程庭审的行为并未达到严重违反程序或造成当事人重大不利地位的标准。[1]该案值得考虑的问题是,在被申请人明确反对的情形下,仲裁庭依然有权决定在线仲裁,此类规定是否会在实践中构成对一方利益的侵害,是否符合公平审判原则,是否有悖于人权法或有关公约。

对仲裁庭而言,挑战还在于必须在实践中适应在线形式给仲裁带来的诸多变化。大部分仲裁员需要适应在工作中使用必要的科技手段,例如电子资料、线上平台工具的使用,对当事人、证人所处环境以及摄像头的检查,紧急情况发生时的处理等。除此之外,由于仲裁员极有可能身处不同国家和地区,疫情背景下出行受限,仲裁庭成员分散的情况在所难免。仲裁员们如何在远程合作中最大程度地展现专业水平,也是一个重

---

[1] Oberster Gerichtshof, OGH Case No. 18 ONc 3/20s, https://www.ris.bka.gv.at/Dokumente/Justiz/JJT_20200723_OGH0002_018ONC00003_20S0000_000/JJT_20200723_OGH0002_018ONC00003_20S0000_000.pdf, last visited on 11 July, 2021; Maxi Scherer, Franz Schwarz, Helmut Ortner and J. Ole Jensen, "In a 'First' Worldwide, Austrian Supreme Court Confirms Arbitral Tribunal's Power to Hold Remote Hearings Over One Party's Objection and Rejects Due Process Concerns", http://arbitrationblog.kluwerarbitration.com/2020/10/24/in-a-first-worldwide-austrian-supreme-court-confirms-arbitral-tribunals-power-to-hold-remote-hearings-over-one-partys-objection-and-rejects-due-process-concerns/, last visited on 23 July, 2021.

大挑战。不过,伦敦玛丽女王大学2021年的调查显示,被调查者中"从未"或"很少"使用技术支持的比例已经降低,87%的仲裁员在无法进行线下庭审的情况下,倾向于通过远程的方式如期进行庭审。①

律师同样也需要提前学习并适应线上系统。在线仲裁要求律师按照平台指示将清单和对应文件整理上传至电子案卷平台,由平台方制作成可供双方律师和仲裁庭共享、编辑的电子案卷。电子案卷上线后至庭审期间,双方律师经协商一致可随时指示平台方补充、修改或替换案卷内的文件。成熟的电子案卷平台一般会向用户提供平台使用指南,其中服务质量较高的平台还能为律师和仲裁员提供一对一教学服务。但对律师而言,如果在庭前未能成功熟悉操作流程,极有可能在庭审期间出现失误,甚至延误庭审进度。另外,在线仲裁最受诟病的缺点之一是它削弱了庭审中各方参与者之间信息传递的效率。例如,由于镜头视角的局限性,律师在"说故事"时常用的肢体语言和眼神交流等庭辩技巧在远程视频的状态下难以完全发挥作用。为弥补这一缺陷,律师在进行开庭和总结陈述时更应充分利用各种可视化工具,尽量以图表、照片、视频等方式向仲裁庭梳理、展示己方的主张与观点。在线仲裁对律师的诉讼可视化水平提出了更高的要求。

凯瑟琳·林恩(Kathleen Lynn)在2020年4月发表的题为《疫情之后法律行业将永远不会与从前相同》的文章中说道:"由于持续的社会疏导措施,法院和律师通过视频开展业务,律师和法律工作人员正在失去他们的工作,新的毕业生无法开始他们的职业生涯——这些影响可能会持续几个月,也许几年。"②此次疫情对法律行业带来的影响是不可逆的,行业秩序将来也不会因为疫情的消失而恢复至从前。但对于在线仲裁而言,外界的变化意味着一种转机,为我们重新审视在线仲裁以及国际仲裁领域的信息化发展提供了机会。

---

① Queen Mary University of London and White & Case, "2021 International Arbitration Survey: Adapting Arbitration to a Changing World", pp. 21-22, http://www.arbitration.qmul.ac.uk/media/arbitration/docs/LON0320037-QMUL-International-Arbitration-Survey-2021_19_WEB.pdf, last visited on 22 July, 2021.

② Kathleen Lynn, "The Legal World Will Never Be the Same After COVID-19", https://nysba.org/the-legal-world-will-never-be-the-same-after-covid-19/, last visited on 12 September, 2021.

三、依据《纽约公约》执行的问题

国际范围内执行仲裁裁决的最重要工具是 1958 年的《纽约公约》。仲裁裁决能够被执行国法院认定不予承认执行的理由主要被规定在公约的第 5 条中。而其中可能成为在线仲裁裁决执行挑战的主要有第 5 条第 1 款 a 项、b 项、d 项和第 2 款 b 项。

《纽约公约》第 5 条第 1 款 a 项规定的是仲裁协议无效的情形。理论上讲,疫情这一突发事件也可能导致仲裁协议无法执行,但仲裁庭如果决定线上开庭,多半已经解决了仲裁协议的可执行性问题。在线仲裁目前面临的问题主要与仲裁程序的进行有关。此外,不排除在个案中可能出现因为在线仲裁使用不当,裁决因违反执行地国的公共秩序而被撤销或不予执行的情况。但公共秩序的适用毕竟较为灵活也并不常见。出于这些原因,下文主要讨论《纽约公约》第 5 条第 1 款 b 项、d 项涉及的情况。

(一)正当程序

根据《纽约公约》第 5 条第 1 款 b 项,若一方未收到指派仲裁员或仲裁程序之适当通知,或因其他原因导致未能申辩的,可主张不予承认与执行裁决。在进行在线仲裁时,可能违反该条规定的情形主要有以下两方面:

第一,侵犯当事人的申辩权。

当事人可能会以约定的仲裁规则或应适用的国内法中存在关于"现场听证"的规定为由,主张在线仲裁剥夺了其现场申辩的权利,或以其未能在远程庭审中进行有效的陈述或举证质证为由主张在线仲裁侵犯了其申辩权。[1]

但仲裁实践表明,在线庭审本身并不当然构成对当事人陈述申辩权的侵犯,而是被作为现场庭审的有效替代方式。在 Research and Development Center v. Ep International 案[2]中,一方当事人以没有亲自出席听证为由提出拒绝执行仲裁裁决。美国法院指出,在相关仲裁规则已经明确允许当事人通过视频会议出庭作为替代性的陈述案情的方式

---

[1] Maxi Scherer, Niuscha Bassiri and Mohamed S. Abdel Wahab (eds.), *International Arbitration and the COVID-19 Revolution*, Kluwer Law International, 2020, pp. 95-96.

[2] Research and Development Center "Teploenergetika", LLC v. EP International, LLC, 182 F. Supp. 3d 556, 2016.

时,当事人以未能亲自现场参加仲裁为由主张拒绝执行仲裁裁决不具有正当性。①该案中,当事人本可以依据仲裁规则提出在线听证作为替代方案,因此不能视为当事人无法进行陈述申辩。可见,在线仲裁同样可以满足当事人获得申辩陈述权利的需求。②

而在 China National Building Material Investment v. BNK International 案③中,一方证人因患病无法出席听证会,仲裁庭提出进行在线视频会议听取证词,但遭到该方反对。此后,该方当事人以其证人未能出席听证为由主张该仲裁裁决不公平。最终美国法院认为仲裁庭的审理程序并未违反《纽约公约》第5条第1款b项,理由为:第一,当事人的证人需要为拒绝出席能够为其提供合理便利的听证会的行为担责;第二,若仲裁庭认为远程听证侵犯当事方的申辩权,就不会将在线听证列为现场听证的替代方案之一。

进一步讲,一些司法判例认为,仲裁庭不开庭审理并不当然构成对当事人申辩权的侵犯;而另一些司法判例认为仲裁庭并没有义务提供特定的询问证人的手段,如交叉询问。如果仲裁庭不开庭审理或拒绝进行交叉询问并不当然构成对当事人申辩权的侵犯,那么允许当事人以远程方式进行庭审陈述或以远程方式进行交叉询问更难以被认定为构成对当事人申辩权的侵犯。④

第二,侵犯当事人的平等对待权。

平等对待权被认为是隐含在《纽约公约》第1条第1款b项中的正当程序要求之中的一项权利,考察的是在同一仲裁程序中,一方当事人是否获得了与另一方当事人同等标准的待遇。所谓"平等对待"并不严格等同

---

① Research and Development Center "Teploenergetika", LLC v. EP International, LLC, 182 F. Supp. 3d 556, 2016, para. 566, referring to Rive v. Briggs of Cancun, Inc., 82 Fed. Appx. 359, 364(5th Cir. 2003); Empresa Constructora Contex Limitada v. Iseki, Inc., 106 F. Supp. 2d 1020,1026(S. D. Cal. 2000).

② Research and Development Center "Teploenergetika", LLC v. EP International, LLC, 182 F. Supp. 3d 556, 2016, para. 570.

③ "China National Building Material Investment Co., Ltd. (PR China) v. BNK International LLC (US) (W. D. Tex. 2009)", in Albert Jan van den Berg (ed.), *Yearbook of Commercial Arbitration-Volume XXXV*, ICCA & Kluwer Law International, 2010, pp. 507-509.

④ Maxi Scherer, Niuscha Bassiri and Mohamed S. Abdel Wahab(eds.), *International Arbitration and the COVID-19 Revolution*, Kluwer Law International, 2020, p. 97.

于相同待遇①,但至少需要满足无差别的待遇。

对于当事方均不在场的在线仲裁,如果证人、专家在内的各仲裁参与者都通过网络连线的方式远程参与仲裁,那么各方的待遇是一致的,平等对待权并不会面临被侵犯的风险。问题可能出在,一方存在技术问题而另一方没有受到影响时,存在技术问题的一方可能主张其平等对待权受到侵犯,特别是在一方当事人在仲裁过程中面临严重的技术问题,而又缺乏有效的应对规则以保障这一部分受到影响的陈述能够获得充分审理的情况下。如在 Sino Dragon Trading v. Noble Resources International 案②中,申请人一方证人的作证遇到了极多技术问题,包括:(1)视频会议软件失效,因此只能通过 Skype 提供证据;(2)视频和音频不得不分开独立传输;(3)证人质证时所需的文件并没有送达证人;(4)翻译人员由于水平低下被中途替换;(5)证人作证过程中有其他无关人员在场。而仲裁庭在裁决中也认为"对李先生的交叉询问的过程是以相当无法令人满意的方式进行的"。

但澳大利亚联邦法院并未撤销这一裁决。法院指出,尽管通过视频会议提供证据的模式同现场询问相比并不理想,但是这一方式并不当然导致案件审理产生实体不公正的结果。就技术问题而言,法院认为:首先,该案系申请人一方不顾另一方反对坚持要求进行视频询问,因此申请人一方本身应对在线询问中发生的问题负有部分责任;其次,同申请人一方遇到的困难相比,受到实质影响的是进行交叉询问的被申请人一方,况且最终仲裁庭仍采纳了这些证词。

这一案件存在一些特殊性,即申请撤销仲裁裁决的一方恰恰是坚持要求证人在线出席质证的一方,而若本案由反对证人在线出席质证的一方提起异议,是否会产生不同的结果不得而知。尽管如此,澳大利亚法院在其执行裁定中仍表明,在线听证本身不构成对当事人申辩权和平等对待的侵犯。至少在新冠疫情的大背景下,在线听证已经是相较于拒绝听证来说能够最大程度保障当事人申辩权的仲裁程序选择。Sino Dragon Trading v. Noble Resources International 案的特殊之处还在于,技术问

---

① Maxi Scherer, Niuscha Bassiri and Mohamed S. Abdel Wahab(eds.), *International Arbitration and the COVID-19 Revolution*, Kluwer Law International, 2020, p. 100.

② Sino Dragon Trading Ltd. v. Noble Resources International Pte Ltd., [2016] FCA 1131 (Federal Court of Australia).

题出现在一方当事人的证人身上,但影响却是双向的。由于出现技术问题的环节是本就需要双方参与的交叉询问环节,因此证人陈述受到影响同样也会对询问证人的一方造成干扰,如询问方会因无法听清证人证言而不能有效提问。避免出现这类问题的最佳方式就是仲裁庭事先对在线仲裁每一步骤的具体要求作出详细的指示,并同当事方确认,以消除他们对远程作证中不可实控的环境的担忧。①

还可能产生争议的情形是,一方当事人或一方证人及专家不得不远程参与,而另一方可以现场参与仲裁。根据英国皇家特许仲裁员协会(Chartered Institute of Arbitrators)对在线仲裁程序的指导规则,除非当事方同意,出于平等性的考量,如果一方当事人不得不通过在线方式参与仲裁,那么最好双方当事人都采取在线仲裁的方式参与仲裁审理。②

除了技术上的突发情况外,在线仲裁还可能面临一些影响当事方之间平等对待权的固有困难,如当事方之间的时差和技术水平差异。在时间上,如果当事人之间的时差超过八小时,在线仲裁很有可能导致一方当事人的律师、证人及专家不得不在凌晨参加在线庭审,此时仲裁时间的选择就可能使得一方当事人获得相较于另一方当事人的部分"隐形优势"。而另一种影响更大的因素是当事人之间技术水平的差异。如当事一方可能无法准备收音效果更好、清晰度更高的摄像和录音设备,当事一方的电力系统可能无法有效地持续支持在线仲裁,当事一方可能相较于另一方对在线仲裁所采用的平台缺乏技术了解,又或者当事一方的网络连接显著差于另一方。尽管受影响的当事人仍然很难充分论证这些细节上的差异同案件实质审理的结果偏差之间存在因果关系,且仲裁庭在此等情形下继续在线仲裁的决定亦非执行地法院所应当审查的"正当程序"范畴,但进行在线仲裁的仲裁庭仍应当特别注意充分考量当事双方的主张,并对可能出现的突发情况尽量提前作出准备,防止裁决在作出后受到挑战。

---

① Maxi Scherer, Niuscha Bassiri and Mohamed S. Abdel Wahab(eds.), *International Arbitration and the COVID-19 Revolution*, Kluwer Law International, 2020, p.100.

② Chartered Institute of Arbitrators (CIArb), "Guidance Note on Remote Dispute Resolution Proceedings," Art. 1. 6, https://www.ciarb.org/media/8967/remote-hearings-guidance-note.pdf, last visited on 25 July, 2021.

(二) 仲裁程序与当事人约定或仲裁地规定不符

根据《纽约公约》第 5 条第 1 款 d 项,若仲裁机关之组成或仲裁程序与各方协议不符,或无协议时与仲裁地所在国法律不符,当事人可主张不予承认执行仲裁裁决。

根据这条规定,作出仲裁裁决的程序首先应当同当事方在仲裁协议中约定的程序相符,其背后体现的是当事人自治原则,同时也是当事人各方对程序应当如何进行的最低标准的合意。因此,若当事各方已经约定仲裁程序必须由各方亲自到场进行,这就意味着现场仲裁是本案中当事方认为其能够充分陈述的最低要求。如果此时仲裁庭仍旧决定以在线仲裁方式作出裁决,其就面临该裁决因仲裁程序违反仲裁协议约定而被拒绝承认或执行的风险。①仲裁庭可以鼓励当事方考虑是否进行在线仲裁,但在当事人已有明确的排除在线仲裁的约定的情况下,仲裁庭不能违反当事人的约定进行在线仲裁。②

值得注意的是,实践中可能出现一种情形,即当事人虽然没有专门约定各方是否必须亲自到场,但在仲裁协议中约定了适用的仲裁规则,而该仲裁规则中存在关于仲裁的审理程序需要"亲自到场"的规定。如 2017 年版《国际商会仲裁规则》第 25 条第 2 款曾规定,"在审阅当事人提交的书面陈述及其所依据的所有文件后,经任何当事人提出请求,仲裁庭应当面(in person)听取所有当事人的陈述,无此请求时,仲裁庭可自行决定听取当事人的陈述"。③新冠疫情期间,多数国际仲裁机构也发布了相应的补充规则,如 ICC 发布的《国际商会关于减轻新冠肺炎疫情影响的若干参考措施的指引》中就指明"当面"应当做广义理解,包含技术手段可以实现的具有"现场的对抗性"的交流④,并在 2021 年版《国际商会仲裁规则》中

---

① Maxi Scherer, Niuscha Bassiri and Mohamed S. Abdel Wahab(eds.), *International Arbitration and the COVID-19 Revolution*, Kluwer Law International, 2020, p.172.
② Ibid., p.77.
③ ICC, "Rules of Arbitration of the International Chamber of Commerce, in force as from 1 March, 2017," https://library.iccwbo.org/content/dr/RULES/RULE_ARB_2017_EN_25.htm?l1=Rules&l2=Arbitration+Rules, last visited on 28 August, 2021.
④ ICC, "ICC Guidance Note on Possible Measures Aimed at Mitigating the Effects of the COVID-19 Pandemic," https://iccwbo.org/content/uploads/sites/3/2020/04/guidance-note-possible-measures-mitigating-effects-covid-19-english.pdf, last visited on 24 July, 2021.

删去了 2017 年版《国际商会仲裁规则》第 25 条第 2 款。①因此，就目前的情况而言，仲裁规则中对于现场性的要求理论上可以不构成《纽约公约》项下对在线仲裁裁决承认与执行的阻碍，当然还要结合具体情况。

此外，还必须注意以远程庭审的方式进行在线仲裁是否违反仲裁地国国内法的规定。大部分国家的国内法对仲裁远程庭审的问题未作专门规定，即便进行规定，如现行荷兰《民事诉讼法典》第 1072b 条第 4 款，也仅仅是明确以远程方式进行庭审的可能性，而不规定具体的规则和技术方案。有观点认为，依据部分国内法的规定，远程庭审不符合"庭审"要求。但究其本质，庭审强调的是当事人以口头、同步的形式交换辩论意见或证据，只要远程庭审能够保障辩论意见和证据的口头、同步交换，很难认定以远程庭审方式进行的在线仲裁与仲裁地国国内法不符。② 而对于采纳了《联合国贸易法委员会国际商事仲裁示范法》（以下简称《国际商事仲裁示范法》）的国家，《国际商事仲裁示范法》本身对仲裁审理的现场性亦未做要求，且《国际商事仲裁示范法》的发展倾向于包容科技可能带来的多种仲裁形式，不难将《国际商事仲裁示范法》下允许采取的庭审形式解释为包含现场及远程庭审两种。③ 整体而言，当事方很难在双方并未明确约定现场仲裁的情况下主张"现场性"是仲裁地规定的仲裁程序的必要标准，特别是对于因为新冠疫情期间已经在国内司法审判中采纳在线审理的国家，很难以国际仲裁系在线进行为由认定仲裁程序与仲裁地规定不符。④

通常而言，仲裁庭有权在当事人未进行相反约定或国内法不存在相反规定的情形下，以其认为适当的方式推进仲裁程序，包括是否以在线方式进行仲裁程序以及在线仲裁的具体组织方式，仲裁庭作出的此类决定属于"普通程序"（ordinary process）决定。"普通程序"决定是仲裁庭基于其自由裁量权和对案件的判断，为保障当事人得到适当通知、能够行使陈述申辩权、得到独立公正的仲裁员的裁判以及得到平等对待等正当程序

---

① ICC，"ICC Arbitration Rules 2017 & 2021-Compared Version"，Article 25，https://iccwbo. org/content/uploads/sites/3/2020/12/icc-2021-2017-arbitration-rules-compared-version. pdf，last visited 25 July，2021.
② Maxi Scherer，Niuscha Bassiri and Mohamed S. Abdel Wahab（eds.），*International Arbitration and the COVID-19 Revolution*，Kluwer Law International，2020，pp.72-76.
③ Ibid.，p.173.
④ Ibid.，pp.99-100.

权利而作出的决定。① 国际商事仲裁委员会（ICCA）《1958 纽约公约释义指南》关于第 5 条第 1 款 b 项和 d 项的说明指出，法官在适用《纽约公约》时需要审查的是申请不予承认仲裁裁决的一方是否在仲裁过程中被剥夺了在仲裁庭前就案件的实质内容进行陈述并获得审理的基本权利，以及仲裁程序是否根本性偏离了当事人已经达成合意的程序或仲裁地国国内法的规定，而不是针对上述范围之外的"普通程序"问题，代替仲裁庭对仲裁的具体审理程序进行价值评判，甚至对仲裁程序问题给出与仲裁庭相左的意见。② 因此，如果当事人对在线仲裁裁决提出的质疑仅涉及仲裁庭关于在线仲裁形式的"普通程序"决定，而非正当程序问题或在线仲裁不符合当事人的约定或仲裁地国国内法的规定，在《纽约公约》的框架下将难以得到支持。

四、总结与建议

从技术角度来说，进行在线仲裁对服务平台综合实力要求较高。从功能上看，一个理想的在线仲裁服务提供者必须具备强大的音频视频会议功能，能提供收集、审查和制作文件以及管理和传输仲裁数据、进行核心小组讨论和分组会议的可能性。此外，应提供使用电子捆绑、转录笔译和口译等辅助服务，以应对不同背景的当事人的需要。从后续服务看，服务提供者必须能够处理和解决与使用其技术和服务有关的问题。③ 例如，当庭审过程中突然出现信号中断或其他突发情况，为了最大限度保持庭审流程的正常进行，在线服务提供者应当具备相应的应急处理机制。在实践中，这对很多服务方来说都是不小的挑战。

同时，在线仲裁必须保证保密性和数据保护问题。HKIAC 发布的《在线庭审指南》第 9 条突出强调了"确保在线庭审的保密性与安全性"，

---

① Maxi Scherer, Niuscha Bassiri and Mohamed S. Abdel Wahab (eds.), *International Arbitration and the COVID-19 Revolution*, Kluwer Law International, 2020, pp. 169-170.

② ICCA, *ICCA's Guide to the Interpretation of the 1958 New York Convention: A Handbook for Judge*, p. 89, 98, https://icac.org.ua/wp-content/uploads/ICCAs-Guide-to-the-Interpretation-of-the-1958-New-York-Convention-A-Handbook-for-Judges-2.pdf, last visited on 24 July, 2021.

③ International Bar Association, "Technology Resources for Arbitration Practitioners", https://www.ibanet.org/technology-resources-for-arbitration-practitioners, last visited on 12 July, 2021.

其中列举了四项措施,包括对视频会议、各方参与人、虚拟休息室等进行加密保护等。无论法律如何强调对个人信息和数据的保护,在技术层面,问题依然很难完全避免。当事人可能会滥用权利查阅共享的敏感信息,甚至在与家人或其他人共享设备的过程中无意泄露敏感数据。因此,在线平台必须达到最大限度的安全和加密水平,以最大限度地减少无意中或未经授权访问这些信息的风险。

从法律角度讲,前文已经对进行在线仲裁可能存在的风险进行了分析。同时,为确保在线仲裁的有效性,法律应及时作出应对。荷兰在其现行《民事诉讼法典》中就规定了电子化诉讼和仲裁适用的程序规则,特别是在第1072b条第4款中明确了仲裁庭可以同当事方协商选择将在线开庭作为证人、专家和当事人现场出庭的替代方式,即"仲裁庭可以决定相关当事人通过电子方式与仲裁庭和其他相关方(若适用)进行直接联络,以代替证人、专家或当事方的到场出庭。仲裁庭应与当事方协商确定将采纳的电子方式以及进行的程序。"①我国《仲裁法(征求意见稿)》第30条第3款原则性地规定,"仲裁程序可以通过网络方式进行"。我国在修改《仲裁法》时,应考虑数字化对现代仲裁的影响和未来的发展趋势,加入在线仲裁相关的规定。

第五节 消费仲裁的问题

电子商务产生了大量的涉消费者纠纷,讨论在线仲裁的问题,有必要区分在线仲裁在运用于 B2B 和 B2C 两种场景时的不同情况。前文已经在讨论嵌入问题时对此进行了理论上的区分,本节将结合我国实践进一步展开分析。与探讨 B2B 纠纷解决不同,以仲裁方式解决消费者纠纷,特别是网络商业活动引起的纠纷,首要问题在于仲裁协议的有效性,其次才是前文提及的仲裁程序问题以及后续的执行问题。

一、我国常用 APP 用户协议中的消费仲裁条款

随着智能手机的持续发展和升级,移动端应用软件已经成为人们日

---

① Dutch Civil Procedure Code, Art. 1072b (4), https://wetten.overheid.nl/BWBR0001827/2021-04-01, last visited on 12 July, 2021.

常生活非常重要的一部分,电脑端的常用网页大多也都开发了相应的手机应用软件,因此,本节主要以我国手机应用软件为观察对象,考察一些常用软件用户协议中消费仲裁条款的设置情况,必要时以网页版上的用户服务协议进行补充。我们主要考察淘宝、京东、腾讯(微信、QQ、腾讯视频、QQ音乐)、北京移动、新浪微博、有道词典、ofo、Keep、网易云音乐、哔哩哔哩、职问、考拉海购的 APP 应用软件。

整体来看,这些软件的争议解决条款一般都首先强调协商,希望双方可以友好解决纠纷。在争议解决的管辖问题上,多数软件倾向于将争议交由法院管辖。比如,《淘宝平台服务协议》第 10 条规定:"您因使用淘宝平台服务所产生及与淘宝平台服务有关的争议,由淘宝与您协商解决。协商不成时,任何一方均可向被告所在地有管辖权的人民法院提起诉讼。"《京东用户注册协议》第 10.1 条规定:"本协议的订立、执行和解释及争议的解决均应适用中国法律。如双方就本协议内容或其执行发生任何争议,双方应尽力友好协商解决;协商不成时,应向协议签订地有管辖权的人民法院提起诉讼。本协议签订地为中华人民共和国北京市大兴区。"《**腾讯微信软件许可及服务协议**》第 12.4 条规定:"若你和腾讯之间发生任何纠纷或争议,首先应友好协商解决;协商不成的,你同意将纠纷或争议提交本协议签订地有管辖权的人民法院管辖。"[①]可见,不同 APP 在规定管辖法院上虽然采用了宽严不同的表述和限定,有的直接明确由某一具体法院管辖,有的采取相对概括的"某地有管辖权的人民法院管辖"等类似表述方式,但是它们均在用户协议当中明确指示用户可以将争议提交有管辖权的法院管辖。

另有少数 APP 和网站选择仲裁作为争议解决方式。比如,《**ofo 小黄车用户服务协议**》第 15.2 条规定:"凡因本协议引起的或与本协议有关的任何争议,均应提交中国国际经济贸易仲裁委员会,按照申请仲裁时该会现行有效的仲裁规则进行仲裁。仲裁应在北京进行,仲裁裁决是终局的,对双方均有约束力。"《网易有道词典服务条款》第 14 条规定:"如果出现纠纷,双方协商一致解决;如果双方无法通过协商解决争端,则双方同意由中国国际经济贸易仲裁委员会(简称"CIETAC")根据 CIETAC 有效的仲裁规则以及适用法律在中国北京进行仲裁,并由 3 名仲裁员进行审

---

① 根据该协议第 12.2 条,协议签订地为中华人民共和国广东省深圳市南山区。

理。"《**网易云音乐服务条款**》第 12 条规定:"如您在使用本条款项下服务中出现纠纷的,您同意将纠纷交由中国国际经济贸易仲裁委员会仲裁解决,并由 3 名仲裁员进行审理。仲裁裁决是终局的,对双方都有约束力。仲裁费用由败诉一方承担。"《**考拉海购服务协议**》第 10 条规定:"您因使用考拉海购平台化服务所产生的及与考拉海购平台化服务有关的争议,由杭州优卖网络科技有限公司与您协商解决,协商不成时,任何一方均可将争议提交中国国际经济贸易仲裁委员会由三名仲裁员根据其现行有效的仲裁规则进行仲裁。"《**哔哩哔哩弹幕网用户使用协议**》第 12.2 条规定:"如就本协议内容或其执行发生任何争议,应尽量友好协商解决;协商不成时,则争议各方均一致同意将争议提交上海仲裁委员会按照其仲裁规则进行仲裁。仲裁裁决为一裁终局,对各方均有法律约束力。"《**Keep 用户协议**》第 13.3 条规定:"若您与 Keep 运营者发生任何纠纷或争议,首先应友好协商解决;协商不成的,您同意将纠纷或争议提交至北京仲裁委员会在北京仲裁解决。仲裁裁决是终局的,对双方均有约束力。"**职问**《**用户协议**》第 6 条规定:"因本协议引起或与其有关的任何争议应提交北京仲裁委员会,按照届时有效的仲裁规则进行仲裁,仲裁地为北京"。跨境电商巨头**天猫国际在其**《**用户服务协议**》第 9 条规定:"本协议之效力、解释、变更、执行与争议解决均适用香港法律,任何香港的法律冲突规则或原则不适用于本协议。凡因本协议引起的或与之相关的争议、纠纷或索赔、包括违约、协议的效力和终止,均应根据提交仲裁通知时有效的《香港国际仲裁中心机构仲裁规则》,在香港仲裁解决。仲裁员人数人三(3)名,仲裁语言为英文。"①

除了用户和平台之间可能发生争议,对于淘宝这种平台,我们还需要考察其服务协议如何规定消费者与其他用户(尤其是商户)之间的争议解决问题。《**淘宝平台服务协议**》第 4.3 条规定:"您在淘宝平台交易过程中与其他用户发生争议的,您或其他用户中任何一方均有权选择以下途径解决:(一)与争议相对方自主协商;(二)使用淘宝平台提供的争议调处服务;(三)请求消费者协会或者其他依法成立的调解组织调解;(四)向有关行政部门投诉;(五)根据与争议相对方达成的仲裁协议(如有)提请

---

① 《用户服务协议》,载天猫国际网,https://rule.tmall.hk/rule/rule_detail.htm?spm=0.0.0.0.jLGYtj&id=1521&tag=self,访问日期:2021 年 6 月 21 日。

仲裁机构仲裁;(六)向人民法院提起诉讼。"据此,存在仲裁协议时,双方可以将争议提请仲裁机构进行消费仲裁。《天猫国际争议处理规范》第36条第1款规定,"买家申请退款后,买卖双方可以选择自行协商、要求天猫国际介入或通过司法途径等方式解决存在的争议。"但其第48条规定,如果当事人选择由天猫国际介入解决争议,但对天猫国际的处理决定存在异议,则"必须在天猫国际处理后的20日内将争议诉诸香港国际仲裁中心 HKIAC 进行仲裁"。①天猫这种仲裁条款和上述直接规定平台与用户纠纷应当提交仲裁解决的条款在效力上具有相似性,也就存在类似问题。

二、司法实践中对仲裁协议效力的判断

2018年,ofo小黄车用户陈帅帅因为自行车租赁费用的问题,在北京市海淀区人民法院提起诉讼②,要求北京拜克洛克科技有限公司(以下简称"拜克洛克公司")返还3元的自行车租赁费,一审法院以当事人之间存在仲裁协议,争议应当由中国国际经济贸易仲裁委员会仲裁为由,裁定驳回陈帅帅的起诉。后该案上诉至北京市第一中级人民法院。陈帅帅上诉称,《ofo小黄车用户服务协议》中的管辖规定系无效的格式条款,未采取合理方式提请消费者注意,属于对消费者不利的霸王条款。陈帅帅主张案件应该由一审法院海淀区人民法院管辖。2018年7月25日,北京市第一中级人民法院作出"陈帅帅与北京拜克洛克科技有限公司车辆租赁合同纠纷二审民事裁定书"。③ 该裁定以《中华人民共和国仲裁法》第26条为依据,认为陈帅帅与拜克洛克公司已经约定将争议提交给中国国际经济贸易仲裁委员会进行仲裁,该约定合法有效,且拜克洛克公司在首次开庭前提交仲裁协议,因此应当驳回陈帅帅的起诉,最终维持了一审法院的裁定。

2019年到2020年,随着ofo小黄车经营问题的加剧,越来越多的用

---

① 《天猫国际争议处理规范》,载天猫国际网,https://rule.tmall.hk/rule/rule_detail.htm?spm=0.0.0.0.6URFfq&id=1519&tag=self,访问日期:2021年6月21日。
② 陈帅帅与北京拜克洛克科技有限公司车辆租赁合同纠纷案,北京市海淀区人民法院(2018)京0108民初28077号民事裁定书。
③ 陈帅帅与北京拜克洛克科技有限公司车辆租赁合同纠纷案,北京市第一中级人民法院(2018)京01民终6155号民事裁定书。

户加入了要求退还押金的大军。由于退款进展缓慢,有用户希望可以通过诉讼途径解决问题,在北京市第四中级人民法院再次针对《ofo小黄车用户服务协议》当中的仲裁条款提起了申请确认仲裁协议效力的诉讼。在北大法宝上,可以检索到五个这种类型的案件。分别是"赵志伟与北京拜克洛克科技有限公司申请确认仲裁协议效力案"[1]"王子安与北京拜克洛克科技有限公司申请确认仲裁协议效力案"[2]"孙玮蔓与北京拜克洛克科技有限公司申请确认仲裁协议效力案"[3]"庄天宇与北京拜克洛克科技有限公司申请确认仲裁协议效力案"[4]和"肖冲与北京拜克洛克科技有限公司申请确认仲裁协议效力案"[5]。法院在五个案件中都裁定驳回了申请人的诉讼请求,承认《ofo小黄车用户服务协议》中仲裁条款的效力。

除了ofo小黄车的系列案件,也有其他网络消费案件涉及仲裁协议有效性的问题。如南京市中级人民法院于2020年6月18日就"杭州优买科技有限公司与张哲、广州网易计算机系统有限公司网络购物合同纠纷"一案作出二审裁定[6],认为网络销售平台使用格式条款与消费者订立管辖协议等条款,仅以字体加黑或加粗方式突出显示该条款的,不属于合理提示。由于网易考拉(被阿里收购后更名为考拉海购)平台在案涉订单确认页面,"本人同意并接受《网易考拉服务协议》与《进口个人申报委托》"的内容被设置为默认勾选项,字体上也未作任何重点提示,南京市中级人民法院认为格式条款的提供方未作出合理提示,案涉仲裁条款无效,法院就该案件具有管辖权。而在另一起类似案件当中,法院做出了完全不同的判断。北京市第二中级人民法院于2016年8月31日就"杭州网

---

[1] 赵志伟与北京拜克洛克科技有限公司申请确认仲裁协议效力案,北京市第四中级人民法院(2019)京04民特21号民事裁定书。
[2] 王子安与北京拜克洛克科技有限公司申请确认仲裁协议效力案,北京市第四中级人民法院(2019)京04民特44号民事裁定书。
[3] 孙玮蔓与北京拜克洛克科技有限公司申请确认仲裁协议效力案,北京市第四中级人民法院(2020)京04民特376号民事裁定书。
[4] 庄天宇与北京拜克洛克科技有限公司申请确认仲裁协议效力案,北京市第四中级人民法院(2020)京04民特557号民事裁定书。
[5] 肖冲与北京拜克洛克科技有限公司申请确认仲裁协议效力案,北京市第四中级人民法院(2020)京04民特672号民事裁定书。
[6] 杭州优买科技有限公司与张哲、广州网易计算机系统有限公司网络购物合同纠纷案,江苏省南京市中级人民法院(2020)苏01民辖终422号民事裁定书。

易雷火科技有限公司与张燕申请确认仲裁协议效力"一案作出民事裁定①,认定《网易考拉海购服务协议》②中的仲裁条款有效。此外,上海市第一中级人民法院在 2020 年 12 月 21 日就"徐高峰与上海网之易网络科技发展有限公司申请确认仲裁协议效力"一案中作出一审民事裁定③,认可了《暴雪战网最终用户许可协议》仲裁条款的效力。

从以上案件看,法院在认定仲裁条款的效力问题上做法不一。造成这种不同的原因之一是,在 APP 被普遍使用的情况下,涉及消费者的仲裁条款通常以商家事先提供格式条款的方式出现。这就涉及格式条款的效力(如是否有合理提示)和仲裁条款的效力问题(对于仲裁条款的达成可能欠缺足够的合意)。此外,涉及消费者的争议具有涉及人数多、数额小的特点,通过仲裁维权的法律成本和操作难度都较高,这又导致以仲裁方式解决纠纷、排除诉讼,客观上可能确实剥夺了当事人的诉权。基于此,下文对消费仲裁条款所涉及的法律问题及其有效性作进一步的分析。

三、消费仲裁协议的有效性

(一) 作为仲裁协议的消费仲裁协议

我国《仲裁法》没有特别明确消费纠纷是否可以通过仲裁解决。《仲裁法》第 2 条规定:"平等主体的公民、法人和其他组织之间发生的合同纠纷和其他财产权益纠纷,可以仲裁。"第 16 条规定:"仲裁协议包括合同中订立的仲裁条款和以其他书面方式在纠纷发生前或纠纷发生后达成的请求仲裁的协议。仲裁协议应当具有下列内容:(一) 请求仲裁的意思表示;(二) 仲裁事项;(三) 选定的仲裁委员会。"第 17 条规定:"有下列情形之一的,仲裁协议无效:(一) 约定的仲裁事项超出法律规定的仲裁范围的;(二) 无民事行为能力人或者限制民事行为能力人订立的仲裁协议;(三) 一方采取胁迫手段,迫使对方订立仲裁协议的。"同时,消费仲裁也不属于《仲裁法》第 3 条规定的不能仲裁的范畴,即涉及家庭或依法应当

---

① 杭州网易雷火科技有限公司与张燕申请确认仲裁协议效力案,北京市第二中级人民法院(2016)京 02 民特 145 号民事裁定书。
② 两份判决涉及的仲裁条款,除了一个名字用了"网易考拉"、一个名字用了"网易考拉海购"以外,单就仲裁条款而言,其他内容都是一样的。
③ 徐高峰与上海网之易网络科技发展有限公司申请确认仲裁协议效力案,上海市第一中级人民法院(2020)沪 01 民特 622 号民事裁定书。

由行政机关处理的行政争议。

此外,《消费者权益保护法》第 39 条规定,"消费者和经营者发生消费者权益争议的,可以通过下列途径解决:……(四)根据与经营者达成的仲裁协议提请仲裁机构仲裁……"。可见,仲裁和和解、调解、诉讼等一样,都是经《消费者权益保护法》认可的争议解决方式。

在实践中,消费仲裁协议的效力并没有因为涉及消费者而被特殊对待。北京市第四中级人民法院在"肖冲与北京拜克洛克科技有限公司申请确认仲裁协议效力案"的裁判理由中提到,"本院认为,肖冲作为完全民事行为能力人,自愿选择通过手机 APP 注册成为 ofo 共享单车用户,现有证据不能认定肖冲对签订《用户服务协议》中的仲裁协议存在不真实意思表示,该仲裁协议因具有明确的意思表示、仲裁事项和选定的仲裁机构,符合《中华人民共和国仲裁法》第十六条规定的形式和实质要件,不存在《中华人民共和国仲裁法》第十七条规定的无效情形,依法应认定为有效。"但也有观点认为,在 ofo 未尽到合理提示义务的情况下,ofo 的用户并没有就交付仲裁作出真实的意思表示。①消费者很可能并未认真浏览甚至根本未完成用户协议的浏览,就直接勾选了"我同意"的选项。这种情形下,消费者点击或者勾选的行为并不能代表其真实意思表示。

(二)作为格式条款的消费仲裁协议

判断《ofo 小黄车用户服务协议》争议解决一类的条款是否有效,似乎可以依据《最高人民法院关于适用〈中华人民共和国民事诉讼法〉的解释》(以下简称《民诉法司法解释》)第 31 条。该条规定:"经营者使用格式条款与消费者订立管辖协议,未采取合理方式提请消费者注意,消费者主张管辖协议无效的,人民法院应予支持。"但是关于第 31 条是否能够适用于格式合同中的仲裁条款本身就存有争议,主要在于仲裁条款是否属于该条所称的管辖协议,其与管辖协议是何种关系。

一种观点认为,仲裁协议不属于管辖协议。如上海市第二中级人民法院在"张锐锋与天津国腾贵金属经营有限公司行纪合同纠纷案"一审民事裁定书中提到,"就原告认为格式合同中仲裁条款无效的意见,《最高人民法院关于适用〈中华人民共和国民事诉讼法〉的解释》第三十一条规定

---

① 刘一卓:《从一起案例看 ofo 的霸王仲裁条款》,载搜狐网,https://www.sohu.com/a/282051043_120032,访问日期:2021 年 7 月 24 日。

'经营者使用格式条款与消费者订立管辖协议,未采取合理方式提请消费者注意,消费者主张管辖协议无效的,人民法院应予支持',本条是关于消费协议格式管辖条款效力的规定,系针对人民法院管辖问题,但本案涉及仲裁条款,且原告亦无证据证明仲裁条款无效或内容不明确无法执行,故原告主张缺乏事实和法律依据,本院不予采信"。[①] 可见,上海市第二中级人民法院认为《民诉法司法解释》第 31 条的管辖协议仅指诉讼上对管辖问题的约定,不包括仲裁协议。

相反意见认为,仲裁协议是一种特殊的管辖协议,如浙江省宁波市中级人民法院在"陈永沛与宁波江东泓诚信息技术有限公司纠纷案"二审裁定书中指出的,"虽然上诉人与被上诉人签订的《移动 APP 产品服务合同》的背面《客户须知》中明确载明'如双方就合同内容或其执行发生任何争议,应友好协商。协商不成时,应提交至中国国际经济贸易仲裁委员会进行仲裁',但该管辖条款系上诉人提供的《移动 APP 产品服务合同》的背面《客户须知》中的格式条款……根据《最高人民法院关于适用〈中华人民共和国民事诉讼法〉的解释》第三十一条'经营者使用格式条款与消费者订立管辖协议,未采取合理方式提请消费者注意,消费者主张管辖协议无效的,人民法院应予以支持'之规定,该管辖条款无效"。[②] 根据此案裁定书的说理,宁波市中级人民法院实际上把《民诉法司法解释》第 31 条直接作为判断格式合同中的仲裁条款是否有效的依据。根据此种观点,仲裁协议也属于广义上争议解决的管辖协议。

如果法院认可适用《民诉法司法解释》第 31 条作为裁判的依据,那么最终的落脚点就在于经营者是否应当采取合理方式提请消费者注意。随着《民法典》生效,《合同法》及其司法解释已经失效。有关格式条款的规定应参见《民法典》第 496 条和第 497 条。

《民法典》第 496 条规定,"格式条款是当事人为了重复使用而预先拟定,并在订立合同时未与对方协商的条款。采用格式条款订立合同的,提供格式条款的一方应当遵循公平原则确定当事人之间的权利和义务,并采取合理的方式提示对方注意免除或者减轻其责任等与对方有重大利害

[①] 张锐锋与天津国腾贵金属经营有限公司行纪合同纠纷案,上海市第二中级人民法院(2015)沪二中民六(商)初字第 111 号民事裁定书。

[②] 陈永沛与宁波江东泓诚信息技术有限公司纠纷案,浙江省宁波市中级人民法院(2016)浙 02 民辖终 113 号民事裁定书。

关系的条款,按照对方的要求,对该条款予以说明。提供格式条款的一方未履行提示或者说明义务,致使对方没有注意或者理解与其有重大利害关系的条款的,对方可以主张该条款不成为合同的内容"。第497条规定,"有下列情形之一的,该格式条款无效:(一)具有本法第一编第六章第三节和本法第五百零六条规定的无效情形;(二)提供格式条款一方不合理地免除或者减轻其责任、加重对方责任、限制对方主要权利;(三)提供格式条款一方排除对方主要权利"。

另外,《消费者权益保护法》第26条规定,"经营者在经营活动中使用格式条款的,应当以显著方式提请消费者注意商品或者服务的数量和质量、价款或者费用、履行期限和方式、安全注意事项和风险警示、售后服务、民事责任等与消费者有重大利害关系的内容,并按照消费者的要求予以说明。经营者不得以格式条款、通知、声明、店堂告示等方式,作出排除或者限制消费者权利、减轻或者免除经营者责任、加重消费者责任等对消费者不公平、不合理的规定,不得利用格式条款并借助技术手段强制交易。格式条款、通知、声明、店堂告示等含有前款所列内容的,其内容无效"。

具体到消费仲裁所涉及的格式仲裁条款,需要考虑的主要因素包括:提供格式条款的一方是否合理履行了提示或者说明义务,以及提供格式条款的一方是否不合理地免除或者减轻其责任、加重对方责任、限制对方权利。合理履行提示或者说明义务的问题在上文"杭州优买科技有限公司与张哲、广州网易计算机系统有限公司网络购物合同纠纷"等案件中已经涉及。

关于格式条款提供者是否不合理地免除或者减轻其责任、加重对方责任、限制对方权利,在"王子安与北京拜克洛克科技有限公司申请确认仲裁协议效力案"中,原告除主张被告公司并未以显著方式对仲裁条款进行提示以外,同时提出,对于一般消费者而言,为了争取相关租赁费用权益或押金权益,需要先行支付高达数千元的仲裁费用,所需成本过高,导致一般消费者放弃维护自身权益,加重了消费者的责任,因此该条款在实质上是不公平的,违反了《消费者权益保护法》第26条。

北京市第四中级人民法院首先基于原告是长期使用 ofo 共享单车的消费者并两次选择成为注册用户的事实,认定仲裁条款是当事人真实的意思表示;其次鉴于被告公司已在审慎阅读条款中对争议解决条款进行了提示,并在"请您务必审慎阅读……重点阅读……"的文字下方标有下划线,认定被告公司已经尽到审慎的提示义务;最后在认定仲裁条款是否为免除或限制责任条款时,法院指出,"诉讼与仲裁是两种不同的纠纷解决机制,各有优劣。与诉讼方式相比,仲裁解决纠纷具有高效快捷、一裁终局的特点,且在仲裁程序中,仲裁庭有权根据当事人承担的责任比例确定最终仲裁费用的分担,也有权要求败诉方补偿胜诉方因办理案件而支出的合理费用。因此,选择仲裁方式解决纠纷,对合同各方主体均是平等的,不能认为是对一方当事人主要权利的排除。另申请人提出仲裁费用明显高于诉讼费用及维权成本高于商品本身价值的问题,并非约定仲裁管辖所导致的结果。故申请人提出根据《中华人民共和国消费者权益保护法》第二十六条规定,涉案仲裁条款加重了申请人的维权成本,阻却了消费者的合理诉求,应为无效条款的主张本院亦不予支持。"

上述法院在考察涉案仲裁条款是否存在排除或者限制消费者权利、减轻或者免除经营者责任、加重消费者责任等对消费者不公平、不合理的规定的时候,存在两方面的问题。第一,法院仅关注仲裁条款形式上的合法性,未能更进一步关注到消费者与网络服务经营者相比,往往处于弱势地位,实际上消费者对经营者提供的格式条款通常没有真正的协商和选择的机会,只能被动接受,这种"或者接受或者拒绝"(take it or leave it)的条款具有不平等性、不公平性,限制了弱者的诉权。第二,从我国实际看,ofo用户利用仲裁的维权成本可能是诉讼费用的若干倍。根据我国现行有效的《诉讼费用交纳办法》,不超过1万元的财产案件,案件受理费仅为50元。而如果在贸仲仲裁,仲裁费用合计为6,100元;适用贸仲《网上仲裁规则》,仲裁费用最低也要4,000元。① 即便是因为申请认定仲裁协议无效交纳400元诉讼案件受理费,待成功认定其无效后再通过诉讼途径解决纠纷,其成本也远低于将争议交付仲裁解决。涉案仲裁条款导致当事人无法通过有利于自身的、更经济的争议解决方式寻求救济,违反《民法典》第497条以及《消费者权益保护法》第26条对格式条款的限制,

---

① 参见《中国国际经济贸易仲裁委员会仲裁规则(2015年版)》,载贸仲官网,http://www.cietac.org/index.php? m=Page&a=index&id=65,访问日期:2021年11月22日;《费用表》,载贸仲官网,http://www.cietac.org/index.php? m=Article&a=show&id=2747,访问日期:2021年11月22日。

也违反民法的公平原则。①

　　综合以上有关法律对消费仲裁协议有效性的规定,仲裁是被《仲裁法》《消费者权益保护法》承认的解决消费者和商户之间争议的一种合法有效的方式。在格式条款的问题上,我国法律并未对仲裁条款予以特殊对待,也未如欧盟《关于消费者合同中的不公平条款的第93/13/EEC号指令》一样,将事前的仲裁条款界定为"不公平条款",其对消费者不具有约束力。②司法实践中也存在不同做法。总体而言,立法及实践中都未体现出对消费者的特殊保护,没有考虑到消费者在信息获取、协议缔结上的被动性和弱势地位。这些都不利于保护消费者权益。

四、消费仲裁的其他问题

　　除上文讨论的仲裁协议问题,利用仲裁解决消费纠纷还存在如下问题。

　　第一,仲裁在普通消费者中公信力不足。消费者仲裁意识的欠缺既可能表现为不知如何提出仲裁申请或者完全不了解仲裁程序,也可能表现为不清楚仲裁的效力、怀疑其权威性。

　　第二,依靠仲裁机构进行消费仲裁也存在一定问题。首先,仲裁机构的集中性与消费纠纷的广泛性、分散性间存在矛盾。仲裁机构一般位于大中型城市,尤其是贸仲、北京仲裁委员会(北仲)、广州仲裁委员会(广仲)等上文用户服务协议当中涉及的仲裁机构都位于一线城市。而应用软件的使用群体却遍布全国,消费纠纷会广泛地产生于全国各地。这种情况既给消费者带来了维权障碍,也令仲裁机构对于大量的小额消费纠纷应接不暇。其次,机构仲裁中欠缺体现消费纠纷特点的程序与规则。我国仲裁中有简易程序或快速仲裁程序,但大多数消费仲裁案件数额较

---

① 许文韬:《网络用户服务格式协议中仲裁条款的效力》,载《人民法治》2019年第10期;刘一卓:《从一起案例看 ofo 的霸王仲裁条款》,载搜狐网,https://www.sohu.com/a/282051043_120032,访问日期:2021年7月24日。
② COUNCIL DIRECTIVE 93/13/EEC of 5 April 1993 on unfair terms in consumer contracts, Article 3(3), Article 6(1) and Annex 1(q); CIArb, "Practice Guideline 17: Guidelines for Arbitrators dealing with cases involving consumers and parties with significant differences of resources", https://www.ciarb.org/media/4216/2011-consumers-and-parties-with-significant-differences-of-resources.pdf#:~:text=1.%20In%20the%20European%20Union%2C%20Council%20Directive%2093%2F13,signed%20document%20or%20in%20a%20fully%20notarised%20contract.%29, last visited on 12 September, 2021.

小，即使适用简易程序，也是与标的额为几十万甚至上百万元的案件适用同一个流程，仍然不尽合理。消费纠纷的特点呼唤着更简易的程序，例如贸仲《网上仲裁规则》第五章规定的"快速程序"。① 此外，消费者若进行仲裁，则要按照一般仲裁的收费规则缴纳费用，成本依然较高。② 虽然仲裁庭有权依据案件的具体情况最终确定仲裁费用的分担，但仲裁结果不利的可能性仍令消费者对仲裁望而生畏。另外，虽然一些地方性仲裁委员会收费标准较低，但主要的、常用的 APP 之仲裁协议并不会选择这些仲裁委员会进行仲裁。一言以蔽之，仲裁机构的定位，仍主要面向商事争议。

第三，其他消费纠纷解决机制替代性不足。除仲裁机构仲裁，我国各地还存在着在仲裁委员会下设立专门的消费争议仲裁中心或在消费者协会(以下简称"消协")下设立仲裁委员会办事处等做法。但这些组织首先面临的问题就是各 APP 仲裁协议往往不会将其作为备选项。其次，这些仲裁委员会往往与消协有着千丝万缕的联系，有的将办事机构设在消协，有的人员由消协选派，中立性存在问题。还有人指出，"地方的消费仲裁实践在降低消费仲裁案件的受理门槛、简化仲裁程序和减少仲裁费用等方面进行了探索。但这些实践往往'雷声大、雨点小'，很多消费仲裁机构已经不存在，或者虽然存在，但门可罗雀，陷入'冷场'困境"。③

利用在线仲裁理论上应该有助于解决涉及消费者的纠纷。相对于一般的线下仲裁，在线仲裁更能适应消费纠纷人数多、人员分散、争议金额较小的特点，对于解决远距离和非面对面的消费纠纷，尤其是网络消费纠纷具有非常大的优势。但目前，在线仲裁一方面自身还存在法律上的不确定性，另一方面也未与消费仲裁的需求完全契合。此外，根据很多应用软件目前版本的用户服务协议，其并没有约定采用仲裁，更不用说采用在线仲裁的方式解决纠纷。总之，仲裁要想在解决消费纠纷方面发挥作用，还需要进一步发展。

---

① 中国国际经济贸易仲裁委员会就在线仲裁规定了简易程序和快速程序。《网上仲裁规则》，载贸仲官网，http://www.cietac.org/index.php?m=Article&a=show&id=2744，访问日期：2021 年 7 月 24 日。

② 以贸仲为例，即便适用《网上仲裁规则》，仲裁的费用依然高于诉讼。参见《费用表》，载贸仲官网，http://www.cietac.org/index.php?m=Article&a=show&id=2747，访问日期：2021 年 8 月 14 日。

③ 姚敏:《中国消费仲裁的问题与进路——基于美国消费仲裁的启示》，载《河北法学》2019 年第 3 期，第 152 页。

本 章 小 结

在 ODR 发展的早期,仲裁作为解决商业争议的最重要方式之一被寄予厚望,很多研究也集中于对在线仲裁的研究。抛开问题的复杂性以及在线仲裁在不同国家的制度差异不谈,在线仲裁至少在一定时期内并未显著地发展起来。为分析这一情况,本章首先以机制设计和嵌入问题为出发点说明了在线仲裁的定位和发展困境。非约束性仲裁是仲裁可执行性方面的一个变通,启示我们可以采取仲裁的纠纷解决架构同时利用其他机制去执行。新冠肺炎疫情的发生令人始料未及,但我们由此也看到了偶然的外因对制度发展的一种影响,其客观上大大推动了在线仲裁的发展,而这种影响将是不可逆的。本章特别对此进行了分析。从程序角度,本章分析了异步式审理方式在仲裁中的运用,这种方式目前仍然存在较大的不确定性,这与制度初创阶段机制设计本身不完善有关,如何完善和改进是未来值得研究和实践的问题。本章还论及了消费者仲裁的问题,这并不是一个新问题,且各国规定存在差异。但鉴于涉及消费者的仲裁具有特殊性,并且涉及消费者的纠纷与涉及大型商业的纠纷存在明显差异,本章对我国的当前情况也进行了一定的分析。

第五章 互联网与法院:诉讼成为一种服务

第一节 互联网与法院

随着互联网技术和现代经济社会生活的深度融合,不断出现的大量、新型、繁简不一的网络纠纷考验着各国法院处理新型互联网案件的能力。传统司法模式难以应对社会发展造成的案件审理压力,利用互联网信息技术改革司法模式、提高司法质效已经成为当今社会急迫的现实需要。

我国互联网信息技术与法院的互动可被划分为三个阶段。第一阶段是信息技术开始渗透传统司法,第二阶段是互联网法院的设立,第三阶段是基于一站式多元解纷与诉讼服务中心的建设,在全国范围全面推开以信息技术运用为核心的诉讼服务改革。

我国法院在实践中早已开始利用信息技术开展工作。2006年,福建省沙县人民法院高桥人民法庭以视频庭审的方式审理了数起离婚案件。2007年,沙县人民法院通过这种方式审理了一起跨国离婚案件。此后,江苏、河南等地的基层法院也通过远程视频审理了跨国离婚纠纷的案件。2007年,上海市法院系统就开启了首例刑事远程审判。2015年,郑州市中级人民法院出现了全国首例"微信庭审询问"。[①]

自2014年起,陆续有官方文件开始对诉讼服务过程中的信息技术运用进行规范。如中共中央办公厅、国务院办公厅于2014年3月发布的《关于依法处理涉法涉诉信访问题的意见》即提出了信访信息化的要求,即采取热线电话、网上信访、视频接访、开通绿色通道等措施,健全来信、来访、网上信访、电话信访一体化接访网络。2014年12月15日,最高人

---

① 杜茂林:《在线诉讼,开了哪些"口子"?规则已统一,适应尚需时日》,载微信公号"南方周末",https://mp.weixin.qq.com/s/POfAonRZJubQG5pcxOstFA,2021年7月21日上传。

民法院发布的《最高人民法院关于全面推进人民法院诉讼服务中心建设的指导意见》要求依托大数据、云计算等现代信息技术,构建人民法院面向社会的多渠道、一站式、综合性诉讼服务中心。诉讼服务中心的功能包括信息查询和诉讼指引、预约立案和网上立案、受理申请和材料接收、联系法官和网上阅卷、网上信访和预约接访等。2015年1月30日,最高人民法院颁布的《最高人民法院关于适用〈中华人民共和国民事诉讼法〉的解释》(已修改)已经包含电子送达的内容,规定电子送达可以采用传真、电子邮件、移动通信等即时收悉的特定系统作为送达媒介。此外,解释还规定,适用简易程序审理案件,人民法院可以采取捎口信、电话、短信、传真、电子邮件等简便方式传唤双方当事人,通知证人和送达裁判文书以外的诉讼文书。

第二阶段以互联网法院的设立为标志,我国法院开始探索并实施在线纠纷解决的新模式。2017年6月26日,中央全面深化改革领导小组第三十六次会议审议通过了《关于设立杭州互联网法院的方案》,2017年8月18日,杭州互联网法院正式挂牌成立;2018年7月6日,中央全面深化改革委员会第三次会议又审议通过了《关于增设北京互联网法院、广州互联网法院的方案》,2018年9月9日和9月28日,北京互联网法院和广州互联网法院先后挂牌成立。互联网法院设立的初衷主要在于以互联网产业发达、涉网案件较多、技术条件具备、人才储备充分的地区为基地,试验和推广"网上案件网上审理"的新型审理机制。经过四年多的实践,互联网法院推动了互联网纠纷实体规则的形成与完善,同时在互联网司法创新方面积累了经验、发挥了示范作用,促进了社会对互联网司法的共识形成,为后续工作奠定了基础。

在第三阶段,围绕一站式多元解纷机制与诉讼服务中心的建设,全国法院整体铺开信息化诉讼服务改革。2016年6月28日,最高人民法院发布《最高人民法院关于人民法院进一步深化多元化纠纷解决机制改革的意见》(以下简称2016年《多元解纷机制改革意见》),重点强调"一站式"纠纷解决平台建设、制度规则构建以及完善程序安排问题,并于同年9月12日发布《最高人民法院关于进一步推进案件繁简分流优化司法资源配置的若干意见》,针对法院如何实现案件繁简分流、提高司法质效进行规范。此后,最高人民法院联合多部委,在保险、证券、道路交通、婚姻家庭、劳动争议以及涉侨纠纷等诸多领域出台规范性文件,全方位推进一站式多元解纷机制的建设工作。① 2019年初,最高人民法院党组将一站式多元解纷和诉讼服务体系建设确立为人民法院的一项重点工作,并于同年7月31日发布《最高人民法院关于建设一站式多元解纷机制 一站式诉讼服务中心的意见》(以下简称2019年《一站式多元解纷机制和诉服中心意见》),重点强调了法院信息化建设的重要性,围绕多元化纠纷解决机制、诉讼制度、诉讼服务体系、跨域立案服务等问题进行具体规范,创造性地提出两个"一站式"建设目标,旨在打造中国特色纠纷解决和诉讼服务新模式。②自该意见发布以来,两年时间里,全国四级人民法院依托大数据、云计算、人工智能、物联网等信息技术,积极推进在线调解平台建设、分调裁审、繁简分流等诉讼服务改革实践,充分利用在线纠纷解决机制,稳步构建从源头到诉前再到诉讼前后端的分层递进、繁简结合、衔接配套的多元解纷体系。③而在这一过程当中,互联网法院的实践经验为一站式多元解纷机制与诉讼服务中心的建设提供了丰富的经验借鉴。

2021年3月4日,最高人民法院宣布基本建成人民法院一站式多元解纷和诉讼服务体系,且经受住2020年新冠疫情的严峻考验,收获了良好的司法实效。④ 2021年6月16日,最高人民法院发布《人民法院在线

---

① 相关文件包括:《最高人民法院、中国证券监督管理委员会关于在全国部分地区开展证券期货纠纷多元化解机制试点工作的通知》(法〔2016〕149号);《最高人民法院、中国保险监督管理委员会关于全面推进保险纠纷诉讼与调解对接机制建设的意见》(法〔2016〕374号);《全国妇联、中央综治办、最高人民法院、公安部、民政部、司法部关于做好婚姻家庭纠纷预防化解工作的意见》(妇字〔2017〕13号);《人力资源社会保障部、中央综治办、最高人民法院、司法部、财政部、中华全国总工会、中华全国工商业联合会、中国企业联合会/中国企业家协会关于进一步加强劳动人事争议调解仲裁完善多元处理机制的意见》(人社部发〔2017〕26号);《最高人民法院、公安部、司法部、中国保险监督管理委员会关于在全国部分地区开展道路交通事故损害赔偿纠纷"网上数据一体化处理"改革试点工作的通知》(法〔2017〕316号);《最高人民法院、中华全国归国华侨联合会关于在部分地区开展涉侨纠纷多元化解试点工作的意见》(法〔2018〕69号);《最高人民法院办公厅、公安部办公厅、司法部办公厅、中国银行保险监督管理委员会办公厅关于印发〈道路交通事故损害赔偿纠纷"网上数据一体化处理"工作规范(试行)〉的通知》(法办〔2018〕163号);等。

② 姜佩杉:《最高人民法院发布〈意见〉建设一站式多元解纷机制 一站式诉讼服务中心》,载最高人民法院官网,http://www.court.gov.cn/zixun-xiangqing-174542.html,访问日期:2021年8月18日。

③ 《最高法举行建设一站式多元解纷机制、一站式诉讼服务中心〈意见〉发布会》,载国务院新闻办公室官网,http://www.scio.gov.cn/xwfbh/qyxwfbh/Document/1661241/1661241.htm,访问日期:2021年11月25日。

④ 《人民法院一站式多元解纷和诉讼服务体系基本建成新闻发布会》,载最高人民法院官网,http://www.court.gov.cn/zixun-xiangqing-288991.html,访问日期:2021年7月14日。

诉讼规则》(以下简称《在线诉讼规则》),并于 2021 年 8 月 1 日起施行。目前,我国各级法院在最高人民法院工作部署的指引下,将信息技术运用于司法审判的各个环节,已初步实现互联网司法在全国范围内的布局,并逐渐扩展至国际商事纠纷领域,最高人民法院"一站式"国际商事纠纷多元化解决平台于 2021 年 7 月 21 日启动。①

技术以两种方式影响法院运作,其一为自动化,即运用互联网技术使传统法院流程电子化,但不改变法院工作方式本身;其二为转型,即运用互联网技术改革甚至取代传统法院的工作方式。②上述第一阶段的信息技术运用属于前一种情形,而互联网法院与一站式多元解纷机制的建设属于后一种情形,它们并非简单地将法院传统的案件审理流程搬至线上,也不再是电子送达、电子卷宗、视频庭审等简单零星的变革,而是结合纠纷预防、非诉解纷、在线诉讼在内的,以法院为主导的全流程纠纷解决机制的再造。

而第二阶段和第三阶段的区别则在于,互联网法院是以全流程在线为核心创造的一种新型业态,该类法院的工作是面向网络空间去进行纠纷解决和化解,与《国家信息化发展战略纲要》《法治社会建设实施纲要(2020—2025 年)》等文件提出的"网络空间法治建设""依法治理网络空间"等要求③相契合。互联网法院发挥的作用更多在此。而其他法院,更多侧重于为诉讼各方提供诉讼服务的多种渠道。推动全国法院全面开展在线诉讼服务,目的就是便利群众诉讼,满足群众线上诉讼需求,是以需求为导向的,法院则努力提高满足这种需求的能力,而非如传统诉讼关系中那样,诉讼各方需要适应法院的工作机制。

目前,我国社会的主要矛盾已经转化为人民日益增长的美好生活需

---

① 张华:《加强信息化建设和理论研究 推动涉外商事海事审判工作高质量发展》,载《人民法院报》2021 年 7 月 22 日,第 1 版。

② 〔英〕理查德·萨斯坎德:《线上法院与未来司法》,何广越译,北京大学出版社 2021 年版,第 32—35 页。

③ 新华社:《中共中央办公厅 国务院办公厅印发〈国家信息化发展战略纲要〉》,载中国政府网,http://www.gov.cn/xinwen/2016-07/27/content_5095336.htm,访问日期:2021 年 8 月 18 日;新华社:《中共中央印发〈法治社会建设实施纲要(2020—2025 年)〉》,载中国政府网,http://www.gov.cn/zhengce/2020-12/07/content_5567791.htm,访问日期:2021 年 8 月 18 日。

要和不平衡不充分的发展之间的矛盾。① 人民美好生活的需要不仅体现在物质文化方面，还包括民主、法治、公平、正义等各个层面。基于群众的多元化需求，法院提供的也应当是多元化、立体化、信息化的诉讼服务。如果问在中国司法中如何体现正义，从以上方面看，应该是法院尽量满足制度供给，努力实现便捷、高效、公正、透明等多重价值。

第二节　互联网法院

一、互联网法院的基本架构

（一）受案与管辖

我国互联网法院的定位主要是处理网络纠纷。根据《最高人民法院关于互联网法院审理案件若干问题的规定》（以下简称《互联网法院规定》）第 2 条，其受案范围大致可分为网络购物合同纠纷、网络服务合同纠纷、互联网金融借款合同纠纷、互联网著作权纠纷、互联网域名纠纷等互联网民事、行政案件。这里的互联网行政案件是指因行政机关作出互联网信息服务管理、互联网商品交易及有关服务管理等行政行为而产生的行政纠纷。但实践中，行政案件很少，绝大多数是民事案件。

从互联网法院在我国法院系统中的地位看，法律没有规定互联网法院为专门法院。2018 年 10 月 26 日修订通过的《中华人民共和国人民法院组织法》第 15 条规定，专门人民法院包括军事法院和海事法院、知识产权法院、金融法院等。专门人民法院的设置、组织、职权和法官任免，由全国人民代表大会常务委员会规定。2018 年 8 月，我国第一家金融法院在上海成立，随即在《人民法院组织法》中被承认为专门法院。而三家互联网法院的成立均在《人民法院组织法》修订之前，因此互联网法院没有被纳入专门法院，并不是因为立法前后的问题，而是互联网法院没有被法律承认为专门法院②，专门法院在管辖方面的优先性等特殊规则无法直接

---

① 习近平：《决胜全面建成小康社会　夺取新时代中国特色社会主义伟大胜利——在中国共产党第十九次全国代表大会上的报告》，载中国政府网，http://www.gov.cn/zhuanti/2017-10/27/content_5234876.htm，访问日期：2021 年 8 月 18 日。

② 刘哲玮、李晓璇：《互联网法院管辖规则评述》，载《经贸法律评论》2019 年第 5 期，第 124 页。

适用于互联网法院。

互联网法院的管辖同普通民事诉讼一样包括级别管辖和地域管辖。互联网法院是基层人民法院,上诉法院是相应的中级人民法院,即北京市第四中级人民法院、广州市中级人民法院和杭州市中级人民法院。但由于北京和广州还设有中院级别的知识产权法院,因此在北京和广州地区已经经过互联网法院审理的有关互联网著作权权属纠纷和侵权纠纷、互联网域名纠纷的上诉案件应当由这两个知识产权法院管辖。

在地域管辖上,法律明确了"集中管辖"的原则,即北京、广州、杭州互联网法院集中管辖所在市的辖区内应当由基层人民法院受理的第一审互联网纠纷案件。此外,互联网法院还受理上级人民法院指定管辖的其他互联网民事、行政案件。

协议管辖方面,根据《互联网法院规定》第3条第1款,当事人可以在本规定第2条确定的合同及其他财产权益纠纷范围内,依法协议约定与争议有实际联系地点的互联网法院管辖。现在绝大多数的互联网服务都需要用户进行注册,在进行注册的时候往往会有相关协议,用户只有点击"我已阅读并同意该协议"才可以完成注册。如果用户阅读后不同意该条款,就无法使用服务商提供的相关服务。这些协议中往往包含协议管辖的条款,用户实际上很少会去阅读该协议。针对这种情况,《互联网法院规定》第3条第2款专门规定,电子商务经营者、网络服务提供商等采取格式条款形式与用户订立管辖协议的,应当符合法律及司法解释关于格式条款的规定。

(二)审理过程

原告在启动在线程序时,首先需要在网站上进行注册和实名认证。实名认证可以采取第三方平台实名认证的方式,比如支付宝、微信等。当事人不会使用线上认证或者线上认证有困难的,可以到法院进行线下实名认证。法人还有特殊的认证方式,即企业对公认证方式。广州互联网法院会通过系统给企业的对公账号打款完成法人的实名验证,法人对公账号会收到系统发来的一笔少于1元的随机金额的打款[①],打款成功即

[①] 广州互联网法院网站《原告操作指南》,https://www.gzinternetcourt.gov.cn:9002/profile/upload/2020/12/07/51069bc4-a0f2-4330-817f-80e38519d96f.pdf,访问日期:2021年7月12日。

认证成功。之后,原告在网站上阅读诉前通知,填写起诉状。法院受理案件后进行缴费,之后的举证质证基本上就是将传统的线下模式转换成了线上模式。被告的流程大致相同,首先也是在网站上进行注册并实名认证,之后被告在网站上会有一个"关联案件"的选项,里面会显示自上次登录以来与被告相关的案件,后续流程基本上与原告相同。

《互联网法院规定》第11条规定,互联网法院从三个方面对证据的真实性进行认定。首先,认定对象涵盖对电子证据生成、收集、存储、传输等各环节真实性的认定。其次,在审查内容上,强调对电子数据生成平台、存储介质、保管方式、提取主体、传输过程、验证形式等方面的审查。最后,在认定方式上,鼓励和引导当事人通过区块链等技术手段,以及通过取证存证平台等对证据进行固定、留存、收集和提取,弥补仅依靠公证程序认定电子证据的不足,提升电子数据的证据效力。互联网法院利用区块链不可篡改、可回溯的特性,创新了电子数据真实性的认证方式,以技术印证补强电子数据的证据效力,提升庭审质证实质化水平,这也是互联网法院的新颖之处。[①] 比如,北京互联网法院联合北京市高院、司法鉴定中心、公证处等司法机构,以及行业组织、大型央企、大型金融机构、大型互联网平台等20家单位作为节点共同组建了"天平链"。"天平链"于2018年9月9日上线运行,截至目前,已经吸引了来自技术服务、应用服务、知识产权、金融交易等9类23家应用单位的接入。[②] 区块链和互联网法院的结合,实现了社会化参与、社会化共治,打造了社会影响力高、产业参与度高、安全可信度高的司法联盟区块链。

此外,我国一直鼓励调解在司法裁判中的运用。依据《互联网法院规定》第1条,互联网法院案件的调解一般应当在线上完成。各互联网法院也有相应规定。如杭州互联网法院的《杭州互联网法院诉讼平台审理规程》第7条规定,诉讼平台设置调解前置程序,进入诉前调解的案件,由调解平台分配一名调解员,双方当事人均可在诉讼平台"在线调解"中输入自己的调解意向,并由调解员居中调解。达成调解方案后,由调解员予以总结并在诉讼平台的"调解信息"中书面反馈,调解时间一般为15天,在

[①] 段莉琼、吴博雅:《区块链证据的真实性认定困境与规则重构》,载《法律适用》2020年第19期,第149—163页。

[②] 北京互联网法院"天平链",https://tpl.bjinternetcourt.gov.cn/tpl/,访问日期:2021年7月12日。

双方当事人均同意的情况下可适当延期。若在调解期限内双方不能达成和解意向,则案件进入立案审核状态,转交立案法官进行审核。当然,调解不是必经程序,当事人可以选择是否进行调解。

关于送达,《民事诉讼法》第 90 条规定,经受送达人同意,法院可以采用能够确认其收悉的电子方式送达诉讼文书。《互联网法院规定》第 15 条第 1 款和第 2 款规定,经受送达人明确同意、已经约定或以行为表示默示同意的,诉讼文书、证据等材料可适用电子送达。以行为表示默示同意是指受送达人回复收悉、作出相应诉讼行为等方式接受已经完成的电子送达,并且未明确表示不同意电子送达的情形。对于裁判文书,依据《互联网法院规定》第 15 条第 3 款,经告知当事人权利义务并征得其同意后,可以适用电子送达。但裁判文书的电子送达与诉讼文书和证据材料不同,《互联网法院规定》第 15 条第 3 款中的"同意"应当是明示,而不是默示同意。如果当事人要求法院提供纸质版裁判文书的,互联网法院应当提供。①

关于文书送达的效力,《互联网法院规定》区分了不同的生效规则。一种是不可推翻的直接确认,即受送达人回复已收到送达材料,或者根据送达内容作出相应诉讼行为时,视为送达成功,效力不可推翻。这是由于受送达人已经以直接或者间接的方式明确表示自己已经接收到了受送达的文书。第二种是可推翻的推定确认,即受送达人的媒介系统反馈受送达人已阅知,或者有其他证据可以证明受送达人已经收悉时,推定送达成功。若当事人举证证明非因主观过错确未收悉,则不能视为有效送达,送达效力可被推翻。

(三)诉讼程序创新

在互联网法院诞生之前,我国已有法院采取在线庭审的方式来审理案件,但并非全流程在线化。在互联网法院进行的诉讼活动中,所有的诉讼流程都必须在线上进行。但《互联网法院规定》第 22 条也规定,当事人对互联网法院审理的案件提起上诉的,第二审法院原则上采取在线方式审理。而如果二审程序各方当事人均申请线下方式审理,或二审法院认为采取在线方式审理不能有效查明事实或认定证据的,二审法院也可以

---

① 北京互联网法院课题组、张雯、颜君:《"互联网+"背景下电子送达制度的重构——立足互联网法院电子送达的最新实践》,载《法律适用》2019 年第 23 期,第 24 页。

根据案件情况决定线下审理。①

此外,2020年7月,最高人民法院发布《最高人民法院关于统一法律适用加强类案检索的指导意见(试行)》,就统一法律适用,提升司法公信力,加强人民法院类案检索工作提出了具体意见和要求。民事案件案情的多样化,导致难以总结和归纳诉讼和裁判规则。利用司法大数据对民事案件科学、精准的数据分析,可以让当事人和律师在分析类似案情的基础上对诉讼结果做出预判,进而充分准备诉讼策略和证据。

比如,北京互联网法院推出基于互联网案件类似案由的在线诉讼风险分析系统②,充分利用司法大数据,挖掘互联网诉讼数据潜力,让诉讼中产生的数据反过来服务诉讼当事人,形成良性互动。诉讼风险分析系统通过对法条、案例进行知识建模和数据处理,加上业务专家的专业知识和实务经验,形成了专业的要素集和要素提取方法。根据该系统,当事人首先需要选择案由,目前主要涵盖侵害作品信息网络传播权纠纷、著作权权属和侵权纠纷、网络侵权责任纠纷、网络购物合同纠纷、网络服务合同纠纷、金融借款合同纠纷、小额借款合同纠纷和产品责任纠纷这八项。其次,当事人需要选择具体的筛选条件,包括诉讼请求、事实和理由以及"更多筛选条件",具体又包括主张赔偿经济损失的数额范围、法院认可赔偿经济损失的数额范围、法院层级、审理程序等。之后诉讼风险分析系统将依据当事人的选择生成"诉讼策略分析报告",根据胜诉率为当事人提供诉前多元调解解纷建议。同时,诉讼风险分析系统采用可视化图表的形式,分类展示诉讼成本、风险和证据三大板块的可视化分析图表,并提供对应案例查看。但目前诉讼风险分析系统仅在筛选条件较为简易明确的情况下才能提供完整的策略报告外,筛选条件不能过于复杂。当事人除了可以一键导出诉讼策略分析报告,还可以通过系统获取参考案例和相关法规。其中类案智能推荐功能在对现有文书进行分布式存储与运算的基础上,通过实体识别引擎进行处理,提取文书中的案情要素和结构化内

---

① 胡仕浩、何帆、李承运:《〈最高人民法院关于互联网法院审理案件若干问题的规定〉的理解与适用》,载《人民法院报》2018年9月8日,第4版。
② 北京互联网法院"诉讼风险分析",https://sspt.bjinternetcourt.gov.cn/ssfz/caseList,访问日期:2021年7月12日。

容,从而实现参考案例的高相似性。①

二、互联网法院纠纷治理的实例:北京互联网法院

北京互联网法院集中审理著作权、金融借款、网络购物等涉网案件,从纠纷产生、成诉、审判等环节出发,不断创新互联网司法供给方式,逐步构建起"诉源共治体系",其核心机制包括涉网著作权纠纷领域的"e版权诉源共治体系"以及互联网金融借款和小额借款合同纠纷领域的"e贷诉源共治体系"。②

（一）e版权诉源共治体系

北京互联网法院基于对涉网图片类著作权案件的集中管辖,总结出此类案件具有诉讼高度类型化、直接侵权主体类型多样、新型创作成果不断出现、图片使用方式多样等特点③,并从 2020 年起,在开展近百次深度调研的基础上,陆续推出涉网图片类著作权案件调研报告、诉非"云联"调解机制、版权链—天平链协同治理平台等一系列创新举措,逐步建立起"e版权诉源共治体系"。④"e版权诉源共治体系"的核心包括诉源治理、纠纷多元化解等多个层面。

就诉源治理而言,"e版权诉源共治体系"的核心内容为构建线上图片交易市场。依据北京互联网法院的调研结果,涉网图片类著作权案件高发的原因之一为图片使用人事先获得授权存在诸多困难,尤其是图片使用人无法知晓图片的权利人,缺少获得授权的渠道。为了从源头上减少纠纷,2020 年 7 月,北京互联网法院联合北京市版权局共同发布倡议,并与北京版权保护中心签署战略合作协议,通过与十余家图片公司、互联网平台公司、版权行业组织的合作,逐步推动建立集约化的线上图片作品交易市场,通过诉源治理的方式减少涉网图片类著作权纠纷案件的数量。

---

① 刘玄:《上新了!北京互联网法院上线"诉讼风险分析"与"知识地图"信息系统》,载搜狐网,https://www.sohu.com/a/430555025_120209831,访问日期:2021 年 9 月 12 日。
② 北京互联网法院:《数字正义视域下的互联网司法白皮书》,第 16—17 页,载微信公号"知产力现场",https://mp.weixin.qq.com/s/pGYNT0UMQgnbE-sG1fl-tg,2021 年 9 月 16 日上传。
③ 张瑞雪:《互联网法院通报"e 版权"诉源共治体系情况》,载北京法院网,https://bjgy.chinacourt.gov.cn/article/detail/2020/07/id/5344347.shtml,访问日期:2021 年 11 月 25 日。
④ 徐伟伦、韩武、李文超:《北京互联网法院构建"e 版权"诉源共治体系——行业司法双"链"协同诉讼调解三"云"联动》,载《法治日报》2021 年 1 月 14 日,第 06 版。

该交易市场的功能主要包括:(1)权利人对自身作品进行权利公示,并公开针对不同使用行为和方式的许可条件;(2)版权登记机构、公证机构以及其他存证机构利用先进技术手段提供版权登记或存证、侵权取证等法律服务;(3)市场管理者采用版权过滤和比对等技术,对存在权利冲突或权属存疑的图片采取初步筛选、暂缓上架销售等措施;(4)图片使用人通过站内搜索便利获取需要的图片资源,并进行线上协商或按照公示条件直接支付完成交易;(5)发生争议时,通过平台调解或者法院派驻的特邀调解组织、特邀调解员在线解纷;需要诉讼的,可以利用法院设在站内的端口直接提交立案申请。①

在纠纷多元化解方面,除了对接北京版权调解中心、北京赛智知识产权调解中心等擅长著作权纠纷调解的行业调解组织进驻北京互联网法院开展调解工作以外②,北京互联网法院利用云数据等信息技术,构建了诉讼与非诉纠纷相结合的工作体系,通过诉非"云联"机制在线引导分流案件,建立了全国首个版权非诉调解平台。③当事人从北京互联网法院电子诉讼平台即可一键进入在线版权非诉调解平台并接受专业组织的"云端"调解,非诉调解成功的纠纷可优先进行司法确认。非诉调解平台设立法院"云工作站",法官及时在线提供专业指导。④ 自 2020 年 7 月底该机制建立以来至 2020 年底,北京互联网法院已成功化解案件 2800 余件,调解成功率达到 93%。⑤此外,2019 年 10 月,北京互联网法院率先利用区块链智能合约技术实现调解协议的执行,提高了调解协议的执行

---

① 任惠颖、史兆欢:《"e 版权"共治 促纠纷共解——北京互联网法院网络著作权纠纷诉源治理探索》,载《人民法院报》2020 年 7 月 21 日,第 1 版。
② 祝文明、任文静:《北京互联网法院加速推进多元调解》,载中国知识产权网,http://www.cnipr.com/sj/zx/201903/t20190314_231566.html,访问日期:2021 年 11 月 26 日。
③ 《案款发还仅 3.72 天 北京互联网法院创新全流程促进履行机制》,载搜狐网,https://www.sohu.com/a/452276566_120209831,访问日期:2021 年 11 月 26 日。
④ 《北京互联网法院通报"我为群众办实事"第二批重点项目》,载北京政法网,https://www.bj148.org/zf1/zfyw/202111/t20211119_1622204.html,访问日期:2021 年 11 月 26 日;徐伟伦、韩武、李文超:《北京互联网法院构建"e 版权"诉源共治体系——行业司法双"链"协同诉讼调解三"云"联动》,载《法治日报》2021 年 1 月 14 日,第 6 版。
⑤ 《审理时间缩短 29 天,一站式解纷的"北京模式"凭啥这么快?》,载中国长安网,https://www.chinapeace.gov.cn/chinapeace/c100037/2021-03/05/content_12458546.shtml,访问日期:2021 年 11 月 26 日。

效率。①

在构建"e版权诉源共治体系"的过程中,行政—司法协同机制是核心支撑。2020年9月,北京互联网法院与北京版权保护中心共同推出了"版权链—天平链"协同治理平台,是全国首个版权领域的行政司法协同治理机制。在该机制下,一方面,北京互联网法院与版权登记机构共同制定版权保护行业标准,推动了著作权登记和司法审判"双标统一";另一方面,司法审判人员可一键调取行政著作权登记信息的业务流程与技术规范,实现了版权链和"天平链""双链协同"。通过标准统一、技术对接、证据上链等关键环节支撑,权利人作品登记的效力得到了强有力的保障,维权风险降低,实质提升了涉网著作权纠纷案件的司法质效。②

(二)e贷诉源共治体系

鉴于互联网金融借款和小额借款合同纠纷案件具有标的额小、潜在案件量巨大、证据电子化、诚信体系不完善等特征,传统的司法审判体系难以应对金融科技的冲击,北京互联网法院重点针对证据认定、司法送达、强制执行等环节进行完善,构建了"e贷诉源共治体系",并于2020年8月起进入试运行。③"e贷诉源共治体系"的核心内容同样包含诉源治理、纠纷多元化解等多个层面。

在诉源治理方面,北京互联网法院发布和定期更新"e贷"案件证据规则,制定"e贷"案件上链规范指引体系,引导金融机构和小额贷款机构完善合同条款,规范证据留存④,以此预防风险,从源头减少纠纷。

在事后多元纠纷化解方面,北京互联网法院一方面通过基于链上智能合约的弹屏短信提醒、区块链电子律师函、示范性判决警示等各种手段警示督促当事人履行借贷合同。目前该机制已经取得了良好的社会治理效果,尤以弹屏短信提醒技术的运用为代表,北京互联网法院通过弹屏短

---

① 《全国首例!北京互联网法院采用区块链智能合约技术实现执行"一键立案"》,载最高人民法院官网,http://www.court.gov.cn/zixun-xiangqing-194591.html,访问日期:2021年11月26日。

② 任惠颖、刘建华:《北京互联网法院与北京版权保护中心共同发布版权链—天平链协同治理平台》,载北京法院网,https://bjgy.chinacourt.gov.cn/article/detail/2020/09/id/5445774.shtml,访问日期:2021年11月26日。

③ 伊快:《区块链技术在司法领域的应用探索与实践——基于北京互联网法院天平链的实证分析》,载《中国应用法学》2021年第3期,第33页。

④ 北京互联网法院:《数字正义视域下的互联网司法白皮书》,第17页,载微信公号"知产力现场",https://mp.weixin.qq.com/s/pGYNT0UMQgnbE-sG1fl-tg,2021年9月16日上传。

信技术实现了信息100%送达,20%用户接听了电话,15%的当事人表示愿意协商还款,已开始还款人数占比9.38%。①另一方面,在督促短信仍无法发挥作用的情况下,北京互联网法院通过引入特邀调解组织、特邀调解员等社会资源的方式进行多元调解,提供在线债务协商平台、在线调解等服务,推动互联网金融借贷纠纷的多元化解。在纠纷解决的过程中,北京互联网法院与中国电子商会合作建立了"e贷""天平链"侧链,对接互联网金融案件借贷全流程数据,为金融机构、调解组织和律师等开设专门端口,实现数据上链共享、全程留痕、跨链互信,奠定解纷基础。②

此外,为保障纠纷解决的结果得到执行,北京互联网法院通过"天平链"智能合约等技术,打通多家金融机构,在案件进入执行阶段实现点对点资产查封、扣押、冻结。针对进入执行阶段后执行难的问题,北京互联网法院建立了多方共享的互联网微惩戒信用体系,联合多家互联网平台实现诸如限制网上购物、网上约车等微惩戒,促使借款方诚信履约。③

三、对互联网法院工作成效的评价与反思

(一)互联网法院纠纷治理的整体成效

互联网法院的治理成效主要体现在互联网实体规则供给、互联网司法模式转型以及国际影响力三个层面。

第一,互联网法院审理了一批具有示范意义的互联网案件,探索确立了以公共数据、虚拟财产、数字货币、智能作品等为客体的保护规则,填补了制度空白。④典型案例包括:(1)杭州互联网法院在全国首例大数据权

---

① 伊然:《区块链技术在司法领域的应用探索与实践——基于北京互联网法院天平链的实证分析》,载《中国应用法学》2021年第3期,第33页。
② 北京互联网法院:《数字正义视域下的互联网司法白皮书》,第17页,载微信公号"知产力现场",https://mp.weixin.qq.com/s/pGYNT0UMQgnbE-sG1fl-tg,2021年9月16日上传;伊然:《区块链技术在司法领域的应用探索与实践——基于北京互联网法院天平链的实证分析》,载《中国应用法学》2021年第3期,第32页。
③ 伊然:《区块链技术在司法领域的应用探索与实践——基于北京互联网法院天平链的实证分析》,载《中国应用法学》2021年第3期,第32页。
④ 《〈人民法院在线诉讼规则〉新闻发布会》,载最高人民法院官网,http://www.court.gov.cn/zixun-xiangqing-309571.html,访问日期:2021年7月12日。

属案和首例公共数据不正当竞争案中①,合理划定数据资源利用和个人信息保护的边界,推动公共数据在安全可控、保障隐私的前提下实现最大程度的开放共享;(2)北京互联网法院在全国首例"暗刷流量案"中②,认定"暗刷流量"属欺诈性点击行为,双方订立的合同违背公序良俗、损害社会公共利益,属于无效合同,双方当事人不得基于该合同获利,收缴双方的非法获利;(3)广州互联网法院在"'王者荣耀'短视频侵权案"中③,针对源源不断上传的侵权视频发出诉中禁令,减轻了当事人的讼累,加强了知识产权保护。④ 此外,互联网法院依托于集中管辖形成的司法大数据,建立了风险信息采集评估、分析处置和复查完善机制,从司法数据的秩序、安全、风险、法治意识和共享共治等维度综合反映年度互联网发展状况,在电子商务、互联网金融、网络著作权等领域为互联网治理的政府决策提供大数据支持。⑤

第二,互联网法院实现了司法模式的创新。"互联网法院不只是建立在互联网上的法院,更是使用计算科学对司法流程进行再造的法院。"⑥司法模式的创新提升了司法效率,截至 2020 年 8 月 31 日,互联网法院共受理案件 222,473 件,审结 194,697 件,在线立案申请率 99.7%,在线庭审率 98.9%,平均庭审时长 29 分钟,比普通线下诉讼节约约四分之三的时间。同时,互联网法院通过搭建司法区块链大数据平台以及在全球率

---

① 淘宝(中国)软件有限公司诉安徽美景信息科技有限公司不正当竞争案,杭州铁路运输法院(2017)浙 8601 民初 4034 号民事判决书,杭州市中级人民法院(2018)浙 01 民终 7312 号民事判决书,浙江省高级人民法院(2019)浙民申 1209 号民事裁定书。

② 常某某与许某、第三人马某某网络服务合同纠纷案,北京互联网法院(2019)京 0491 民初 2547 号民事判决书。

③ 深圳市腾讯计算机系统有限公司与运城市阳光文化传媒有限公司、广州优视网络科技有限公司著作权侵权及不正当竞争纠纷案,广州互联网法院(2019)粤 0192 民初 1092—1102、1121—1125 号民事判决书,广州知识产权法院(2020)粤 73 民终 574—589 号民事判决书。

④ 乔文心:《推动互联网法院建设迈向新阶段——互联网法院工作座谈会侧记》,载中国法院网,https://www.chinacourt.org/index.php/article/detail/2020/09/id/5470262.shtml,访问日期:2021 年 7 月 12 日;张新宝:《互联网法院典型案件彰显网络时代司法智慧》,载《人民法院报》2020 年 10 月 14 日,第 2 版。

⑤ 赵骏:《互联网法院的成效分析》,载中国法院网,https://www.chinacourt.org/article/detail/2020/10/id/5543501.shtml,访问日期:2021 年 7 月 12 日。

⑥ 乔文心:《推动互联网法院建设迈向新阶段——互联网法院工作座谈会侧记》,载中国法院网,https://www.chinacourt.org/index.php/article/detail/2020/09/id/5470262.shtml,访问日期:2021 年 7 月 12 日。

先使用智能合约技术,显著改善了取证难和执行难等问题。① 互联网法院的实践为国内互联网司法改革提供了经验借鉴,为非互联网法院推广在线调解、在线诉讼等在线解纷机制奠定了基础。②

第三,我国互联网法院的司法实践不仅在国内具有示范意义,还将伴随法院审理的跨国案件而产生国际影响。2020 年 7 月 15 日,杭州互联网法院跨境贸易法庭作为全国首个依法集中审理跨境数字贸易纠纷案件的人民法庭正式成立。随后,跨境贸易法庭全流程在线审理了第一起案例——新加坡用户起诉网购平台浙江天猫网络有限公司网络服务合同纠纷案。③依托跨境贸易法庭,杭州互联网法院联合杭州海关、杭州税务局等部门,运用区块链技术共同建立了杭州跨境数字贸易司法平台,实现报关、缴税、支付等信息全流程记录。杭州互联网法院"小猪佩奇著作权纠纷案"被英国《泰晤士报》称为"中国知识产权保护方面一次具有里程碑意义的判决"。④此外,知名跨国网游公司韩国传奇 IP 株式会社收到杭州互联网法院在线送达的诉讼材料后主动应诉,认可电子送达效力。⑤

(二) 对互联网法院定位的反思

互联网法院的案件审理已取得显著成效。但在人民法院一站式多元解纷和诉讼服务体系基本建成的背景下,普通法院也在逐步推广并建立在线解纷机制,这使互联网法院与其他法院的界限逐渐模糊,互联网法院的定位需要进一步明确。

互联网法院目前的定位不是专门法院,而是对特定地域的特定类型的案件实施集中管辖。但集中管辖在现行管辖体系中的定位较为模糊,导致互联网法院与其他法院在涉网案件方面的管辖存在潜在冲突,而专

---

① 乔文心:《推动互联网法院建设迈向新阶段——互联网法院工作座谈会侧记》,载中国法院网,https://www.chinacourt.org/index.php/article/detail/2020/09/id/5470262.shtml,访问日期:2021 年 7 月 12 日。
② 周强:《2020 年最高人民法院工作报告》,载最高人民法院官网,http://www.court.gov.cn/zixun-xiangqing-231301.html,访问日期:2021 年 7 月 12 日。
③ 徐隽:《全国首个跨境贸易法庭在杭州挂牌成立》,载《人民日报》2020 年 7 月 16 日,第 7 版;《跨境贸易法庭第一案:新加坡用户状告天猫! 网购新电脑疑似二手》,载搜狐网,https://www.sohu.com/a/408221735_118417,访问日期:2021 年 9 月 12 日。
④ 《杭州法院知识产权司法保护十大案例(2018 年度)》,载浙江法院新闻网,http://www.zjcourt.cn/art/2019/4/26/art_80_16862.html,访问日期:2021 年 8 月 5 日。
⑤ 潘剑锋:《互联网法院构建网络社会共治"生态圈"》,载《人民法院报》2020 年 10 月 11 日,第 2 版。

门法院在管辖方面的优先性和排他性等特殊规则又无法直接适用于互联网法院,因此需要尽快明确其专门法院的定位。①

互联网法院受理的案件类型也应进行调整。一方面,由于《互联网法院规定》第 2 条根据案由划定互联网法院的管辖范围,法院就必须首先对民事纠纷的案件类型作出明确判断。但与网络相关的新型案件不断产生,它们难以被准确定性为第 2 条所规定的具体案由,如何判断纠纷的管辖法院就成为问题。因此,应当重视提高互联网法院管辖规则的抽象化程度。另一方面,上述规定所列案件类型过于繁琐,互联网法院所需受理的案件数量庞大且较多案件法律关系简单、技术性不强,只能凸显诉讼便民的功能,无益于促进网络空间治理。互联网法院未来应当集中资源审理具有规则示范意义的新类型疑难案件,及时发布最新典型案例,将简单的网络购物等纠纷交由普通基层法院管辖审理,这样才能实现设立互联网法院的初衷。②

最后,《互联网法院规定》将三家互联网法院的审级限定于应当由所在市的辖区内基层人民法院受理的第一审案件。但互联网是跨域的,涉互联网案件也具有典型的跨域性,应考虑互联网法院案件的跨域管辖。此外,互联网法院的审级不应当局限为一审法院,而应当逐步以一审的重大新型涉网案件和二审案件为主要任务。这样,就可以使互联网法院真正起到探索网络空间治理规则的作用,形成网络治理的中国经验。③

第三节 诉讼服务现代化和一站式多元解纷

一、一站式多元解纷和诉讼服务体系的在线化

我国法院目前正在推进的一站式多元解纷工作并不能被简单定义为信息技术在案件审理过程中的应用,而是基于互联网技术对案件管理与

---

① 刘哲玮、李晓璇:《互联网法院管辖规则评述》,载《经贸法律评论》2019 年第 5 期,第 124—127 页。

② 同上注,第 129—130 页;乔文心:《推动互联网法院建设迈向新阶段——互联网法院工作座谈会侧记》,载中国法院网,https://www.chinacourt.org/index.php/article/detail/2020/09/id/5470262.shtml,访问日期:2021 年 7 月 12 日。

③ 高富平:《互联网法院的新定位与新机遇》,载《人民法院报》2020 年 10 月 23 日,第 2 版;杨秀清:《互联网法院定位之回归》,载《政法论丛》2019 年第 5 期,第 40 页。

审理全流程的再造,是"智慧法院"的理念渗透纠纷管理和案件审理的各个环节。除了打造"厅网线巡"为一体①的诉讼服务中心,一站式多元解纷机制建设的核心架构主要围绕诉源治理、多元解纷、分调裁审和繁简分流等重点环节展开,强调纠纷的避免、控制与解决。

一站式多元解纷首先强调的是"诉源治理",强调司法大数据对矛盾风险态势发展的评估和预测预警作用,提前防控化解重大矛盾风险,从源头上减少矛盾纠纷。"一站式"的概念下又包括"多元解纷""分调裁审和繁简分流"等方面。

"多元解纷"首先强调智能化风险评估服务,按照自愿、合法原则,引导鼓励当事人选择非诉方式解决纠纷;其次是建设应用在线调解平台,推动各地法院审判流程管理系统或自建调解平台与最高人民法院在线调解平台对接;再次强调调解协议司法确认工作,推动司法确认全面对接人民调解等线上平台;最后强调建立诉前调解案件管理系统,逐案登记、全程留痕、动态管理,并将诉前调解工作量纳入考核统计范围。在"分调裁审和繁简分流"方面,我国法院正处于普遍开展一审案件繁简分流工作、探索二审案件繁简分流的阶段。具体而言,首先,要求普遍应用系统算法加人工识别,按繁简程度分流案件。其次,在诉讼服务中心配备速裁法官或团队,综合运用督促程序、司法确认程序、小额诉讼程序、简易程序、普通程序等,从简从快审理简单案件,并建立类案集中办理等配套机制,建立示范诉讼模式,制作类案文书模板,全面运用智能语音、网上审理等方式,提升审理效率。最后,指定专门团队承接简转繁案件办理工作,健全转换机制。

我国法院内部的管理机制也正在进行改革以适应在线争议解决机制的发展。改革措施之一是法院的集约化管理。以北京市西城区人民法院(以下简称"西城法院")为例,该法院自 2019 年起,逐步将书记员从审判团队剥离,成立书记员管理办公室,进行集中管理、按需使用、资源共享。依据西城法院的统计,书记员的集约化管理改革使庭审平均时长缩短近 40%,法庭利用率提高 30%,法官准点开庭率从 59% 跃升至 92%,成效显著。此外,西城法院电子送达中心以及电子卷宗生成中心也采取集

---

① "厅网线巡"为一体指的是通过诉讼服务大厅、诉讼服务网、移动终端、12368 诉讼服务热线、巡回办理等多种渠道为当事人提供诉讼服务。

约化工作方式,将法庭记录、案件送达、归档扫描从审判团队中剥离,实现审判辅助事务的集约化管理,每个案件为法官平均节省 9 小时以上的时间。①

除集约化管理改革之外,西城法院还采取了服务外包的方式,进一步推动法院管理机制改革,最大化减轻审判团队负担,以更好地满足一站式机制建设的要求。② 需要指出的是,就全国范围内的法院实践而言,目前的外包服务机制模式较为单一,存在缺少完整的制度性规范、经费保障不足、社会化服务市场化及专业化程度不足、内部管理机制不畅等诸多问题,需要进一步加强规范。③

此外,我国法院系统的一站式多元解纷机制也在逐渐增强其国际影响力。2021 年 7 月 21 日,最高人民法院"一站式"国际商事纠纷多元化解决平台在国际商事法庭网站上线启动试运行④,为中外当事人提供立案、调解、证据交换、开庭等纠纷解决全流程线上服务。当事人可以通过电脑端国际商事法庭网站、手机端"中国移动微法院"微信小程序两种渠道登录该平台。平台主要提供三项服务。一是诉讼服务。一站式平台诉讼服务与最高人民法院诉讼服务网对接,提供网上立案、开庭审理以及最终裁判的全流程在线化服务。二是在线调解服务。该功能链接至"人民法院调解平台",对于经审查符合受理条件的国际商事案件,当事人申请在线调解、提交材料并通过审查后,可以协议选择由国际商事调解机构或者国际商事专家委员进行在线调解。调解成功的案件,法院将出具调解书或判决书;调解失败的案件将进入诉讼程序。⑤ 三是与仲裁的对接服务。当事人可以通过平台上的"第三方仲裁机构名录",进入各仲裁机构

---

① 《案例 153 人民法院司法改革案例选编(十) 北京市西城区人民法院——灵活组建 规范管理 强化保障 优化审判团队运行机制释放审判效能》,载《人民法院报》2020 年 12 月 3 日,第 04 版。
② 同上。
③ 《法院人员分类背景下的社会服务购买模式分析》,载中国政府采购网,http://www.ccgp.gov.cn/gpsr/llt/201612/t20161223_7783325.htm,访问日期:2021 年 11 月 26 日。
④ 最高人民法院国际商事法庭:《最高人民法院"一站式"国际商事纠纷多元化解决平台今天上线启动》,载国际商事法庭官网,http://cicc.court.gov.cn/html/1/218/149/192/2084.html,访问日期:2021 年 8 月 1 日;"一站式"国际商事纠纷多元化解决平台,http://cicc.court.gov.cn/html/1/218/321/index.html,访问日期:2021 年 8 月 1 日。
⑤ 《国际商事案件网上立案须知》,载国际商事法庭官网,http://cicc.court.gov.cn/html/1/218/321/419/index.html,访问日期:2021 年 8 月 1 日。

的在线仲裁链接。对纳入机制的仲裁机构①所受理的国际商事纠纷案件,当事人可以依据《最高人民法院关于设立国际商事法庭若干问题的规定》以及《最高人民法院国际商事法庭程序规则(试行)》的规定,在申请仲裁前或者仲裁程序开始后,向国际商事法庭申请证据、财产或者行为保全;在仲裁裁决作出后,可以向国际商事法庭申请撤销或者执行仲裁裁决。②此外,该一站式平台还提供域外法查明服务,链接至最高人民法院国际商事法庭域外法查明平台,提供在线查明服务。③

以上为一站式多元解纷的基本内容。为实现四级法院诉讼服务信息资源自动化汇聚和大数据管理,最高人民法院于2019年6月正式推出诉讼服务指导中心信息平台,涵盖"多元解纷""分调裁审""立案服务""审判辅助""涉诉信访"五个业务模块,聚焦"建机制""定规则""搭平台""推应用"四个环节,贯通中国移动微法院、人民法院调解平台、全国法院统一送达平台等信息化应用系统,对各地法院的诉讼服务进行可视化展示和可量化评估。2020年3月,根据一站式多元解纷和现代化诉讼服务体系的建设实际,最高人民法院对质效评估体系进行了修订,诉讼服务指导中心信息平台从"1.0"进化到"2.0",评估指标从71项增加到74项。虽然2.0版本继续沿用1.0版本的五个业务模块和四个环节,但"建机制""定规则"业务环节占比下降,"推应用"业务环节占比相应上升。目前,诉讼服务指导中心信息平台已实现汇聚全国法院的诉讼服务数据,对全国各高、中、基层法院诉讼服务质效全部实现在线自动评估,自动生成评估报告。④目前各地法院的一站式机制建设水平还不均衡。对于经济欠发达、司法资源不足、信息技术发展水平相对落后的地区(如西藏),最高人民法院会派驻专门团队进行调研,并针对问题进行一对一的指导。

---

① 目前纳入机制的仲裁机构共5家,即中国国际经济贸易仲裁委员会、中国海事仲裁委员会、北京国际仲裁中心(北京仲裁委员会)、上海国际经济贸易仲裁委员会以及深圳国际仲裁院。参见《第三方仲裁机构名录》,载国际商事法庭官网,http://cicc.court.gov.cn/html/1/218/321/296/300/index.html,访问日期:2021年8月1日。
② 《"一站式"平台简介》,载国际商事法庭官网,http://cicc.court.gov.cn/html/1/218/321/323/index.html,访问日期:2021年8月1日。
③ 最高人民法院国际商事法庭域外法查明平台,http://cicc.court.gov.cn/html/1/218/347/,访问日期:2021年8月1日。
④ 姜佩杉:《"一网统管"提升诉讼服务工作水平——记最高人民法院诉讼服务指导中心信息平台上线近一年》,载《人民法院报》2020年6月1日,第4版。

第五章 互联网与法院:诉讼成为一种服务　　199

二、在线调解

（一）在线调解平台的建设

最高人民法院2016年发布的《多元解纷机制改革意见》提出要建立包括在线调解在内的一体化信息平台。2017年2月16日,最高人民法院宣布以北京、河北、上海、浙江、安徽、四川6个高级人民法院和上海海事法院作为试点法院,启动在线调解平台试点工作,各地陆续搭建和推出地方调解网站、平台或APP应用程序。[①] 2016年至2018年之间,证券期货纠纷、保险纠纷、婚姻家庭纠纷、劳动争议、道路交通纠纷等领域广泛开展在线调解工作,以在线调解平台、包含在线调解服务的一体化平台或仅利用信息技术等形式为当事人提供在线调解服务。

2018年2月28日,最高人民法院开发建设的人民法院调解平台正式上线。[②] 当事人可以在人民法院调解平台直接提交在线调解申请书,填写电子送达地址,上传相关证据材料等,由调解员开展线上调解。在线调解的案件,可以通过电子签名等在线方式对调解协议、笔录等予以确认。人民法院调解平台与立案系统互联互通,对申请出具法律文书的,调解材料直接导入立案系统。立案后,原则上以线上方式联系各方当事人核实调解情况。经审查,法官认为确有必要的,可以通知双方当事人共同到场核实。经当事人同意,依法可以电子送达诉讼文书。[③]

基于各地区及各行业领域的试点经验,最高人民法院在2019年《一站式多元解纷机制和诉服中心意见》中进一步提出要"推动建设应用在线调解平台",强调"全面开展在线调解工作,加快各地法院审判流程管理系统或者自建调解平台与最高人民法院在线调解平台对接"。最高人民法

[①] 《北京市首个人民调解APP上线 证据可"随手拍"》,载环球网,https://china.huanqiu.com/article/9CaKrnK5bXy,访问日期:2021年9月12日;宁晓雪、李全:《河北省人民调解信息化平台省内覆盖率已达81%》,载凤凰新闻网,http://inews.ifeng.com/50627882/news.shtml,访问日期:2021年8月1日;郭娜:《上海法院首个"网上调解"平台亮相》,载搜狐网,https://www.sohu.com/a/31229031_117181,访问日期:2021年8月1日;高峰:《浙江省"在线矛盾纠纷多元化解平台"上线运行》,载浙江新闻网,https://zjnews.zjol.com.cn/zjnews/hznews/201801/t20180110_6292791.shtml,访问日期:2021年8月1日。

[②] 《人民法院调解平台正式上线》,载中国法院网,https://www.chinacourt.org/article/detail/2018/02/id/3214436.shtml,访问日期:2021年8月31日。

[③] 《最高人民法院印发〈关于进一步完善委派调解机制的指导意见〉的通知》(法发〔2020〕1号);《最高人民法院关于人民法院深化"分调裁审"机制改革的意见》(法发〔2020〕8号)。

院统建平台将对各地法院的在线调解平台进行实时统计,各地法院的调解组织对接以及调解案件审理情况的数据均反映在统建平台上。截至2020年底,全国3502家法院全部实现与最高人民法院在线调解平台对接,调解平台应用率达100%。平台入驻调解组织32937个,调解员165333人,累计调解案件超过1360万件,平均调解时长23.33天。①

(二)在线调解的规则制定

最高人民法院通过2016年《多元解纷机制改革意见》以及2019年《一站式多元解纷机制和诉服中心意见》对在线调解工作作了原则性规定。2016年至2019年间,最高人民法院联合各部委,针对保险纠纷、婚姻家庭纠纷、劳动纠纷、道路交通纠纷、价格争议纠纷等先后发文,对专业领域的在线调解规则进行规定。②2019年《一站式多元解纷机制和诉服中心意见》发布后,最高人民法院针对委派调解和委托调解进行了专门规定③,强调三方面的内容:第一,委派调解环节进行大数据管理,利用人民法院大数据管理和服务平台、人民法院调解平台的数据资源,为指导委派调解的法官业绩考评提供数据支持,为人民法院审判管理提供统计依据,并强化司法大数据的监测预警功能;第二,委派调解以及委托调解的平台运用,强调逐步将人民法院调解平台调解事项从民事纠纷扩展到行政纠纷、刑事自诉和执行案件,2022年1月1日起实施的《人民法院在线调解规则》(以下简称《在线调解规则》)第3条现已明确规定,"民事、行政、执行、刑事自诉以及被告人、罪犯未被羁押的刑事附带民事诉讼等"可以开展在线调解;第三,运用在线音视频调解技术,通过视频、电话、微信等音视频方式开展线上调解工作。

与此同时,北京、重庆、福建、广东、广西、河北、河南、吉林、江西、内蒙古、宁夏、天津、新疆等多地已出台各自的在线调解规则。但整体而言,

---

① 《最高法:人民法院调解平台已调解案件超1360万件》,载中国新闻网,https://www.chinanews.com.cn/gn/2021/02-20/9415043.shtml,访问日期:2021年11月26日;人民法院调解平台,http://tiaojie.court.gov.cn/,访问日期:2021年7月16日。

② 《最高人民法院、中国保险监督管理委员会关于全面推进保险纠纷诉讼与调解对接机制建设的意见》(法〔2016〕374号);《最高人民法院办公厅、公安部办公厅、司法部办公厅、中国银行保险监督管理委员会办公厅关于印发〈道路交通事故损害赔偿纠纷"网上数据一体化处理"工作规范(试行)〉的通知》(法办〔2018〕163号);等等。

③ 《最高人民法院印发〈关于进一步完善委派调解机制的指导意见〉的通知》(法发〔2020〕1号);《最高人民法院关于人民法院深化"分调裁审"机制改革的意见》(法发〔2020〕8号)。

《在线调解规则》出台之前,在线调解的全国性规范呈现出零散性的特征,且以倡导、指导和建议为主,缺少强制性的约束规范。最高人民法院最新出台的《在线调解规则》现已从调解员的身份以及调解组织的选择、在线调解的启动方式、调解协议的制作、诉调对接、调解终止等方面入手,针对依据人民法院调解平台进行的在线调解活动进行了系统性规定。

《在线调解规则》在实施过程中还需要注意与国际条约的衔接。《新加坡调解公约》于2020年9月12日正式生效[①],我国目前仅签署该公约,尚未批准加入。[②]《新加坡调解公约》旨在构建执行国际和解协议(国际调解协议[③])的统一法律框架,依据公约第2条第2款,调解协议的内容以任何形式记录下来即为"书面形式"。电子通信所含信息可调取以备日后查用的,该电子通信即满足了和解协议的书面形式要求。同时,公约并未对进行调解的技术形式进行限制。这就意味着,在满足公约第1条规定的适用范围的情况下,如果使用在线调解的方式达成纸质或电子调解协议,其执行都将适用该公约。

考虑到我国之后批准加入该公约的可能性,针对国际调解协议的执行,《在线调解规则》在实施过程中应注意如下问题:根据我国现行法律,经商事调解组织、行业调解组织或其他具有调解职能的组织调解后达成的调解协议具有民事合同性质。换言之,调解协议在我国只有在经过一定形式的司法审查后,才能得到法院的强制执行。但公约赋予了国际调解协议直接的可执行性,是可直接执行而无需转化的法律文书。[④]若日后我国批准加入公约,应单独依据公约规定建立国际调解协议执行的平台功能和规则,而不能简单套用国内在线调解平台简化甚至自动化的诉调对接机制。就平台设计而言,国际调解协议的执行功能可能不应由在线

---

① Singapore Ministry of Law, "Singapore Convention on Mediation Enters into Force," https://www.mlaw.gov.sg/news/press-releases/2020-09-12-singapore-convention-on-mediation-enters-into-force, last visited on 12 September, 2021.

② "Status:United Nations Convention on International Settlement Agreements Resulting from Mediation," https://uncitral.un.org/en/texts/mediation/conventions/international_settlement_agreements/status, last visited on 2 August, 2021.

③ 《新加坡调解公约》案文使用的"和解协议"表示经调解所产生的争议解决协议,对应的是我国立法与司法实践中的"调解协议"而非"和解"这一特殊的争议解决方式,因此本书在论及公约时将主要采用"国际调解协议"的表述。

④ 孙南翔:《〈新加坡调解公约〉在中国的批准与实施》,载《法学研究》2021年第2期,第165、169—170页。

调解平台承担,而应由执行平台或单独的系统承担。就规则而言,有学者建议我国应以单独立法的形式制定执行国际调解协议的规则。①

(三) 在线调解的基本架构②

1. 调解管理与调解员资格

调解管理主要涉及两方面内容。第一,调解指导制度。这主要强调上级法院对下级法院在线调解工作的监督和指导,下级法院在线调解工作中遇到的复杂疑难情况应及时层报。第二,技术支持。目前各地规则对技术运营维护的主体规定存在两种模式:第一种由高院或当地法院技术部门负责维护和技术支持,如北京、河北、宁夏等;第二种由网站运营者负责维护和技术支持,其中江西《在线调解工作规则(试行)》规定由上海道律信息技术有限公司江西分公司负责日常维护、技术支持。

关于调解员,大部分地方性在线调解规则对调解员的类型以及调解员的名册管理制度进行了规范。在调解员的类型方面,部分地方如河北、河南等地的规则仅进行原则性的规范,而广东、福建、新疆等地的在线调解规则进行了相对明确的列举,包括经法院规则确认并纳入名册的调解员、法院驻诉调对接中心的专职调解法官、由退休法律工作者和其他退休人士等擅长调解的人士担任的专职调解员等。《在线调解规则》第 6 条进一步明确了符合条件的外国人及港澳台居民可以在特定案件中入驻人民法院调解平台参与调解。调解员名册管理方面,各地规则主要强调名册的监管、更新与公示,部分地区如新疆和江西的在线调解规则对名册的具体内容进行了规定,包括完善准入和退出机制,规范收录调解组织(人员)的基本情况、联系方式、擅长领域、从业年限、调解案件数和典型案例等信息。《在线调解规则》第 5 条第 2 款进一步明确,对于依托人民法院调解平台进行在线调解的案件,调解员和调解组织的基本情况、纠纷受理范围、擅长领域、是否收费等信息应进行公布,供当事人选择。此外,各地在线调解规则规定了调解员的回避和更换制度,并形成了相对统一的实践。

---

① 孙南翔:《〈新加坡调解公约〉在中国的批准与实施》,载《法学研究》2021 年第 2 期,第 166、171—172 页;杨秉勋:《再论〈新加坡调解公约〉与我国商事调解制度的发展》,载《北京仲裁》2020 年第 1 期,第 107—120 页;唐琼琼:《〈新加坡调解公约〉背景下我国商事调解制度的完善》,载《上海大学学报(社会科学版)》2019 年第 4 期,第 124—125 页。

② 本部分内容主要依据北京、重庆、福建、广东、广西、河北、河南、吉林、江西、内蒙古、宁夏、天津、新疆等具有代表性的地方在线调解规则总结梳理。

通常当事人有正当理由即可申请更换调解员。调解员的回避制度与线下基本一致,回避的方式包括调解员自行回避以及当事人申请回避两种,调解员是否回避由法院或调解组织决定。回避的理由包括:是一方当事人或者其代理人近亲属的,与纠纷有利害关系的,与纠纷当事人或者代理人有其他关系,可能影响公正调解的以及其他可能影响调解员独立或公正调解的情形。但双方当事人明知有上述情形仍同意由该调解员调解的除外。这一点已被《在线调解规则》第13条明确。

2. 在线调解的适用范围

目前大致存在三种规范在线调解适用范围的规则体例。

第一种是详细列举适用在线调解的纠纷案件类型,同时规定涉及国家秘密、商业秘密或者个人隐私以及依照法律法规或司法解释的规定不能进行调解的案件除外。①适用在线调解的纠纷案件类型包括物业服务合同纠纷、民间借贷合同纠纷、供用热力合同纠纷、金融借款合同纠纷、所有权确认纠纷、借款合同纠纷、买卖合同纠纷②、交通事故责任纠纷、信用卡纠纷、离婚纠纷、法定继承纠纷、分家析产纠纷、房屋买卖合同纠纷、房屋租赁合同纠纷、劳务合同纠纷、医疗纠纷、消费者权益保护纠纷、保险纠纷、证券期货纠纷以及其他适宜在线调解的纠纷等。第二种体例仅罗列不适用在线调解的案件类型③,即适用特别程序、督促程序、公示催告程序的案件,身份关系、物权关系等确认案件,涉及国家秘密、商业秘密或者个人隐私的案件以及其他根据性质不能调解的案件等不适用在线调解。第三种体例不列具体类型,而是宽泛地进行原则性规定。如《河北省高级人民法院关于规范在线调解工作的意见(试行)》将在线调解的适用范围规定为"所有调解均可以适用在线调解方式,根据案件性质不适宜在线调解的除外"。《江西法院在线调解工作规则(试行)》规定为"各级法院应当在当事各方自愿的前提下,积极引导当事人优先选择在线调解方式解决纠纷。除法律或相关司法解释规定不能进行调解的案件外,其余适宜调

---

① 如《北京法院在线调解工作办法(试行)》《吉林省高级人民法院关于加强和规范在线调解规则的规定》《宁夏回族自治区高级人民法院关于在线调解工作的实施办法(试行)》《天津法院在线调解工作办法(试行)》《河南省高级人民法院全省法院在线调解工作规定》等。

② 部分地区对买卖合同等纠纷作出了标的额较小的限制(如天津、吉林、河南等),但北京、宁夏等地区未对标的额进行限制。

③ 如《广东省高级人民法院在线调解工作流程(试行)》《福建法院在线调解工作规范》。

解案件均能运用在线方式调处"。

而随着在线调解工作的进一步深入推进,最高人民法院强调要逐步将人民法院调解平台调解事项从民事纠纷扩展到行政纠纷、刑事自诉和执行案件[①],并以《在线调解规则》第 3 条加以明确。

3. 在线调解的基本流程

目前我国法院在线调解的基本流程为:指导软件安装→调解前准备(登录系统,准备材料)→核实当事人身份→告知权利义务→双方自行协商/主持调解→申请人陈述事实及理由→被申请人陈述调解意见→在线举证质证→双方协商调解方案→陈述最后调解意见→制作调解协议和调解笔录→签名确认→诉调对接。依据各地法院的在线调解规则可进一步总结如下:

(1) 在线调解的引导与启动。在线调解的引导主要是出于多元解纷机制的要求,大部分地方在线调解规则强调,立案前,对适宜调解的案件,立案人员应当向当事人说明在线调解平台的优势,引导当事人选择在线调解。[②] 在线调解的启动通常应经当事人同意并在平台上完成申请。如果申请人申请在线调解,但被申请人不接受在线调解,各地规则通常规定人民法院应及时通知申请人并转为线下调解。

(2) 调解前准备和调前督促。大部分地方性在线调解规则规定,调解员与双方当事人应当在既定时间登录网络调解平台或系统进行调解,并应准备身份证明材料、委托手续、答辩状、证据等材料以便在调解过程中展示。广东、江西、新疆等地的在线调解规则专门规定了调解督促制度,主要指的是在线调解员因故未能进行相关操作的,由诉调对接中心或专职程序分流员联系督促。

(3) 调解方式。大部分地方性在线调解规则规定,双方可以通过在线调解平台自行协商解决纠纷,若双方当事人无法自行协商或自行协商无法达成一致,则由调解员主持调解。最高人民法院指出应广泛应用视频、电话、微信等音视频方式开展线上调解工作。[③] 根据最高人民法院的

---

① 《最高人民法院关于人民法院深化"分调裁审"机制改革的意见》(法发〔2020〕8 号)第 8 条。

② 此外,江西以及新疆的在线调解规则规定,当事人可借助大数据的运用,参照类案裁判,从诉讼结果、诉讼成本、执行风险、信访风险等方面对诉讼风险进行自助评估。

③ 《最高人民法院关于人民法院深化"分调裁审"机制改革的意见》(法发〔2020〕8 号)。

统计,2018—2020 年,全国法院在线音视频调解数量分别为 2917 件、16649 件、1011181 件,三年增长了 345.6 倍。尤其在 2020 年人民法院在线调解平台全面得到应用后,平均每分钟就有 66 件纠纷在平台上进行调解,每天共计约 1.7 万起案件,应用收效显著。[①]但同时需要指出的是,目前部分法院存在不规范使用在线音视频进行调解的情形,后续需要通过加强音视频资料平台上传、上级法院监督管理和层报等措施提高在线调解的技术运用质效。此外,值得注意的是,根据《在线调解规则》第 16 条第 1 款第 1 项的规定,如果各方当事人无法在同一时间登录人民法院调解平台,在征得各方同意后,主持调解的人员可以分别指定时间开展音视频调解。

(4)在线举证质证。申请人陈述请求、事实和理由,被申请人陈述调解意见后,双方当事人通常需要在平台上完成在线举证质证。各地规则趋于一致,当事人经调解员允许可通过将证据拍照、扫描或直接提交视听资料、电子数据等材料的方式,将证据在线展示给各方当事人。实物证据及不宜在线提交的证据,调解员可另行组织当事人进行举证质证。对于在线质证,各地通常规定对于当事人提交的证据材料,各方当事人和调解员均可查看。经调解员许可,当事人可以在线发表质证意见。此外,调解组织和法院可考虑运用区块链存证等技术保存在线调解中的证据材料。

(5)调解中止与调解终止。新疆、河北、江西等地区的法院在线调解规则中专门对调解中止进行了规定,主要适用于虚假调解的情形。在线调解员如果发现当事人可能存在虚假调解,应当中止调解并向法院或调解组织报告。大部分在线调解规则对调解终止进行了较为一致的规定,具体情形主要包括当事人已达成调解协议、任何一方当事人明示拒绝或退出调解、调解期限届满未达成调解协议等。广东、广西、宁夏等地区高级人民法院的在线调解规则规定当事人经三次调解仍不能达成调解协议、超过七日未确认调解协议、无法联系当事人等情形下也可终止调解。《在线调解规则》第 25 条明确列举了 7 种情形,包括当事人达成调解协

[①] 《最高人民法院人民法院调解平台应用成效暨〈中国法院的多元化纠纷解决机制改革报告(2015—2020)〉新闻发布会》,载中国法院网,https://www.chinacourt.org/chat/fulltext/listId/52754/template/courtfbh20210220.shtml,访问日期:2021 年 11 月 26 日。

议,当事人自行和解并撤回调解申请,调解期限内无法联系到当事人,当事人一方明确拒绝继续调解,当事人分歧较大且难以达成调解协议,期限届满未达成调解协议且当事人无延长调解期限的意愿,以及当事人一方拒绝在调解协议上签章。

(6) 调解协议的制作。北京、河南、宁夏等地区的法院在线调解规则规定,在线调解的案件应注意设置专门的案号并进行统一管理。大部分在线调解规则原则性地规定调解协议中的签名或签章可以采用在线确认或线下签章等方式作出,部分规则明确规定,在线电子签章效力与线下签章相同。这一点亦为《在线调解规则》所明确。

(7) 在线调解辅助服务。辅助服务主要包括电子送达及制作电子卷宗材料。目前大部分地方在线调解规则普遍承认电子送达的效力,部分规则,如景洪市人民法院的在线调解工作规范,明确规定应当由人民法院按照当事人提供的电子送达地址、通过集约送达一体化平台送达。这依赖于各地法院的集约化送达平台或中心的建设情况。《在线调解规则》第19条第2款明确规定了,依托人民法院调解平台进行的在线调解,通过该平台向当事人送达。此外,北京、河北、宁夏等地的法院在线调解规则对电子卷宗进行了专门规定。电子卷宗材料的生成,要求调解员录制在线调解过程,保存在线调解过程中当事人提交的电子证据材料,制作在线调解电子卷宗。调解过程中当事人提交的纸质材料应扫描上传并归入电子卷宗,原件归入纸质卷宗。

4. 诉调对接

依据各地在线调解规则,诉调对接有几种不同的情况。当事人达成调解协议并要求法院出具调解书的,未立案的予以立案,移送审查。当事人达成调解协议并申请司法确认的,法院收到申请并受理后,法官可以通过视频审查,审查通过的,在线生成司法确认裁定书。委派调解未达成调解协议,当事人向人民法院起诉的,移交立案人员依法登记立案;委托调解未达成调解协议,案件尚未分配的,及时分配审理;已分配的,退回原承办法官继续审理。以上与《在线调解规则》第21条的原则性规定相吻合。上述流转程序大部分以提交电子化材料的方式在平台上完成。

(四) 在线调解的效果

依据最高人民法院公布的数据,2020年,全国法院受理案件的数量出现2004年以来的首次下降,新收一审民事案件同比下降5.17%,为持续 15 年以年均 10% 的速度增长后的首次下降。①在这一数据背后,调解工作的持续推进,尤其是对在线调解机制的运用,起到了关键性作用。如果将诉前调解解决的纠纷案件也纳入数据统计,那么 2019 年实际起诉到法院的民事纠纷总量应当是 1530.7 万件,2020 年实际诉到法院的民事纠纷总量更会高达 1737.6 万件。换言之,如果加上诉前调解解决的纠纷,2020 年民事纠纷数量将比 2019 年同比增加 13.5%。但 2020 年通过诉前调解成功解决的民商事纠纷也出现了大幅度增长,同比上升高达 191%,远高于 2019 年的数据。通常而言,案件经诉前调解成功解决之后,就不会再进入后续的诉讼环节,因此诉前调解成功的案件也就不会体现在人民法院公布的收案总数中。简单来说,在实际纠纷总量上涨的情况下,诉前调解成功解决的案件数量更大幅度的增长,导致最终进入诉讼环节的新收民事案件数量出现了下降。由此可见,如果没有加快推进一站式多元解纷工作,尤其是如果没有推进在线调解工作,大量案件仍将进入后续的诉讼程序,2020 年人民法院一审民事案件不仅不会出现下降,而且还将继续保持与过去 15 年同样的年 10% 以上的上升态势。②

我国法院的在线调解工作已经取得显著成效,但仍然面临着严峻挑战。目前存在的主要问题之一是地区发展不均衡以及在线调解机制没有标准化。欠发达地区的在线调解仍然运用不足,需要继续推动人民法院调解平台进乡村、进社区、进网格。另一个问题是调解员的资质与准入门槛。将调解组织和调解员接入平台是一项重要的工作,但由于在线调解平台的建设和推广尚在起步阶段,调解员资质的要求需要"适当"放宽。如果标准过严,则较多调解员难以达到要求,接入平台的调解组织和调解员数量将会受限。在人工智能尚未在审判实践中应用或推广的今天,这会直接阻碍在线调解平台的调解效率和纠纷多元化解的实际效用。但若标准过宽,虽能解决调解员人数不足的问题,提高在线调解平台的承载能

---

① 《最高法工作报告中,这个"首次下降"值得关注》,载央视网,https://news.cctv.com/2021/03/09/ARTIQS03y4muUv9mMDxh0HDV210309.shtml,访问日期:2021 年 11 月 26 日;《最高法举行 2021 年全国两会全媒体直播访谈 矛盾纠纷源头化解是受案数同比下降的一个重要原因》,载腾讯网,https://xw.qq.com/cmsid/20210309A0FHBG00,访问日期:2021 年 11 月 26 日。

② 《〈最高人民法院工作报告〉解读系列全媒体直播访谈第三场》,载最高人民法院官网,http://www.court.gov.cn/zixun-xiangqing-289951.html,访问日期:2021 年 11 月 26 日。

力,加快在线调解平台的建设进程,但调解员基本素养良莠不齐,也会阻碍在线调解机制的正常运作和发展。为解决这些问题,未来在细化与实施《在线调解规则》时,除列明调解员需要具备的资质外,还应当规定对调解员的培训及人民法院对调解工作的监督和指导方面的内容,如针对调解质量不高或违反调解工作规定的情况,应当规定除名机制。

三、在线诉讼

自 2018 年以来,最高人民法院先后制定印发《关于互联网法院审理案件若干问题的规定》《民事诉讼程序繁简分流改革试点实施办法》以及《最高人民法院关于新冠肺炎疫情防控期间加强和规范在线诉讼工作的通知》,开始规范我国法院的在线诉讼活动。2021 年 6 月 16 日,最高人民法院发布《在线诉讼规则》,在遵循公正高效、合法自愿、权利保障、便民利民以及安全可靠原则的基础上,对依托电子诉讼平台(包括最高人民法院统建平台和地方法院自建平台),通过互联网或专用网络进行的立案、调解、证据交换、询问、庭审、送达等全部或者部分诉讼环节进行统一规范,确认在线诉讼活动与线下诉讼活动具有同等法律效力。2022 年 1 月 1 日起实施的最新修订的《民事诉讼法》第 16 条规定,经当事人同意,民事诉讼活动可以通过信息网络平台在线进行,与线下诉讼活动具有同等法律效力。新修订的《民事诉讼法》通过此项原则性规定,鼓励和推动在线诉讼的发展。以下就在线诉讼的相关规定及具体机制运作进行简单介绍。

(一)在线诉讼的适用范围和条件

开展在线诉讼活动之前,首先需要明确进行在线诉讼的前提条件,具体包括三项:第一,当事人同意适用在线诉讼且为当事人的真实意思表示,符合合法自愿原则的要求。当事人同意的方式包括主动做出在线诉讼行为、口头同意、在诉讼平台确认同意、线下书面同意等;[①]当事人同意的效力仅限于自身,不影响其他方当事人选择是否进行在线诉讼的权利。如果当事人同意后再次反悔,应当通过申请的方式,在开展相应诉讼活动前的合理期限内提出,并经人民法院审查同意。若当事人反悔是为了故

---

① 刘峥、何帆、李承运:《〈人民法院在线诉讼规则〉的理解与适用》,载最高人民法院官网,http://www.court.gov.cn/zixun-xiangqing-309561.html,访问日期:2021 年 7 月 12 日。

意拖延诉讼或其他不当情形,则人民法院可不予批准。

第二,案件符合《在线诉讼规则》第 3 条规定的适用范围且适宜在线审理。原则上,各类民事、行政、非诉和执行程序案件,只要符合适用条件,均可采取在线方式办理。但由于刑事案件涉及侦查、检察、审判机关的协调衔接等问题,在证据规格、权利保障等方面也有特殊要求,《在线诉讼规则》对在线刑事诉讼采取了审慎态度,将可以进行在线诉讼的刑事案件限缩为"刑事速裁程序案件,减刑、假释案件,以及因其他特殊原因不宜线下审理的刑事案件"。①此外,《在线诉讼规则》规定了"其他适宜采取在线方式审理的案件"的兜底条款,需要结合当事人意愿、案件性质、复杂程度、证据情况等因素作出综合判断。该兜底条款在给法院留下自由裁量空间的同时,也给规则的适用带来一定的不确定性。"适宜"的具体标准为何?该兜底条款将会以多高的频率得到适用?是否可能出现各地法院对同类案件采取不同态度的情形?以上问题还有待未来的司法实践的回答。对于仅部分诉讼环节不宜在线处理的案件,应推动线上线下程序的有序融合衔接。例如当事人人数众多、案件疑难复杂、证据繁多、审理耗时长的案件,庭审环节一般应当在线下开展,而此类案件的立案、调解、送达等环节可以在线完成。②

第三,当事人及法院均应具备相应的技术能力和条件。当事人方面,重点需要考察的因素包括当事人的年龄、职业、身体状况、知识背景、所处地域、上网条件、通讯设备、操作能力等。推动在线诉讼的目的在于促进数字正义的实现,包括增加当事人"接近正义"的机会等。如果不考虑当事人的实际情况,"一步到位"地要求全面在线诉讼,那么因互联网发展水平不一导致的数字鸿沟将转变为实质性的不正义。法院方面,不同法院的信息化水平亦不相同,如果在法院技术条件尚不成熟的情况下强行适用同样的在线诉讼绩效考核标准,反而会加重法院的负担,甚至可能因为信息技术运用的不畅导致当事人诉讼体验不佳。因此,在线诉讼机制的运用应视当事人及法院的实际技术条件和能力循序渐进地展开。

---

① 《8月1日起施行!最高法发布〈人民法院在线诉讼规则〉(全文+理解与适用+答记者问)》,载澎湃网,https://m.thepaper.cn/baijiahao_13219925,访问日期:2021 年 11 月 26 日。
② 刘峥、何帆、李承运:《〈人民法院在线诉讼规则〉的理解与适用》,载最高人民法院官网,http://www.court.gov.cn/zixun-xiangqing-309561.html,访问日期:2021 年 7 月 12 日。

(二) 在线诉讼的相关程序事项

1. 身份认证规则

在线诉讼中,身份认证是在线诉讼的前提,应当在开展在线诉讼活动前完成,诉讼主体在线完成身份认证后方能取得登录诉讼平台的专用账号。法院主要通过证件证照在线比对、身份认证平台认证等方式对当事人进行身份认证,若对接公安部门人口信息系统并采取人脸识别方式验证身份,应严格遵守国家关于人脸识别的规定,充分履行告知义务并征得当事人明确同意。[①]初次身份认证的效力及于之后的各个诉讼环节,被认证人负有妥善保管诉讼平台专用账号和密码的义务,使用专用账号登录平台的行为将被视为被认证人本人的行为,能够证明存在诉讼平台系统错误或者诉讼平台账号被盗用的除外;针对调解、证据交换、庭审等需要多方参与的重要诉讼环节,法院应当再次认证身份,确保诉讼主体身份准确无误,诉讼行为合法有效。

2. 电子化材料的提交与审核规则

电子化材料主要包含三种类型。第一种是诉讼主体直接在电子诉讼平台中录入的电子文本,即在线填写起诉状、答辩状、反诉状、代理意见等。第二种是线下实体材料经过扫描、翻拍、转录等数字化处理后形成的材料。第三种为材料本身即是以电子数据形式存在的情况,如电子合同、网络购物单、网络支付凭证等。第一类电子化材料直接以电子诉讼平台录入的形式提交,第二类电子化材料经扫描等电子化处理后直接上传至诉讼平台,第三类电子化材料,如果存有上述电子数据的数据平台已对接人民法院诉讼平台,可以直接将电子数据导入诉讼平台。

电子化材料的效力"视同原件"[②],但受到两方面的限制。一个是,如果存在形式真实性存疑、内容格式不够规范清晰、不符合档案管理规定等情形,法院仍应要求当事人提供原件、原物。另一个是,电子化材料的效力需以人民法院审核通过为前提。电子化材料的审核遵循与原件原物一致的原则,审核方式包括对方当事人认可、公证机构公证、先行诉讼活动确认、在线或线下比对等。若电子化材料未能通过审核,则应要求当事人

---

① 刘峥、何帆、李承运:《〈人民法院在线诉讼规则〉的理解与适用》,载最高人民法院官网,http://www.court.gov.cn/zixun-xiangqing-309561.html,访问日期:2021 年 7 月 12 日。

② 同上。

提供实体材料。

3. 区块链存证的效力及审查规则

《民事诉讼法》(2021年修正)第66条将"电子数据"列为证据形式之一,未对电子数据的存储形式进行规定。《最高人民法院关于民事诉讼证据的若干规定》(2019年修正)第14条第5项兜底式地规定,电子数据包括"其他以数字化形式存储、处理、传输的能够证明案件事实的信息",虽未明确将区块链存证技术列为电子数据的存储形式之一,但亦未将其排除在外。通过区块链技术存储的电子数据依然符合电子数据证据的定义。

区块链技术一般并不存储电子数据内容本身,而是存储经过加密运算所得的哈希值,并经由对哈希值的核验,判断电子数据本身是否被篡改。《在线诉讼规则》第16条至第19条对区块链存证的真实性认定问题进行了专门规定,认定区块链存证的效力采取真实性推定规则,证据上链后,经技术核验一致的,则推定电子数据真实且未经篡改。[①]如果对方当事人提出异议并提供证据证明或者说明理由的,这一推定可被推翻。法院审查的内容包括存证平台的主体合法性和妥当性、存证硬件系统的安全清洁性和可靠可用性、存证技术和过程的规范性和有效性等。对于上链前数据本身的真实性,需经一方当事人提出异议并提供证据证明或说明理由,法院才会着重审查数据的具体来源、生成机制和存储过程,是否有公证机构公证、第三方见证等程序保障,以及是否有关联数据或证据与之印证等,由提供区块链存储数据的一方当事人承担举证责任。

4. 非同步审理机制

非同步审理机制或异步审理机制指的是原来需要诉讼各方在同一时空共同完成的诉讼活动,改由各方依托诉讼平台,在一定时间内分别完成,并统一汇集在诉讼平台。人民法院经各方当事人同意,可以指定当事人在一定期限内分别登录诉讼平台,以非同步的方式开展调解、证据交换、调查询问、庭审等诉讼活动。例如在举证质证环节,非同步在线交换证据的表现形式为各方当事人在人民法院确定的合理期限内,分别登录诉讼平台,查看已经导入诉讼平台的证据材料,并发表质证意见。在庭审

---

① 刘峥、何帆、李承运:《〈人民法院在线诉讼规则〉的理解与适用》,载最高人民法院官网,http://www.court.gov.cn/zixun-xiangqing-309561.html,访问日期:2021年7月12日。

环节,《在线诉讼规则》首次明确了非同步庭审的效力,但由于其在审理效率和互动性方面的固有缺陷,适用条件上应当加以严格限制,需以同步庭审确有困难,当事人主动申请且各方当事人均同意,案件的主要事实和证据不存在争议为前提条件。在适用范围上,非同步庭审限于小额诉讼程序或者民事、行政简易程序案件。适用方式上,需通过录制视频的方式,按照庭审程序环节进行,不得采取书面方式审理。实践中应当以同步审理为主,非同步审理为辅,一般适用于当事人不便集中参与诉讼活动或人民法院司法资源紧张的情况。

5. 在线庭审

《最高人民法院关于适用〈中华人民共和国民事诉讼法〉的解释》第259条将在线庭审的范围限定于简易程序,而《在线诉讼规则》对在线庭审的适用范围进行了拓展,原则上可适用于各类适宜线上审理的民事、行政案件以及刑事速裁程序案件。但《在线诉讼规则》同时明确了不适用在线庭审的七种情形[①],主要涉及当事人主观上不愿意、客观条件不具备、案件本身不适宜三种类型。

在线庭审必须在诉讼平台上进行,采取视频方式开庭,不得采取电话、书面等方式。在线庭审应当依照法律和司法解释确定的诉讼环节和程序进行,总体上与线下庭审程序相一致,并应充分保障当事人的各项诉讼权利,不能因庭审方式的不同而减损当事人的诉讼权利。

证人通过在线方式出庭作证的合法性也已得到确认。在线诉讼模式下最核心的问题在于如何满足证人不得旁听案件和不受他人诉讼指挥的要求。在目前的技术条件下,尽管不能完全赋予证人自由选择在线出庭场所的权利,但可以通过指定相对便利的在线出庭场所,解决在线出庭时证人的中立性问题。例如,实践中部分法院与街道、社区合作建立了专门的在线庭审工作室、证人作证室等,未来还可以探索证人就近选择人民法院数字法庭进行在线出庭等方法。[②]

[①] 具体包括:(1) 各方当事人均明确表示不同意,或者一方当事人表示不同意且有正当理由的;(2) 各方当事人均不具备参与在线庭审的技术条件和能力的;(3) 需要通过庭审现场查明身份、核对原件、查验实物的;(4) 案件疑难复杂、证据繁多,适用在线庭审不利于查明事实和适用法律的;(5) 案件涉及国家安全、国家秘密的;(6) 案件具有重大社会影响,受到广泛关注的;(7) 人民法院认为存在其他不宜适用在线庭审情形的。

[②] 刘峥、何帆、李承运:《〈人民法院在线诉讼规则〉的理解与适用》,载最高人民法院官网,http://www.court.gov.cn/zixun-xiangqing-309561.html,访问日期:2021年7月12日。

6. 网络庭审直播

广义的网络庭审直播是指法院通过互联网对公开开庭审理案件的过程进行图文、音频、视频的同步记录和实时播放,包括直播和录播两种形式。网络庭审直播最为显著的特征是庭审过程记录的实时性和可回放性。[1]我国法律允许媒体和法院在满足一定条件后对庭审进行网络直播。

《最高人民法院关于人民法院直播录播庭审活动的规定》与《人民法院法庭规则》作为全国性规范,主要从直播范围与决定主体方面对庭审直播进行了规定。直播范围方面,法院可以对公众关注度较高、社会影响较大、法制宣传教育意义较强的案件进行直播,涉及国家秘密、商业秘密、个人隐私、未成年人犯罪等依法不公开审理的案件除外。[2]直播与否,应当"以不直播为原则,以直播为例外"。就决定主体而言,审判庭具有决定权,但院长、上级人民法院同时具有监督权。在有正当理由的情况下,检察机关可以对刑事案件直播与否发表意见,当事人可就民事、行政案件直播与否发表意见。[3]全国性规范未予明确的问题有,刑事案件中的当事人对庭审直播是否有异议权;如何保护庭审直播主体的个人信息及隐私;在当事人并不知道自己的案件庭审将在网络上被公开的情况下,如何保障当事人的知情权。[4]

对于全国性规范未能明确的问题,各省高级人民法院通过制定实施细则对其进行了细化。例如,《四川省高级人民法院关于全省法院在互联网直播庭审的实施细则》明确了法院就庭审直播对当事人的告知义务,同时提出应采用合理手段在庭审直播中保护个人信息。整体看,地方性实施细则的制定主体不一,各省对网络庭审直播的态度不同,导致地方法院的规定与全国性规范存在差异。例如,上文所述《最高人民法院关于人民法院直播录播庭审活动的规定》所采纳的表述方式表明庭审直播应当"以不直播为原则,以直播为例外",而《江苏省高级人民法院关于全面开展庭审网络直播工作的通知》则要求本省法院建立"以直播为原则、不直播为

---

[1] 左卫民:《反思庭审直播——以司法公开为视角》,载《政治与法律》2020年第9期,第91页。
[2] 《人民法院法庭规则》第11条;《最高人民法院关于人民法院直播录播庭审活动的规定》第2条。
[3] 《最高人民法院关于人民法院直播录播庭审活动的规定》第2条。
[4] 参见李蒙:《〈庭审直播全记录〉系列报道之七——喜忧参半:庭审直播还有哪些隐忧》,载《民主与法制周刊》2019年第29期,第34页。

例外"的原则。这明显与《最高人民法院关于人民法院直播录播庭审活动的规定》中的表述相悖。

我国关于媒体作为庭审直播主体的法律规定较为简洁。根据《人民法院法庭规则》第 17 条,媒体记者经许可后可以对庭审活动进行录音、录像、拍照或使用移动通信工具等传播庭审活动,但应当在指定的时间及区域进行,不得影响或干扰庭审活动。然而,"经许可"这一要求将裁量权完全赋予了审理法院,全国性规范与地方法院的细则中均未对法院裁量的事项作出进一步规定。媒体作为直播主体不一定能起到合理监督法院或是司法公开的作用,更多是作为舆情方面的政策性工具。

在实践中,我国网络庭审直播的主导者是各级法院。在最高人民法院的牵头下,中国庭审公开网得以在 2016 年 9 月建立,成为我国网络庭审直播实践的重要组成部分。中国庭审公开网在建立后不到两年就实现了各地各级法院 100% 的接入,意味着中国所有法院、所有案件的庭审均可能进行全国范围的直播。① 2020 年 12 月,在该网站所进行的庭审直播已突破 1000 万场。②

我们通过观看中国庭审公开网上已经直播的案件可以发现如下情况:首先,不同省份庭审直播情况差距大。在庭审直播数量上,不同省份之间存在较大差异。如江苏省累计直播数量为 1,864,169 件③,是累计直播数量最高的省份。其余省份直播数量大多为几十万件,内蒙古等省区的直播数量不足十万件。结合上文所提及的《江苏省高级人民法院关于全面开展庭审网络直播工作的通知》,江苏省"以直播为原则,以不直播为例外",这一政策或许是其直播数量远超过其他省份的原因之一。其次,不同审级庭审直播数量差距大。根据中国庭审公开网的数据,基层法院直播数量占 90.58%,中级法院、高级法院、最高法院直播数量占比分别为 8.94%、0.43%、0.05%。④一个可能的原因是,基层法院本身审理的案件数量较多,所以直播的案件数量占比较高,这也客观上造成了可通过

---

① 左卫民:《反思庭审直播——以司法公开为视角》,载《政治与法律》2020 年第 9 期,第 92 页。
② 《中国庭审公开网公开庭审突破 1000 万场》,载新华网,http://www.xinhuanet.com/legal/2020-12/04/c_1126823314.htm,访问日期:2021 年 11 月 26 日。
③ 数据统计截止时间为 2021 年 1 月 17 日。
④ 数据统计截止时间为 2020 年 12 月 10 日。

庭审公开网收看的直播大多集中于基层法院所审理的小额、简单案件。此外,部分案件的庭审时间极短。级别较低法院所审理的案件大多只有10分钟左右或不足10分钟,且其中大量时间用于确认当事人的身份及住址等基本信息。一些速裁程序也被纳入直播范围内,时长甚至不到1分钟,我们很难认为这些时长极短的案件具有直播的意义。还有,在法官确认核实双方身份时,诸如姓名、身份证号等基本信息大多未作模糊处理,存在信息泄露的风险。

（三）审判辅助服务

在线诉讼活动涉及的最重要的两项审判辅助服务为电子送达及电子卷宗的生成、使用和整理。

我国法院在司法实践中早就开始使用电子送达这一送达方式。一站式多元解纷背景下,诉讼服务中电子送达的规则得到了进一步明确。

首先,《在线诉讼规则》规定电子送达的适用以"当事人同意"为前提,并确立了电子送达"默示同意"规则,将同意扩展至事前的约定、事中的行为和事后的认可。其次,关于电子送达的适用文书范围,目前除经全国人大常委会授权开展民事诉讼程序繁简分流改革试点的法院外,其他法院尚不能电子送达判决书、裁定书、调解书。再次,关于电子送达的主要方式和平台载体,《在线诉讼规则》明确发出端应当是人民法院统一的送达平台,到达端包括受送达人的电子邮件、即时通讯账号、诉讼平台的专用账号等。同时,《在线诉讼规则》明确了人民法院在适用电子送达后可以通过短信、电话、即时通讯工具等方式作出提示和通知,以充分保障当事人知情权。最后,关于电子送达的生效标准,对当事人主动提供或确认的电子地址,采取"到达主义"。对人民法院能够确认为受送达人本人的电子地址的,采取"收悉主义"。"到达主义"与"收悉主义"的区别在于,后者要求以当事人回复收悉时间、作出相应诉讼行为时间、系统反馈已阅知时间为标准,而非仅仅以电子送达已到达对方系统为标准。[①]

目前,各地法院的电子送达实践呈现集约化趋势,通过集约化管理提高电子送达的效率,减轻审判团队的负担。以西城法院的集约电子送达中心为例,自2020年6月投入使用以来,该中心承接全院的民商事、行

---

① 刘峥、何帆、李承运:《〈人民法院在线诉讼规则〉的理解与适用》,载最高人民法院官网,http://www.court.gov.cn/zixun-xiangqing-309561.html,访问日期:2021年7月12日。

政、执行案件送达工作,审判团队在办案系统点击"一键发送",送达任务即在线上流转,审判团队可以在线上对送达进度进行实时追踪、有效监督。西城法院集约电子送达中心建立了主动和被动两种送达模式,对各送达方式进行统一规范,细化流转节点和标准,合理确定最长送达用时,保证每个环节相互检验、递进实施。截至 2020 年 10 月,该中心已完成 47,086 件案件的送达工作,案件平均送达天数从 12 天降为 4.95 天,司法专邮妥投率从 45% 大幅提升到 80% 左右,电子送达覆盖率 28.41%。审执团队事务性工作减少,推动了审判质效的提高。[1]

《在线诉讼规则》也对电子卷宗进行了原则性规定,对于适用在线诉讼的案件,人民法院应当利用技术手段随案同步生成电子卷宗,形成电子档案。第一审人民法院可以采用电子卷宗代替纸质卷宗进行上诉移送。

集约化管理对电子卷宗的工作而言同样重要。仍以西城法院为例,2020 年 7 月 1 日,西城法院电子卷宗同步生成中心正式启用,采取购买外包服务的形式,实现"一次扫描、全程使用、一键归档"。依托于电子卷宗同步生成中心,西城法院实现了所有新收案件材料集中收转、扫描、加工、保管、借阅、整理,电子卷宗扫描率达到 100%,进一步减轻了审判团队负担,既方便审判团队在审判工作中的随时调阅,又为当事人查卷提供便利,达到了智能增效的功效。[2]

(四)其他事项

与传统诉讼不同,在线诉讼尤其需要注意数据和信息保护的问题。《在线诉讼规则》对在线诉讼数据信息保护作出了专门规定,强调依法维护国家安全,保护国家秘密、商业秘密、个人隐私和个人信息。《在线诉讼规则》总体上确立了人民法院对在线诉讼数据信息的权利主体地位以及技术中立和平台中立的技术应用原则,明确了各方主体对在线诉讼数据信息的保护义务和责任追究的法律依据,强调如果出现违法违规披露、传播和使用在线诉讼数据信息的情形,人民法院可以根据具体情况,依照法

---

[1] 《北京高院发布第二届司法改革"微创新"案例》,载北京政法网,https://www.bj148.org/zf1/zfyw/202101/t20210119_1595693.html,访问日期:2021 年 11 月 26 日。

[2] 刘双玉:《西城法院工作报告(2021 年 1 月)》,载北京市西城区人民法院官网,http://bjxcfy.chinacourt.gov.cn/article/detail/2021/06/id/6082465.shtml,访问日期:2021 年 11 月 26 日;《"两个中心"工作 TA 们有话说》,载澎湃网,https://m.thepaper.cn/baijiahao_9121064,访问日期:2021 年 11 月 26 日。

律和司法解释关于数据安全、个人信息保护以及妨害诉讼的规定追究相关单位和人员的法律责任,构成犯罪的,依法追究刑事责任。随着《个人信息保护法》的颁布实施,法院在开展在线诉讼活动的过程中,也需要注意法律规则的衔接与协调,例如法院在收集当事人数据的时候应当履行《个人信息保护法》第35条规定的告知义务等。此外,《在线诉讼规则》并未将涉外案件排除在外,因此在处理涉外案件时,如果当事人通过在线诉讼的方式解决纠纷,胜诉方持法院判决去境外申请承认执行,如果涉及我国境内相应的在线诉讼活动过程中生成的个人信息和数据,则需注意数据跨境传输的问题。

第四节 实现正义与诉讼服务现代化

一、在线法院与实现正义

实现正义是在线法院建设的主要动力之一。所有人,无论能力、地位、财富,也无论他们在何处生活和工作,都享有也应该被赋予平等的尊重和尊严,都应当有权获得公正高效的法院体系提供的服务。[①]

在线法院可以促进正义的实现。一方面,在线法院通过信息技术,降低法院诉讼的成本,打破地理距离对当事人起诉和应诉造成的障碍。同时也提高了法院的工作效率,不仅将法官从繁重的传统工作模式和琐碎事务中解脱出来,使其可以集中精力提高案件审理质量,还可以缓解纠纷案件增加和堆积带来的问题,让当事人的争议得到迅速高效的解决,使其获得更优质的司法服务。

另一方面,在线法院不是简单地通过降低诉讼成本和提高诉讼效率来实现正义,其更深层次的作用在于拓宽当事人获取法律知识的途径,并帮助人们跨越从知晓法律到保护权利的鸿沟。[②] 法律法规、判决和律师代理意见等使用的"法言法语"脱离公民日常的语言体系,未经受过法律训练的普通民众无法理解晦涩难懂的法律语言,遑论厘清案件背后的法律逻辑,这将使部分当事人被排斥在法律保护之外。[③] 而在线法院部分

[①] 〔英〕理查德·萨斯坎德:《线上法院与未来司法》,何广越译,北京大学出版社2021年版,第9—10、21页。

[②] 同上注,第110页。

[③] 同上注,第27—29页。

解决了这一问题,尤其是通过提供诉讼风险分析和策略报告服务,将法律知识以及运用法律知识形成法律意见的方法传递给了当事人,使其更有动力也能更好地维护自身权益。

当然,技术运用也可能妨碍正义的实现,这主要是因为并非人人都享有利用技术和享受技术成果的平等机会。从我国国家统计局对2020年国民经济和社会发展情况的统计看,2020年我国互联网的普及率为70.4%,其中农村地区互联网普及率仅为55.9%。①依赖信息技术的在线法院在实现正义上面临着数字鸿沟的威胁。②此外,不同年龄段的当事人对技术的适应和运用程度也存在差异,尤其是老龄群体对线上技术的接受度不高,成为逐渐被数字时代遗忘的群体。③ 尽管法院体系的任务一定是实现正义,以及以更优质的方式实现正义,但我们必须认识到法院提供公共服务受制于种种现实条件,在快速推动在线诉讼机制改革的同时,不能损害单个诉讼参与人的权利。这就决定了在具体的机制设计中,应当在较长时期内保留当事人对审判方式的选择权,还不宜在不征求当事人同意的情况下,直接决定采用在线审理。

此外,只要人类法官裁判尚未被机器和算法完全取代,正义概念本身就仍然只是人类共识基础之上的那种正义概念。在线法院真正影响的是正义的实现方式、实现主体及实现构造。

第一,在线法院促使正义的实现方式从等待当事人诉至法院的被动模式,向法院利用大数据主动进行纠纷预防的主动模式转变。传统法院的模式把采取法律行动的沉重负担压在弱势方身上④,而在线法院通过纠纷预防和管理,不仅有助于实现个案中的正义,更有助于实现社会的整体正义。

第二,在线法院引入了法官、当事人双方及其代理人以外的第四方参

---

① 国家统计局:《中华人民共和国2020年国民经济和社会发展统计公报》,载中国政府网,http://www.gov.cn/xinwen/2021-02/28/content_5589283.htm,访问日期:2021年8月5日。
② 数字技术也被认为给"接近正义"制造了障碍,不同的社会经济阶层之间存在着网络获取鸿沟。参见〔美〕伊森·凯什、〔以色列〕奥娜·拉比诺维奇·艾尼:《数字正义:当纠纷解决遇见互联网科技》,赵蕾、赵精武、曹建峰译,法律出版社2019年版,第248页。
③ 人民法院新闻传媒总社:《没有一位老人应当被遗忘》,载澎湃网,https://www.thepaper.cn/newsDetail_forward_10166416,访问日期:2021年8月5日。
④ 〔英〕理查德·萨斯坎德:《线上法院与未来司法》,何广越译,北京大学出版社2021年版,第110页。

与主体,即算法以及提供算法的程序员。首先,算法的不透明可能导致潜在的错误、歧视或偏见,而这一部分问题是由存在偏差的数据库导致的。①其次,一位善意却不熟悉法律规则的程序员的非正式编程行为可能导致当事人承担法律规定之外的程序性义务或减损当事人本应享有的程序性权利,如以字符数限制当事人提交的意见会干涉当事人陈述意见的权利。②当实现正义的主体发生了改变,对算法这个新的主体,必须建立相应的监督规则,包括考虑算法公开等。此外,系统的运营监督主体应当主要是法院及其技术部门,对于外包公司的引入应当审慎。例如目前江西法院的《在线调解工作规则(试行)》仅规定由上海道律信息技术有限公司江西分公司负责日常维护和技术支持,这种做法存在着较大风险。此外,也应制定外包服务的采购规则,对算法进行更全面的监督。

第三,在线法院改变了实现正义的过程的基本构造。互联网技术的运用打破了物理空间,也"拆除"了法院门前又长又高的"台阶",将参与诉讼的各方拉入了一个平面的、开放或半开放的网络空间,削弱了法院诉讼程序长久以来以物理边界和特殊空间为代表的标记。③尽管法院审理和诉讼的基本构造没有改变,但空间的变化以及法院从场所向服务定位的转型,对各方的心理产生了潜在的影响,改变了以往自上而下的、以法院和法官的尊严为支撑的正义构造,间接制造了一个扁平化的正义构造。

这种构造变化一方面带来了司法透明度的提高,加强了公众对司法的监督,有助于促进正义的实现,同时也存在问题。

网络空间区别于物理场所的重要特征在于其没有边界,因此将潜在地导致法官的个人空间,无论是思维空间还是生活空间遭受侵犯,而这种侵犯令人厌恶④,尤其是当法官失去司法尊严的保护并在担心自己在法庭上的言行举止将遭受网络攻击的情况下进行有选择性地公开或束缚庭审行为或判决说理时。这导致法官心中有意或无意地出现讨好当事人和

---

① 〔美〕伊森·凯什、〔以色列〕奥娜·拉比诺维奇·艾尼:《数字正义:当纠纷解决遇见互联网科技》,赵蕾、赵精武、曹建峰译,法律出版社2019年版,第71页。
② 〔英〕理查德·萨斯坎德:《线上法院与未来司法》,何广越译,北京大学出版社2021年版,第159—163页。
③ 〔美〕伊森·凯什、〔以色列〕奥娜·拉比诺维奇·艾尼:《数字正义:当纠纷解决遇见互联网科技》,赵蕾、赵精武、曹建峰译,法律出版社2019年版,第241页。
④ 〔英〕理查德·萨斯坎德:《线上法院与未来司法》,何广越译,北京大学出版社2021年版,第199页。

社会舆论的倾向,影响独立公正的正义原则的实现。

另外,互联网尤其是社交媒体导致普通民众和网络"暴民"的界限变得模糊。网络一方面维持、促进着社会关系,另一方面也催化这些关系中的矛盾和问题的产生。尤其是,普通民众虽然初步掌握了法律的文字规定,但未真正理解法律规则和权利义务的基本逻辑,却又因为远程的屏幕之隔产生了一种伤害他人和矛盾冲突的成本降低的错觉,此时可能以更激烈的言词、更戏剧化的表现形式[1]指责法官没有按照当事人对法律规则的理解和其预期的效果进行裁判,冲击司法秩序。我们现在仍然没有好的方法来应对大范围的、网络社会多群体间的互动所产生的矛盾和纠纷,而这对于司法这一尤其需要独立性和稳定性的机制来说是不利的。在在线法院的情境下,我们必须寻找一条出路维护司法的尊严,这是无论采用何种技术手段都不能贬损的。

在线法院不是正义的完美答案,却是司法的未来。无论是诉讼成本的降低,效率的提升,还是法律知识与服务的大众化普及,这些优势都是传统法院无法企及的。我们要在新形式下,通过对技术的调整、对传统法院司法模式的延续,消减伴随在线法院而来的弊端,努力创造一个整体上更为正义、更有利于社会矛盾化解的司法体系。

二、互联网时代诉讼服务现代化的中国叙事

本书第一章即提出,随着网络技术与司法越来越紧密结合,人们开始发问,法院究竟是一个场所,还是一种服务。当今一些国家诉讼法改革的方向亦是以用户为导向的。我国同样顺应着这种潮流。

诉讼服务是人民法院工作的重要组成部分。随着经济社会迅速发展,互联网时代来临,法院必须回应新的社会需求,其纠纷疏导和纠纷解决功能也必然发生变化。而互联网和数字化技术使诉讼便利和便民更加可能,也为实现公平正义创造了客观条件。在社会转型时期,人民法院诉讼服务工作顺应社会发展潮流,顺应大众对司法的多元需求,探索出了一条中国特色的纠纷解决与诉讼服务相融合的发展路径,形成了一站式多

---

[1] 波兹曼指出,媒介即认知,电视将削弱人们的理性话语,随着电视占据文化的中心,公众话语的严肃性、明确性和价值都将出现危险的退步。参见〔美〕尼尔·波兹曼:《娱乐至死》,章艳译,广西师范大学出版社2004年版,第19、35—36页。这一论述同样适用于互联网,并且将因为互联网的交互性特征被进一步放大。

元解纷和诉讼服务体系建设思路。这一实践,不简单等同于"诉讼＋互联网",而是整个司法制度对互联网社会的有效嵌入,是司法现代化的表现。

本章用大量篇幅介绍了我国诉讼在线化的发展。与本书第一章介绍的美国、英国等其他国家在线诉讼的发展模式相对比,与前几章介绍的私人 ODR 及在线仲裁的发生机制相比,可以清晰地看到我国诉讼在线化的特色首先在于一种自上而下的顶层设计和整体安排。人民法院的一站式多元解纷和诉讼服务体系建设是从国家治理体系和治理能力现代化的高度出发进行的一种机制设计,目的是形成符合中国国情、满足人民期待、体现司法规律、引领时代潮流的中国特色纠纷解决和诉讼服务模式。

其次,诉讼服务现代化是以纠纷为导向,从根源上去化解矛盾。不少人认为,法院的司法改革和诉讼在线化主要是为应对诉讼爆炸,解决"案多人少"的问题。这只是问题的表象,根源在于当前的治理体系不能适应经济社会的快速发展。法院不能解决所有问题,在互联网环境下更是如此。诊断问题根源,推进诉源治理,是广义的互联网纠纷解决中重要一环,将多元化纠纷解决放在最前端是重要的思路和举措。同时,对于不同类型的案件,探索有针对性的纠纷治理机制。如对于普惠金融潮流下出现的爆发式增长的金融案件,可以通过完善风险预防机制,利用社会征信系统去化解纠纷。

同时,诉讼服务现代化是将人、技术和平台予以整合。推进一站式建设,就是促进诉讼服务工作与智慧法院建设深度融合,依托现代信息技术,让群众诉讼更加方便高效、公开透明。目前,最高人民法院推动诉讼服务"一网通办"、诉服运行"一网统管",以信息化、智能化促进纠纷化解和诉讼服务质效的全面提升。

当前,将中国法院一站式建设的实践放在世界法治发展的大图景中,我们还想知道,中国智慧诉讼服务和纠纷解决机制对世界互联网法治发展的贡献究竟是什么。①

第一,互联网和在线纠纷解决均诞生于西方,但它们在中国社会的土壤生根发芽后,融合进了中国正义体系。对于在线纠纷解决到底是什么,世界各国至今仍无法给出统一的回答,而中国一站式多元解纷的实践无

---

① 高薇:《互联网时代诉讼服务现代化的中国叙事》,载《人民法院报》2021 年 3 月 14 日,第 002 版。

疑走在世界前列。与西方理论和话语不同，中国的制度创新更多来自实践而非受困于演绎逻辑连贯性的理论。社会转型期间，后发展的中国无疑要比一般西方社会具有更多、更强烈的社会矛盾和纠纷，也更加需要依赖成本低、效率高的多元的维护正义的做法。在中国的传统正义体系中，核心目的从来都是努力化解纠纷，尽可能做到诉讼和法院判决的最少化、正式司法花费的最小化以及社会和谐的最大化。因此，在网络社会语境下的一站式多元解纷和诉讼服务体系建设，也延续了我国传统的正义理念，"矛盾纠纷源头治理""多元解纷"是其核心，调解在解决纠纷中依然发挥着重要的作用。按照西方观点，调解制度必须与诉讼相分离，调解只起到减轻法院负担的用途，不可与现代的正式法律体系相混淆。但我们从正义体系的整体和调解实践出发，就会看到中国正义体系所具备的优势：它不会如西方正义体系那样，将几乎所有的纠纷都推向必分胜负的二元对立框架之中。它采取的是一种过滤式的纠纷处理，先凭非正式和半正式调解来处理简单纠纷，既完成"息事宁人"的传统道德理念要求，也达到节省司法费用和负担的实际效果。正义体系整体绝不仅仅等于法庭审判，后者不过是维护正义的最后选择。这便是将源头治理放在前端，将司法审判放在后端的学理阐释。中国推进一站式多元解纷和诉讼服务体系建设，既反映了中国社会的特性，也与人类命运共同体进入数字社会后追求正义的普遍愿景殊途同归。其取得的巨大成就，就显示出这种制度与中国社会的契合程度及制度优势。

第二，中国一站式多元解纷机制的整体发展与完善，表明社会资源在纠纷解决方面出现了融合和联动的趋势。中国实践为世界提供了一份较为完整的互联网时代的多元解纷制度样本。在中国在线纠纷解决制度中，既有自下而上发生的互联网平台的私人纠纷解决机制，也有自上而下推动的以法院为主体的多元解纷机制，而逐渐地，也将发生私人机制和司法制度之间的制度衔接，为当事人提供多元化的纠纷解决方案。

第三，法院是推动和参与改革的主体。这不单指法院承担着审判和纠纷解决的职能，也意味着法院在这一过程中肩负着推动全社会法律意识形成的重要任务。遵循这一思路，我国法院坚持把全民普法同一站式建设工作紧密结合，在解决纠纷、服务群众的过程中弘扬社会主义法治精神和社会主义核心价值观，引导广大群众办事依法、遇事找法、解决问题用法、化解矛盾靠法，增强法治观念，努力创造更高水平的社会主义司法文明。

最后,总结世界各国近年来司法现代化和在线纠纷解决的发展可以看到,互联网时代的纠纷解决首先不是抽象地追求更正义,而是努力减少非正义。案件繁简分流的目标一方面在于"减"和"分",使大量简单案件能够得到及时化解,为诉讼当事人提供最基本的纠纷解决渠道,减少非正义。另一方面,繁案精审,就能够利用现有的人力和物力资源去实现实质性正义。当今,一个社会,无论通过哪种具体路径,只要能够顺应时代潮流,努力令网络社会中的每个个体享受到司法便利带来的福利,感受到公平和正义,就是一种巨大的成就和对世界法治发展的贡献。

本 章 小 结

本章着重介绍和分析了我国近年来司法数字化和司法现代化的发展。英国在线诉讼的推动者之一萨斯坎德教授曾在其著作中写道,很多发展中国家在数字时代的优势在于可以从快车道超车,而不必似英国那样,需要摆脱很多既有传统带来的阻碍。对中国而言,我们似乎因为各方的积极推动以及数字经济本身的蓬勃发展走上了诉讼现代化的重要发展阶段。身处社会转型时期,也得益于我在最高人民法院的研修经历,在2021年的这个时刻,我能够在本书的最后一章,比较完整和细致地描述一种制度的初步建成,并提出这一过程中可能存在的问题,也终于能够将在线诉讼补充进我对ODR的整体研究框架中,形成一种对ODR制度的全景描述。

如果从国内和国际两个层面看,各国首先需要进行国内制度的建设以及克服各种既有的障碍,包括与传统制度的衔接以及技术所带来的新的挑战。在国际层面上,各国需要在国际范围内建立一种合作的关系,推动国际规则、国际法律规范的形成,或是建立国际范围内的制度衔接机制。必须指出的是,根据经济合作与发展组织(OECD)的统计,目前世界范围内还有40%以上的人口生活在缺乏法律保护的状态之下。数字鸿沟以及技术鸿沟仍横亘在人们面前。本书所研究的样本,仅仅代表了法治最为健全、技术发展最快的一些国家的最新发展。在未来的研究中,我们还需要关注其他地区ODR的发展,也要持续关注技术与法治之间的互动。